프로파일러 표창원의 사건 추적

프로파일러 표창원의 사건 추적

지은이 표창원
펴낸이 임상진
펴낸곳 (주)넥서스

초판   1쇄 발행 2013년 8월 20일
초판 15쇄 발행 2015년 12월 25일

2판   1쇄 발행 2016년 2월   5일
2판 26쇄 발행 2024년 4월 25일

출판신고 1992년 4월 3일 제311-2002-2호
주소 10880 경기도 파주시 지목로 5 (신촌동)
전화 (02)330-5500 팩스 (02)330-5555
ISBN 979-11-5752-679-6 03300

www.nexusbook.com
지식의숲은 (주)넥서스의 인문교양 브랜드입니다.

한국 사회를 뒤흔든 희대의 사건을 파헤치다

프로파일러 표창원의 사건 추적

표창원 지음

지식의숲

누구나
범죄 피해자가
될 수 있다

모든 범죄 사건에는 피해자가 있다. 법원의 형량이나 제3자의 객관적 기준에는 범죄의 경중이 있지만, 피해자 입장에서는 모든 범죄 가해 행위가 상당히 충격적이다. 그래서 다른 여러 나라에서는 범죄 사건의 재판 과정에서 피해자를 대상으로 충격의 정도와 회복 상태, 심경 등을 조사해 정리한 '범죄 피해 충격 보고서(Victim Impact Statement)'를 채택해 양형의 참고로 삼는다.

하지만 피해자마다 범죄 피해의 충격을 받아들이고 이겨 내는 정도가 다르기 때문에 '범죄 피해 충격 보고서'에만 의존할 수는 없다. 그래서 범죄자에 대한 형량의 정도는 객관적 기준에 따르되 재판, 기소, 수사 등 형사 절차 전반에 걸쳐 피해자의 참여를 보장하고 그 의견을 충분히 경청하는 것은 물론, 피해자가 입은 피해의 회복에도 국가의 역량을 최대한 쏟고 있는 것이다.

그렇지만 우리나라는 아직 범죄 사건을 처리하는 형사 절차에 '피해자적 관점'을 적용하고 있지 않다. 정작 피해를 입은 당사자인 피해자의 심경이나 뜻은 외면한 채 범죄 피해를 당할 가능성이 거의 없는 법조인들이 법전과 과거 판례 등을 기준으로 형사 절차를 진행하고, 처벌의 정도를 결정한다. 필자가 우리나라에서 발생한 중요 범죄 사건을 추적해 그 의미를 파헤친 근본적인 이유 중 하나가 바로 이 때문이다.

또 하나의 이유는 '예방'의 중요성을 알리고 싶어서이다. 이미 저질러진 범죄의 가해자에게 철퇴를 내리는 것은 매우 중요하다. 하지만 범죄 행위를 미리 막는 것보다 중요할 수는 없다. 물론 밝혀진 범죄 행위에 대해 처벌을 내리는 것은 쉬운 반면 전혀 알 수 없는 미래의 범죄를 막는 것은 매우 어렵다. 그로 인해 정치인이나 정부는 가장 쉽게 대중의 인기를 얻을 수 있는 '처벌 강화'에 집중하는 모습을 보인다. 하지만 '적을 알고 나를 알면 백전백승'이라는 말이 있듯이, 범죄 현상과 행동의 실체를 정확하게 알고 그 원인을 분석하면, 분명히 효과적인 예방책을 강구할 수 있다.

바로 이것이 1980년대까지 '범죄에 대한 강한 처벌'만을 내세우며 대중 인기 영합적 정치에 매몰되어 있던 미국과 유럽이 반성하며 '예방 중심 형사사법과 경찰 정책'으로 돌아서게 된 이유이다. 아직 우리나라는 권력자 개인의 임기 중에 그 효과를 나타내기 어려운 '범죄 예방 정책'

은 무시하고, 당장 그 효과를 수치로 나타내 언론과 대중에게 알리고 호응을 얻기 쉬운 '단속과 처벌'에 집중하는 후진적 태도를 보이고 있다. 범죄 예방 대책 마련에 소홀한 사회는 막을 수 있는 범죄를 막지 못하고 반복, 확대, 재생산되도록 방치한다.

이제는 달라져야 한다. 오늘날에도 이 책에 소개된 사건들과 유사한 사건들이 시대를 넘나들며 계속해서 일어나고 있다. 이러한 패턴을 잘 읽고, '누구나 범죄 피해자가 될 수 있다'는 인식을 잘 확립하면 얼마든지 예방할 수 있다.

이 책에서는 우리 사회 각 부문, 각계각층 시민에게 영향을 미치는 다양한 범죄 유형을 소개한다. 아동과 여성을 대상으로 한 범죄, 가족 살인 범죄, 묻지마 범죄, 국가 차원의 대책 마련이 절실한 주한미군 범죄, 권력형 사기 사건 등 범죄의 유형별 분석과 관련 쟁점에 대한 설명 그리고 예방을 위한 인식의 전환, 피해자에 대한 관심 촉구 등의 제안이 담겨 있다.

아울러 말미에 범죄 유형별 해외 사례를 추가해 '범죄에는 국경이 없다'는 사실과 함께 범죄 사건을 부끄러워하며 감출 것이 아니라 드러내 놓고 그 해결책을 찾는 개방적이고 적극적인 태도가 중요함을 알리고자 했다.

특히 '억울한 누명을 쓴' 사법 피해 사례를 통해 범죄 사건의 해결 못지 않게, 아니 그보다 더 중요한 것이 무고한 사람에게 범죄의 누명을 씌우지 않는 것이라는 점과 이런 문제를 방지하기 위해 우리 헌법과 형사소송법 등 관련 법규의 철저한 준수와 함께 증거 위주의 과학수사 관행의 정착이 중요함을 알리고자 했다.

　독자들이 각 사건들을 그 사건의 피해자 혹은 잠재적 피해자나 그 가족이 된 심정으로 읽어 주길 바라는 마음으로 신중하고 조심스럽게 이 책을 내놓는다.

표창원

1장

영혼 살인,
아동 성폭력

미국의 정신의학자 레너드 쉔골드(Leonard Shengold)는 성폭력을 포함한 아동학대를 일컬어 '영혼 살인'이라 했다. 실제로 살인을 한 것은 아니지만, 그 영혼을 죽임으로써 살인한 것과 다름없는 피해를 남긴다는 의미이다.

'아이들은 무조건 어른 말을 잘 들어야 한다.'라는 가부장적 문화가 지배하던 1970년대, 아홉 살 때 이웃집 아저씨에게 수차례 성폭행을 당한 김부남은 성인이 되어 결혼을 하고도 그 악몽에서 벗어나지 못했다. 남편이 다가올 때마다 반사적으로 몸서리를 치며 거부해 두 차례 이혼을 당하면서 그녀의 몸과 마음은 처참하게 무너져 버렸다. 결국 그녀는 성폭행 피해를 당한 지 21년이 지난 1991년 1월 30일, 중풍으로 쓰러져 있던 가해자 송백권을 찾아가 한 맺힌 응징의 일격을 가해 살해했다.

얼마 뒤 충북 청주에서도 유사한 사건이 발생했다. 김부남과 마찬가지로 아홉 살 때부터 의붓아버지에게 성폭행을 당해 온 대학생 김보은이 남자 친구와 함께 의붓아버지를 살해한 것이다. 이 사건 역시 아동 성폭력 피해의 충격이 얼마나 심각한지 보여 준 대표적인 사례라고 할 수 있다.

1985년 캐나다에서 행해진 와이즈버그의 연구에서 중범죄를 저지르고 연방 교도소에 수감되어 있는 여성 중 53%가 아동 성폭력 피해자였고, 청소년 성매매 여성 중 60~70%가 아동 성폭력, 특히 친족에 의한 성폭력 피해 생존자라는 충격적인 사실이 밝혀졌다. 아동 성폭력 피해자의 정신적 상처가 제대로 치료되지 않을 경우 범죄 가해자로 변하거나 성매매의 구렁텅이에 빠지는 등 심각한 후유증이 뒤따르는 것은 전 세계적으로 공통된 현상임을 알 수 있다.

하지만 이렇게 피해자가 가해자를 공격하거나 범죄를 저지르는 형태의 분노 표출은 매우 예외적인 현상이다. 대부분의 피해자는 분노와 상처, 고통을 안으로 삭이고 살아간다. 특히 자신이 중요하지 않은 사람 혹은 쓸데없는 존재라고 느끼는 낮은 자존감과 자신을 싫어하는 자기혐오, 극심한 우울감 등에 시달리는 경우가 많다. 또한 사람에 대한 '신뢰' 자체를 잃고 의심과 경계에 휩싸여 사회관계 형성에 큰 어려움을 겪는다. 악몽과 불면증 등의 수면장애도 부산물처럼 뒤따른다. 오랜 시간이 흐른 뒤에도 피해 당시 상황이 떠오르고 극심한 공포를 경험하는 '플래시 백(Flashback)' 현상은 피해 생존자뿐 아니라 가족들에게도 자주 나타난다.

아동 성폭력 피해자에게서 발견되는 특징적인 현상 중 하나가 바로 '해리(dissociation)' 증상이다. '해리'란 '감당하기 어려운 스트레스나 고통스러운 상황에 처했을 때 마음이 도망갈 장소를 마련하는 능력'이다. 이런 증상은 성폭력의 고통스러운 기억을 도저히 감당하지 못하거나 이겨 낼 수 없는 어린이들에게서 자주 발견된다. 해리 증상은 몸으로부터 마음을 분리해 다른 곳에 숨게 하고, 그 고통을 겪는 몸이 자신이 아닌 것처럼 느끼는 것이다. 어떻게 보면 해리 증상 덕분에 그 참혹한 피해를 겪고도 마음이 부서지지 않고 버텨 낼 수 있는 것인지도 모른다. 하지만 다른 측면으로는 피해가 즉시 발견되지 않거나 피해의 충격을 인정받지 못하는 이유가 되기도 한다.

더 심한 경우에는 아예 마음속에 성폭력 피해 자체를 알지 못하는 '다른 인격'이 만들어져 살아가는 내내 그 상태가 지속되어 한 몸에 서로 다른 여러 인격체가 공존하는 '다중인격장애(Multiple Personality Disorder)'라는 심각한 정신장애를 앓게 되기도 한다. 1991년에 마르고 리베라가 행한 다중인격장애자 대상 연구는 큰 충격을 불러일으켰다. 조사 대상이었던 185명의 다중인격장애 환자 중 무려 98%가 아동 성폭력 피해자였다는 사실이 밝혀졌기 때문이다.

영혼까지 집어삼키는 아동 성폭력의 위험성은 말로 다 표현할 수 없다. 성폭력 범죄 방지를 위해 국가적·개인적 노력이 절실히 필요하다.

나는 사람이 아니라 짐승을 죽였어요

아동 성폭력의 존재와 심각성을 알린 김부남 사건

이웃집 아저씨의 탈을 쓴 짐승

현재도 그러한 분위기가 남아 있기는 하지만 1970년대 대한민국은 '어른을 공경해야 한다'라는 가부장적 윤리가 더욱더 강하게 지배했다. 여기에 덧붙여 남존여비, 남성 중심의 사고와 관행이 팽배해 수많은 '여자 어린이'가 유형무형의 차별과 희롱에 노출되어 있었다. 그 대표적인 사례로 아홉 살 김부남 어린이 사건을 들 수 있다.

작은 시골 마을에서 가난하지만 단란하게 살아가던 김부남의 집에는 우물이 없었다. 그래서 늘 이웃집에 사는 송백권(당시 35세)의 우물에서 물을 길어다 먹는 신세를 져야만 했다. 그러던 어느 날, 김부남이 혼자서 송백권의 집으로 물을 길러 갔고, 집에 있던 송백권은 심부름 좀 해 줄 수 있느냐며 잠시 방으로 들어오라고 했다. 송백권은 김부남이 아무런 의심 없이 방에 들어오자 짐승으로 둔갑했다. 그 어린 소녀의 옷을 강제로 벗긴 뒤 입을 틀어막고 강간을 했다. 그러고는 아랫도리에서 피를 철철 흘리며 고통에 괴로워하고 있는 김부남을 강하게 위협했다.

"오늘 일은 아무에게도 말하면 안 된다. 말했다가는 너도 죽고 네 부모와 오빠도 모조리 죽어."

상처에서는 계속 피가 나고 참을 수 없을 정도로 아팠지만 김부남은 자신과 가족에게 나쁜 일이 생길 것을 우려하여 아무에게도 그날의 일을 말하지 못했다. 제대로 걷지 못하는 김부남의 모습을 본 가족과 이웃, 학교 선생님이 왜 그러느냐고 물었지만 그녀는 "그냥 조금 다쳐서 그래요. 괜찮아요."라고 말하며 얼버무렸다.

그렇게 10일 정도가 흘렀다. 상처가 거의 아물어 걸어 다니는 것은 많이 자연스러워졌지만 물을 길러 송백권의 집에 다녀오라는 부모의 심부름에 가지 않겠다고 울며불며 사정하다가 혼나는 일이 잦아졌다. 또한 지나치게 화장실을 자주 갔고 밤에 오줌을 쌌으며, 툭하면 멍하니 정신줄을 놓는 등 이상행동을 보이는 날이 늘어났다. 하지만 그 누구도 따뜻하게 "너에게 무슨 일이 있었던 것은 아니니? 왜 그러는 거야?"라고 물어봐 주지 않았다. 김부남은 학업에 집중할 수 없었고 친구들과도 제대로 어울릴 수 없었다. 그녀는 그렇게 늘 불안하고 우울한 외톨이로 초등학교 생활을 마쳐야 했다.

어린 가정부가 된 김부남

당시에 많은 가난한 집 딸들이 그랬듯이, 김부남은 초등학교를 졸업하자마자 서울로 상경해 친척이 소개해 준 부잣집에서 가정부로 일해야 했다. 주인집 가족은 상당히 친절했지만 어린 소녀가 낯선 곳에서 하루 종일 식사를 차리고 빨래와 청소를 하며 지내는 삶은 말로 표현할 수 없을 정도로 고달팠다. 그나마 짐승 같은 송백권에게서 멀리 벗어난 것이 유일한 위안이었다. 하루 종일 남의 집 허드렛일을 하며 번 돈이 고스란히 오빠의 학비로 쓰여도 김부남은 한 번도 불평불만을 늘어놓지 않았다. 오히려 그것이 자신의 운명이라고 받아들였다.

하지만 김부남은 청소년기가 되면서 세상을 조금씩 알게 되었다. 방송 등에서 접하는 남녀 관계의 모습은 김부남의 상처를 후벼 팠고 삶 전체를 뒤흔들기 시작했다. 어린 나이에 당한 그 일이 어떤 범죄이며 무슨 의미를 갖는지 비로소 알게 된 것이다. 민감한 10대의 감수성과 오랜 시간 동안 남의 집에서 가정부로 살아 온 것에 따른 마음의 상처, 여기에 더해진 성폭력 피해 후유증은 하루하루를 견디기 어렵게 만들었다. 결국 김부남은 스무 살이 되던 해에 오랜 타향살이를 끝내고 고향집으로 돌아왔다. 부모는 그 당시 대부분의 부모가 그랬듯이 중매쟁이를 통해 김부남의 상대를 찾아 결혼식을 올리게 했다.

파경의 연속이 된 결혼 생활

김부남은 결혼을 하면 다른 사람처럼 평범한 삶을 살 것이라 기대했다. 하지만 어린 시절에 당한 성폭행 피해는 여전히 현재진행형이었다. 남편의 손길이 강간범 송백권의 더러운 그것처럼 느껴져 아무리 노력해도 부부 관계를 할 수 없었다. 그로 인해 남편은 분노했다. 김부남은 어쩔 수 없이 남편에게 자신의 사정을 어렵게 털어놓았지만 남편은 이해도, 공감도 하지 못했다. 그는 10년이란 시간이 흘렀는데 어떻게 아직도 그 일을 극복하지 못했느냐고 말하며 오히려 김부남을 답답해했다. 남편은 처갓집에 전화해 이 사실을 알리며 결혼 생활을 지속하기 어렵다고 하소연했다.

이 일로 김부남의 가족은 그녀에게 일어났던 일을 알게 되었다. 그제야 김부남의 부모는 그녀를 가까운 대도시에 있는 병원 정신과에 데리고 가 진료를 받게 했다. 의사는 멍하니 하늘만 쳐다보며 중얼거리다가 갑자기 머리가 아프다고 회피하는 등의 증상을 보이는 김부남에게 '정신분열증' 진단을 내렸다. 그 후 김부남은 한 달가량 통원 치료를 받았다. 하지만 남편과의 육체적 관계는 전혀 개선되지 않았고, 결국 결혼한 지 두 달 만에 이혼을 요구한 남편의 뜻을 받아들여 이혼 서류에 도장을 찍었다.

김부남은 시간이 흘러 재혼을 했지만 똑같은 문제로 불화와 갈등을 겪었다. 그녀는 자신을 망가뜨린 성폭행에 대한 처벌 방법을 찾기 위해 밤새 법률 서적을 뒤지며 고소를 준비했지만 남편은 '공소시효가 지나서 소용없을 것'이라며 다 잊으라고 말리기만 했다.

피해자에게 등을 돌린 법 그리고 '셀프 서비스 정의(D.I.Y. Justice)'
경찰서를 찾아가 문의를 한 김부남은 "공소시효도 지났거니와 강간은 피해자가 고소를 해야 처벌할 수 있는 친고죄인데, 이미 고소 기한인 6개월이 지났기 때문에 소용이 없다."는 답을 듣고 절망감에 빠졌다. 아홉 살, 자신이 당한 피해가 어떤 의미인지도 파악할 수 없었던 나이, 누구에게 알리고 도움을 청해야 할지 몰랐던 나이였다. 피해자의 사정은 전혀 헤아리지 않는 가혹한 법 앞에서 김부남은 또다시 눈물을 흘려야 했다. 분노와 좌절에 빠진 김부남의 이상행동과 상황에 맞지 않는 부적절한 반응은 다시 '정신분열증' 진단으로 이어져 정신병원 입원과 퇴원을 반복하게 만들었다.

두 번째 남편과는 부부 관계를 갖기는 했지만, 종종 어린 시절의 악몽이 떠올라 소리를 지르고 남편을 밀쳐 내는 발작 증세를 보였다. 이러한 증세는 날이 갈수록 더욱 심하게, 자주 나타났다. 결국 남편과의 불화는 해소되지 못했고 가정경제는 파탄으로 치닫게 되었다.

이 모든 것이 어린 시절 자신에게 일어난 강간 때문이라고 생각한 김부남은 여전히 고향에 살고 있는 송백권을 찾아가 폭언과 협박을 퍼부었다. 하지만 상황은 나아지지 않았다. 송백권은 자신의 범행을 간접적으로 시인하며 김부남의 오빠에게 합의금 형식으로 40만 원을 내밀었다. 하지만 제대로 된 인정이나 사죄는 하지 않았고, 어느 누구도 피해자 김부남을 위해 진실을 찾고 정의를 구현해 주려 하지 않았다.

강간을 당한 지 20년이 지난 1991년 1월 30일, 김부남은 스스로 국가와 경찰이 포기한 강간범 처벌과 '정의' 실현을 해내기로 결심했다. 지탱할 수 없을 정도로 삶이 망가져 버렸기 때문에 더 이상 지체할 수 없었다. 그녀는 시장에서 식칼과 과도 2자루를 구입한 뒤 낡은 손가방을 잘라 칼집을 만들어 허리띠 양쪽에 부착했다. 그 위에 코트를 입으니 겉에서 보기에는 칼이 보이지 않았고, 언제든지 꺼내 사용할 수 있었다. 화장실에서 거울을 보며 코트 자락을 제치고 빠르게 칼을 뽑는 연습도 수차례 했다.

김부남은 송백권의 집으로 찾아가 문밖에 서서 "할 말이 있으니 친정집으로 오라."고 요구했다. 그러자 송백권은 "이미 40만 원을 받고 합의를 봤으면서 왜 또 그러느냐."며 욕설을 퍼부었다. "집으로 오는 게 겁나면 밖으로 나와서 이야기하자."는 김부남의 요구에 송백권은 '미친 여자', '정신 나간 여자' 등 입에 담지 못할 욕설로 응수했다.

김부남은 더 이상 감정을 주체하지 못하고 방문을 박차고 들어가 코트 자락을 제치고 식칼을 뽑아 들었다. 중풍으로 오른쪽 팔과 다리를 제대로 쓰지 못하는 상태였던 송백권은 소리만 질러댈 뿐 어떠한 저항도 하지 못했다. 김부남은 송백권의 성기를 향해 칼을 휘둘렀다. 처절한 비명이 터져 나왔다. 찌르고 휘두르고 또 찔렀다. 송백권의 필사적인 방어로 식칼을 빼앗긴 김부남은 주저하지 않고 곧바로 허리춤에서 과도를 꺼내 또다시 하복부 쪽을 마구 공격했다.

고통에 울부짖는 비명 소리에 놀란 이웃 주민들이 달려와 김부남을 붙잡고 칼을 빼앗으려 했지만 김부남은 온 힘을 다해 저항하다 결국 모든 것을 체념한 듯 그 자리에 멍하니 서서 초점 없는 눈동자로 허공을 응시했다. 송백권은 이미 극심한 고통과 공포에 질려 두 눈을 크게 치켜뜬 채 숨을 거둔 상태였다. 잠시 후 출동한 경찰은 김부남을 살인죄 현행범으로 체포했다.

'외상 후 스트레스 장애(PTSD)'에 의한 최초의 감형 판결
김부남의 송백권 살인 사건 혐의 입증은 아무런 문제없이 일사천리로 진행되었다. 하지만 자신을 지켜 주지도, 강간범을 처벌해 주지도 않는 법을 대신해 아동 성폭력 피해자가 스스로 나섰다는 점과 아동 성폭력 피해 후유증으로 정상적인 삶을 살 수 없었다는 사실이 알려지면서 여론이 들끓었다. 특히 김부남이 법정에서 "나는 사람이 아닌 짐승을 죽였어요."라고 진술한 것이 알려지면서 피해자의 가해자 살해 행위의 처벌 여부와 정도에 대한 논란이 발생했다.

1991년 8월 26일에 있었던 1심 법원은 이렇게 판결했다.

"원래 가지고 있던 내성적이고 정신분열적인 성격이 아홉 살 때의 강간 경험으로 인해 더욱 정신분열적인 성격으로 발달되었고, 이러한 치명적인 경험이 적절하게 치유되지 못해 결혼 후에도 정상적인 성생활이 어려워졌다. 더욱이 이혼으로 충격을 받게 되면서 증상이 악화되어 강간 경험이 외상 후 스트레스 장애로 발전했다. 김부남은 이상한 행동, 부적절한 정서, 흥미의 결여, 심한 사회적 고립과 위축 등의 증상이 나타나는 잔재형 정신분열증 환자로, 범행 당시에도 이와 같은 증상이 갑자기 발현되면서 억제할 수 없는 충동에 의한 행동 장애를 보였다. 다만 범행에 사용된 칼 2자루의 구입 경위와 칼집을 만든 경위 등 범행의 계획성, 범행 당시 식칼을 뺏기자 준비해 둔 과도로 재차 피해자를 공격한 범행 방법과 수단, 범행 동기와 경위 시간, 방법 등을 논리정연하게 구체적으로 진술하고 있는 점 등을 종합했을 때 사물을 변별하거나 의사를 결정할 능력이 없어 범죄의 책임을 물을 수 없는 '심신 상실'의 상태가 아니라 감형의 대상인 '심신 미약' 상태에 있었다고 인정한다. 따라서 징역 2년 6개월(살인죄 최저 형량인 5년의 절반)을 선고하고 그 집행을 3년간 유예하면서 1년간의 치료 감호 명령을 내린다."

그 후 항소심과 대법원 최종심에서도 항소와 상고를 기각하고 원심 판결을 그대로 인정했다.

김부남의 송백권 살인 사건이 만든 변화

이 사건은 그동안 우리 사회에서 그 존재 자체를 인정하지 않았던 '아동 성폭력' 문제를 처음으로 수면 위로 끌어올렸다는 점에서 큰 의의가 있다. 동방예의지국, 삼강오륜이 엄정하게 살아 있는 우리 사회에는 짐승보다 못한 아동 성폭력이, 그것도 낯선 괴물이 아닌 이웃집 아저씨나 친척, 가족 등 '아는 사람'에 의해 행해질 수 있다는 사실을 인정하고 싶지 않은 사회 심리가 지배적이었다. 그래서 아동 성폭력을 의심하고, 발견하고, 대응하는 시스템이 전혀 갖춰져 있지 않았던 것이다.

혹시나 피해 아동이 용기를 내 사실을 알리고 도움을 호소해도 그 말을 믿지 않으려 했고, 믿을 만한 정황이 있다 해도 피해 아동이 유혹하거나 원인 제공을 했을 것이라고 단정 지었다. 또한 피해자인 여자아이보다 가해자인 오빠나 친척, 이웃 남성이 입을 피해가 더 크다고 생각해 쉬쉬하고 덮어 두기 일쑤였다. 피해자를 위해서라고 생각하는 경향도 있었다. 여기저기에 소문이 나 '더럽혀진 여자'라는 낙인이 찍힌 채 살아가는 것보다 조용히 잊히는 것이 낫다는 잘못된 인식에 사로잡혀 있었다. 시간이 흐르면 자연스럽게 성폭행 피해의 충격이 치유되리라 지레짐작한 것이다.

김부남의 가해자 살인은 이 모든 관행과 인식이 얼마나 잘못된 것인지를 적나라하게 보여 주었다. 그래서 충격과 논란을 불러일으켰고, 아동 성폭력의 존재와 그 충격의 참담함을 많은 사람이 알게 되었다. 아동 성폭력을 둘러싼 법과 제도, 인식과 관행의 변화 필요성을 공감하는 출발점이 된 것이다.

하지만 "이 사건은 예외적인 경우야. 김부남에게만 특별한 문제가 발생한 거지 다른 아이들에게는 별다른 문제가 없어."라는 안일한 반발이 제기되면서 1년 뒤 더 끔찍한 '아동 성폭력 피해자의 가해자 살인 사건 (속칭 김보은양 사건)'이 발생할 때까지 실질적인 변화는 이루어지지 않았다.

폭력 피해로 인한 외상 후 스트레스 장애
Post-traumatic Stress Disorder, PTSD

아동 성폭력 피해로 인한 후유증은 상당히 심각하다. 아동 성폭력 피해 후유증의 원인을 이해하는 데 도움을 주는 설명이 김부남 판결에서도 언급된 '외상 후 스트레스 장애(Post-traumatic Stress Disorder, 약칭 PTSD)'이다.

이는 과거 월남전에 참전한 미군들의 사회 부적응에 대한 연구에서 비롯된 개념으로, 1980년에 미국정신의학회는 '정신질환의 임상 및 통계 교본 제3집(DSM-III)'의 질병 분류 체계에 PTSD를 질병의 하나로 추가하였고, 세계보건기구는 '국제질병분류' 제10호에 이를 추가하였다. 최근에는 교통사고나 산재사고와 같은 돌발적인 사고, 열차와 비행기 등의 대형 참사, 성폭력과 같이 극심한 정신적 스트레스를 동반하는 범죄 등을 겪은 피해자들에게서 이런 증상이 나타난다.

우리나라의 경우 화성 씨랜드 화재 사건 이후 피해자 부모 다수가 PTSD 증상을 보여 이슈가 된 적이 있고, 대구 지하철 방화 참사 피해 생존자와 유가족 다수가 PTSD 진단을 받기도 했다. PTSD의 과학적 근거와 임상적 표현을 이해하는 열쇠는 '쇼크, 충격을 뜻하는 심리적 외상(trauma)'의 개념이다.

PTSD는 극한의 위협이나 공포를 겪고 난 뒤 나타나는 여러 가지 정신·신체 증상을 가리키는 의학 용어로, 전형적 증상은 공포스러웠던 사건의 상상적 재경험, 정신적 둔마, 자율신경 과민, 우울증, 정신지체장애, 알콜 중독 등이며, 심할 경우에는 만성정신분열증의 증상 등이 나타난다.

사건 2

아빠라는 이름의 짐승

김보은·김진관의 김영오 살인 사건

한밤의 살인 사건

1992년 1월 17일 자정 무렵, 충북 충주시에 있는 한 가정집에 강도가 들어왔다는 신고가 접수되었다. 경찰이 출동했을 때 강도는 이미 도망간 상태였고, 방 안은 온통 어지럽혀져 있었다. 그때 경찰의 눈에 집주인으로 보이는 성인 남자가 속옷 바람으로 여러 군데 칼에 찔린 채 피투성이가 되어 이불 위에 반듯하게 누워 있는 것이 들어왔다. 이미 사망한 것이 확실해 보였다.

신고자인 대학생 딸은 겁에 질렸는지 불안한 기색이 역력했지만, 아버지의 죽음에 큰 충격을 받지는 않은 듯했다. 그녀는 울지도 않고 침착하게 상황을 잘 설명해 주었다. 곧이어 응급구조대와 형사들이 도착해 사망 사실 확인과 현장 수사를 실시했고, 잠시 후 출동한 현장 감식반은 지문과 족적 등 증거 수집에 돌입했다.

그런데 이상한 점이 한두 가지가 아니었다. 남성을 여러 차례 칼로 찌르고 온 방을 뒤져 금품을 훔쳐 간 강도가 여대생 딸은 털끝 하나 건드리지 않았다는 점, 심야에 강도가 들었는데 베란다나 창문 등 외부에서 침입한 흔적이 전혀 없다는 점, 사망한 피해자가 반항한 흔적이 없다는 점, 돈을 노린 강도답지 않게 다짜고짜 자고 있는 피해자를 여러 차례 찔러 '확실하게' 살해한 점 등이 일반적인 강도 사건과 사뭇 달랐다.

흉기와 집안 여기저기에서 발견된 지문 중에 가족의 것이 아닌 지문이 발견되면서 수사는 급물살을 탔다. 조회 결과, 지문은 피해자의 딸과 같은 대학에 다니는 김진관의 것이었다. 사건 이틀 후인 1월 19일, 경찰은 김진관을 체포한 뒤 피해자의 딸인 김보은을 불러 아는 사람인지 확인하려 했다. 체포된 김진관을 본 김보은은 그 자리에 주저앉았다. 일으켜 세워 주기 위해 다가간 형사에게 김보은은 "제가 그랬어요, 제가 범인이에요"라고 중얼거렸다. 결국 그 자리에서 김보은도 체포되었다.

슬픈 연인, 암담한 현실에 또 한 번 울다

대학에 입학하기 전까지 학교 가는 시간만 빼고 집에 꽁꽁 묶여 지내다시피 했던 김보은은 대학 기숙사에서 지내는 캠퍼스 생활이 너무 행복했다. 특히 학교 행사에서 우연히 만나게 된 남자 친구 김진관은 세상이 따뜻하고 살 만한 곳이라는 것을 깨닫게 해 주었다. 김진관 역시 예쁘고 상냥하고 겸손한 김보은과의 만남이 무척 좋았다. 둘은 빠른 속도로 가까워졌고 서로에 대한 호감이 우정으로, 우정이 사랑으로 바뀌었다. 하지만 두 사람 사이가 가까워질수록 김보은의 가슴속에서는 어둡고 무거운 무언가가 암 덩어리처럼 커져 가고 있었다. 결국 견디다 못한 김보은은 김진관에게 자신의 속내를 털어놓았다.

"진관아, 미안해. 너에게 말하지 못한 사실이 있어. 난 더러운 여자야. 난 너와 어울리지 않아."

눈물을 흘리며 아주 힘겹게 털어놓은 김보은의 고백은 충격 그 자체였다. 아홉 살 때부터 12년 동안 의붓아버지에게 성폭행을 당하며 살아왔다는 내용이었다. 사랑하는 여자 친구의 가슴속 응어리를 알게 된 김진관은 김보은의 아픔과 슬픔, 고통을 공감하며 오열했다. 둘은 그렇게 손을 맞잡고 밤새도록 울었다. 김진관은 과거는 과거일 뿐 앞으로 서로 사랑하며 살아가자고 김보은을 다독였다. 김보은은 그의 참사랑에 감동했지만 의붓아버지에게 짓밟히고 더럽혀진 자신이 너무 부끄럽고 미안하여 한사코 헤어지자고, 자신을 놓아 달라고 부탁했다. 하지만 김진관은 김보은을 포기하지 않았다. 끊임없는 김진관의 진심 어린 다짐과 설득에 김보은은 조금씩 마음을 열었다. 두 사람은 어떤 일이 있더라도 헤어지지 않기로 약속했다.

하지만 어두운 과거보다 더 큰 문제가 도사리고 있었다. 여전히 자신을 성적 노리개로 여기고 있는 의붓아버지가 남자 친구와의 교제를 허락해 줄 것 같지 않았다. 마음을 굳게 먹은 김진관은 김보은과 함께 의붓아버지 김영오를 찾아가 간절하고 애절하게 진심으로 사랑하고 있으니 둘 사이를 인정해 달라고 부탁했다. 하지만 김영오는 완고했다.

"내 눈에 흙이 들어가기 전에는 절대 안 돼! 헤어지지 않으면 둘 다 죽여 버리거나 교도소에 잡아넣어 버리겠어!"

젊은 연인이 상대하기에 청주지방검찰청 충주지청 총무과장이었던 김영오는 너무 강한 존재였다. 김진관은 김보은에게 차라리 경찰에 신고하여 그동안 김영오가 저지른 만행을 털어놓자고 제안했다. 하지만 김보은은 아버지는 검찰 간부라서 경찰도 손을 대지 못한다며 절레절레 고개를 저었다. 어린 시절에 너무 무서워 경찰서에 신고한 적이 있는데, 경찰이 집에 찾아와 김영오를 보더니 꾸벅 인사만 하고 돌아갔다는 것이다. 지금도 그렇지만 그 당시 검찰은 '그 누구도 건드리지 못하는 성역'이었다. '대검찰청 예규'에 '법무부 소속 직원의 범죄 혐의는 오직 검찰만 수사할 수 있다'고 명시되어 있을 정도였다.

두 사람은 절망했다. 근친강간범이 이미 대학생이 되어 연인을 만난 의붓딸을 옥죄며 통제하고 있는 상황인데도 막강한 검찰 간부라는 것 때문에 그 누구도 함부로 나서지 못하는 상황이라니! 이보다 암담할 수 없었다. 분노와 좌절감에 사로잡힌 두 사람은 오랜 갈등과 고민, 망설임 끝에 끔찍한 계획을 세우기로 결심했다. 근친강간범 김영오를 살해하고 강도로 위장한 뒤 '자유를 찾자'는 계획이었다. 그렇게 살인 범행은 성공했다. 하지만 강도 위장은 실패해 두 사람은 결국 경찰에 체포되고 말았다.

지옥 같았던 12년이란 세월

김영오는 김보은이 일곱 살 때 그의 어머니와 결혼하면서 의붓아버지가 되었다. 처음 2년간은 아무 문제가 없었다. 하지만 김보은이 아홉 살이 되던 해부터 김영오는 '의붓아버지'의 탈을 쓴 짐승으로 돌변해 어리고 어린 의붓딸을 수시로 성폭행했다. 처음에는 김보은의 엄마가 알지 못하게 은밀하게 성폭행을 했지만 한 번 들킨 뒤로는 아예 공개적으로 악행을 저질렀다. 때로는 엄마와 어린 딸을 동시에 성폭행하는 악행도 서슴지 않았다.

김영오는 김보은이 열두 살이 된 후로는 생리 기간임에도 아랑곳하지 않고 성폭행을 했고 심지어 목욕을 하고 있는 중에도 문을 열고 들어와 성폭행을 했다. 때로는 음란 영상물을 보여 주며 그대로 따라 하라고 강요하는 등 갖은 변태적이고 가학적인 성행위를 요구했다. 그렇게 김보은은 거의 매일 성폭행을 당했다.

너무 수치스럽고 고통스러워 경찰이나 지인에게 알리려고 하면 김영오는 식칼과 쥐약을 가지고 와 "다른 사람에게 한마디만 뻥긋하면 모조리 죽여 버리겠다."고 협박했다. 검찰 직원으로서 지역의 권력자였던 김영오는 실제로 모녀를 죽여도 아무 처벌을 받지 않고 무마해 버릴 수 있을 것 같았다. 그렇게 12년 동안 모녀는 짐승 같은 김영오에게 성적 노리개로 능욕당하고 짓밟히며 고통 속에서 살아야 했다.

우리 아들 좀 살려 주세요

김진관의 부모에게 아들의 체포 소식은 그야말로 '마른하늘에 날벼락'이었다. 그 누구보다 착하고 순해 벌레 한 마리도 함부로 해치지 않는 아들이 살인을 저질렀다는 사실이 도저히 믿기지 않았다. 경찰서 유치장을 찾아 아들을 면회하고 담당 형사를 만나 전후 사정을 알게 된 김진관의 부모는 아들을 도울 방법을 찾았다. 그때 떠오른 것이 1년 전에 발생한 아동 성폭력 피해자 김부남의 가해자 송백권 살인 사건이었다. 당시 김부남을 위해 발 벗고 나서서 성명서를 발표하고 거리에 나가 사건을 알렸던 '한국 성폭력 상담소'를 찾아가 도움을 요청했다.

그로 인해 전국에서 지원단체와 대학생자원봉사자가 몰려들어 '김보은·김진관 사건 공동 대책위원회'가 결성되었고 22명의 무료 변호인단이 구성되었다. 많은 사람이 다시는 이런 불행한 일이 발생하지 않도록 성폭행 범죄자들을 강력하게 처벌하고 피해자를 보호할 수 있는 '성폭력특별법'을 제정하라고 요구했다.

김보은과 김진관의 재판이 시작되었다. 변호인단은 이렇게 주장했다.

"막강한 권력자인 검찰 간부 가해자에게 항거할 수 없고 경찰 등 외부의 도움을 청할 수 없는 상태에서 지속적인 성폭행과 살해 위협에 시달린 김보은과 그녀를 도운 김진관의 행동은 스스로의 생명을 보호하기 위한 정당방위에 해당하기 때문에 무죄를 주장한다."

하지만 재판부는 그들의 '정당방위'를 인정하지 않았다. 1년 전 김부남 피고인의 경우와 달리 '외상 후 스트레스 장애' 등 정신장애로 인한 심신 미약도 인정하지 않았다. 1992년 4월 4일, 1심 법원은 두 사람의 살인죄에 대해 유죄를 선고하고 김진관에게는 징역 7년을, 김보은에게는 실형 5년을 선고했다. 피고 측은 즉시 항소를 제기했고 항소심은 김진관에게는 징역 5년의 실형을, 김보은에게는 징역 5년에 집행유예 5년을 선고했다. 오랜 세월 성폭행을 당한 피해자라는 것을 참작한 것이다. 1992년 12월 22일, 대법원이 피고 측의 상고를 기각해 형량은 그대로 확정되었다.

그 뒤 1993년에 김영삼 대통령이 이들에 대해 특별 사면을 단행하여 김보은은 사면 및 복권되었고 김진관은 잔여 형기의 절반이 감형되었다. 김진관은 1995년 2월 17일, 형기를 마치고 출소했다.

성폭력특별법 제정

김부남 사건 당시부터 거세게 제기되었던 '성폭력특별법' 제정 요구는 김보은·김진관 사건 발생으로 또다시 불타올랐다. 그동안 우리 사회와 법이 여성의 성을 '정조'라는 낡은 관념에 묶어 둔 채 '피해 여성의 인권이 유린당했다'는 시각보다 '그 가족과 집안의 명예가 실추되었다'는 관점으로 바라보다 보니 성폭행 사실을 밝히고 처벌하기보다 합의를 보고 무마해 숨기려는 경향이 강했다는 문제가 대두된 것이다.

또한 낯선 사람의 성폭행에 대해서는 엄한 처벌을 내리면서 '아는 사람'의 성폭행에 대해서는 관대한 법과 사법부의 태도가 비판의 대상이 되었다. 무엇보다도 성폭행 피해자에 대한 법적 보호 장치가 전혀 없고 아동에 대한 성폭행 피해가 있다는 사실 자체를 인정하지 않아 법에 별도의 규정을 두지 않고 있다는 문제도 지적되었다.

결국 1994년 1월 5일, '성폭력 범죄의 처벌 및 피해자 보호 등에 관한 법률'이 제정되어 그해 4월부터 시행되었다. 성폭력특별법은 총 4장 37조로 이루어져 있는데, 제1장은 총칙으로 법의 목적, 성폭력 범죄에 대한 정의, 국가와 지방자치단체의 의무, 피해자에 대한 불이익 처분 금지 등의 내용이 담겨 있다. 제2장은 친족 관계에 의한 강간, 장애인에 대한 간음, 13세 미만의 미성년자에 대한 강간, 강제추행 등에 대한 내용과 고소, 심리의 비공개, 신고의 의무 등 성폭력 범죄의 처벌 및 절차에 대한 특례에 대해 규정하고 있다. 제3장에서는 성폭력피해상담소, 보호시설 설치와 이들의 업무, 의료 보호 등에 관한 내용을 명시하고 있다. 이는 성폭력 피해 여성을 위한 서비스 연계와 연관되어 있다고 볼 수 있다. 제4장에서는 과태료나 양벌 규정과 같은 벌칙을 규정하고 있다.

성폭력특별법은 이후 여러 차례의 개정을 통해 아동 대상 성범죄 형량 강화 등이 이루어져 왔고, 지금은 '성폭력 범죄의 처벌 등에 관련 특례법'과 '성폭력 방지 및 피해자 보호 등에 관한 법률'로 나뉘어 시행되고 있다.

아동 성폭력의 악몽, 아직도 계속되고 있다

김부남과 김보은의 비극은 우리 사회에 아동 대상 성폭행 문제에 대한 관심과 경각심을 일깨우고, 성폭력특별법을 제정할 수 있는 발판을 마련했다. 하지만 여전히 법과 법조인들은 아동 성폭력범에게는 관대하고 피해자에게는 가혹하다. 2008년에 발생한 '나영이 사건'을 기억할 것이다. 여덟 살밖에 되지 않은 아이를 성폭행하며 짓밟고 물어뜯어 장기를 몸 밖으로 끄집어내고 얼굴을 훼손한 짐승 같은 조두순에게 12년을 선고하여 많은 사람의 눈에서 피눈물을 쏟게 했다. '술에 취한 상태'였기 때문에 감형을 해 준 것이다.

2010년 12월에는 열다섯 살인 친딸을 상습적으로 성폭행해 임신과 출산을 하게 한 노 씨(당시 42세)에게 초범이고 잘못을 반성하고 있으며, 이혼 후에 자녀 양육에 최선을 다했다며 1심 형량인 10년을 7년으로 감형해 준 서울고등법원 항소심 판결이 논란이 되기도 했다.

2003년 미국에서 여덟 살짜리 의붓딸을 강간한 패트릭 케네디에 대해 사형선고를 내린 루이지애나주 법원이나 인터넷에서 아동 음란 사진 20장을 다운받아 소지하고 있던 전직 교사 버거에게 사진 한 장당 10년 씩 총 징역 200년을 선고한 애리조나주 법원의 단호한 태도와 사뭇 비교된다. 프랑스에서는 아동 대상 강간은 최소 20년 형 이상을 선고하도록 규정하고 있고 가중처벌 요소가 있으면 무조건 종신형에 처하도록 하고 있다. 영국 역시 아동 대상 강간 등 가중처벌 대상 성폭행은 종신형에 처하고 있다.

최근 전자발찌나 신상공개, 화학적 거세 등 '형사처분이 아닌 재범 방지를 위한 보안 처분'이 마치 '강화된 처벌'인 듯 호도되고 있다. 만약 이것이 실제 처벌처럼 사용된다면 헌법에 금지된 이중 처벌로, 인권침해 또는 위법이라고 할 수 있다. 이와 같은 보안 처분을 이유로 단기간 형벌을 부과하는 법원의 판결은 성폭력특별법 제정 취지를 무시하는 월권이다.

제2의 김부남, 김보은 사건이 발생하지 않게 하려면 아동 대상 성폭행의 신고율을 높이고, 경찰의 수사 전문성 향상과 피해자 보호 대책 개선을 통해 기소율을 높여야 한다. 또한 검찰의 인식 개선과 전담 검사 지정을 통해 유죄 판결률을 높이고, 판사 대상 교육 강화와 인식 개선을 통해 입법 취지에 맞는 충분한 형량 선고가 선행되어야 한다. 이와 동시에 보호받지 못하고 방치된 아동, 방임과 학대가 이루어지는 가정에 대한 사회적 개입과 지원 및 보호책 마련이 이루어져야 한다.

아동 성폭력을 이겨 낸 유명인들

많은 사람이 '아동 성폭력 피해는 회복할 수 없다'고 생각한다. 아동 성폭력은 '영혼 살인'이라 불릴 만큼 피해자에게 깊고 큰 상처를 남긴다. 하지만 조기에 발견해 전문적이고 세심한 치료와 배려가 이루어진다면 충분히 극복해 낼 수 있다. 물론 최대한 빠른 시간 안에 가해자에게 엄정한 처벌이 내려지고 피해자의 잘못이 아니라는 사실이 명확하게 밝혀지고 공유되는 것이 전제되어야 한다. 아동 성폭력 피해를 극복하고 성공을 일구어 낸 유명인들의 사례를 소개한다.

1. 재즈의 여왕, 빌리 홀리데이 Billie Holiday

'글루미 선데이', '어텀 인 뉴욕' 등을 통해 재즈의 여왕으로 거듭난 빌리 홀리데이는 아동 성폭력과 미성년 성매매, 인종차별의 대표적 희생자였다. 1915년에 미국 필라델피아에서 태어난 그녀는 불우한 흑인 가정에서 힘든 어린 시절을 보냈다. 빌리는 열 살이 되던 해에 40대 백인 남자에게 납치되어 성폭행을 당했다. 그녀를 강간한 범인은 5년형을 선고받았다. 이후 빌리는 온갖 어려움을 딛고 성공적인 재즈 가수로 성장했다.

2. 현대문학의 아이콘, 버지니아 울프 Virginia Woolf

인간의 내면을 파고드는 글로 문단과 사회에 충격을 준 20세기 최고의 현대문학가 중 한 사람인 버지니아 울프는 어린 나이에 의붓오빠들에게 성폭행을 당했다. 그녀는 아동 성폭력 후유증으로 심각한 우울증에 시달렸지만 그 아픔과 고통을 문학으로 승화해 냈다.

3. 세계에서 가장 영향력 있는 방송인, 오프라 윈프리 Oprah Winfrey

오프라 윈프리는 미국 미시시피주 시골 마을의 흑인 빈민가에서 10대 미혼모 어머니에게서 태어났다. 그녀는 자신의 아버지가 누구인지도 모른 채 지독한 가난에 시달리며 어린 시절을 보냈다. 아홉 살 때 한집에서 살던 사촌오빠에게 처음 성폭행을 당한 뒤, 외삼촌과 이웃 아저씨 등에게 지속적으로 성폭행을 당한 오프라는 결국 열세 살 때 가출을 했고, 그 다음 해에 임신을 하게 되었다. 하지만 오프라가 낳은 아이는 곧 사망했다. 그로 인해 큰 충격을 받은 오프라는 평생 아이를 낳지 않겠다고 결심했다. 이후 생부에게 보내진 오프라는 아버지의 엄격한 훈육과 학교 교육을 통해 방송인이 되겠다는 꿈을 이루었고, 불우한 어린 시절을 감추지 않고 진솔하게 자신을 드러내는 독특한 토크쇼 진행으로 큰 인기를 얻었다. 끔찍한 아동 성폭력의 충격을 극복하고 세계에서 가장 부유하고 영향력 있는 사람 중 한 명으로 성장한 오프라의 사례는 의미 있는 시사점을 제공해 주었다. 감추고 숨기기보다 사실을 그대로 받아들이고 인정하는 태도와 곁에서 지지해 주고 사랑해 주며 꿈을 키울 수 있도록 도와준 가족의 힘이 함께한다면 아동 성폭력 피해는 극복될 수 있고, 생존자는 행복을 찾을 수 있다는 분명한 메시지를 우리에게 던져 준 것이다.

24년간 딸을 성폭행한
요제프 프리츨

2008년 4월, 오스트리아의 수도 비엔나에서 150km 정도 떨어진 작은 도시 암스테텐의 병원에서 소동이 일어났다. 오랫동안 심각하게 병을 앓은 듯한 열아홉 살 소녀 컬스틴이 할아버지 요제프 프리츨(Joseph Pritzl)과 함께 병원을 찾았는데, 국가 보건 시스템에 인적 사항이 등록되어 있지 않았기 때문이다. 요제프 프리츨은 "내 딸이 24년 전에 가출을 했는데 병든 소녀만 집 앞에 두고 사라져 버렸다."라고 말했다. 병원 관계자들은 규정에 따라 소녀를 응급실로 데려가 정밀검사를 실시하는 동시에 경찰서에 연락을 취했다.

소녀의 몸 상태는 최악이었다. 오랫동안 산소 부족과 신장 기능 이상에 시달려 급성 전신근육수축 증상이 생겨 있었다. 경찰은 소녀의 어머니인 엘리자베스 프리츨(Elizabeth Pritzl)을 긴급 공개수배했다. 얼마 지나지 않아 엘리자베스는 아버지와 함께 컬스틴이 입원한 병원에 나타났다. 엘리자베스는 곧 쓰러질 것처럼 위태롭고 연약해 보였다. 경찰은 곧 이들을 상대로 조사를 실시했다. 엘리자베스는 컬스틴 말고도 다섯 살, 열여덟 살 된 아들이 있었다. 그들 역시 극도로 왜소하고 쇠약한 모습이었다.

24년간 실종되었다가 갑자기 중병에 걸린 딸과 병약한 두 아들을 데리고 나타난 것이 의심스러웠던 경찰은 요제프 프리츨의 집을 압수수색했다. 그러던 중 경찰은 벽장 뒤에 있는 비밀 출입구를 발견했다. 복잡한 전기설비가 되어 있어 특수 리모컨이 없으면 열 수 없는 비밀 문을 해제하고 안으로 들어간 경찰은 눈앞에 펼쳐진 광경에 경악을 금치 못했다. 건물 지하에는 전쟁 중에 사용하는 비밀 피난처 같은 토굴 형태의 방들이 마련되어 있었다.

경찰 수사를 통해 놀라운 진실이 하나둘 밝혀졌다. 엘리자베스가 지난 24년 동안 이 지하 토굴에 감금된 채 아버지 요제프 프리츨에게 성폭행을 당해 왔고, 요제프 프리츨(당시 73세)이 컬스틴과 두 사내아이의 '생물학적 아버지'라는 것이었다. 엘리자베스와 함께 나타난 세 아이 외에도 요제프의 근친 강간으로 태어난 아이가 4명이 더 있었다. 그중 3명의 아이는 프리츨 부부가 정식 입양 절차를 거쳐 키우고 있었고, 한 아기는 지하 토굴에서 비밀 출산한 뒤 그대로 방치해 두어 사망하자 시체를 불태운 후에 유기한 것으로 밝혀졌다. 이는 '요제프 프리츨 사건'이라 불리며 오스트리아는 물론, 전 세계를 경악하게 만들었다.

결국 그는 2009년 3월에 열린 재판에서 모든 혐의에 대해 유죄 판결을 받고 종신형을 언도받았다. 그리고 정신질환이 있는 범죄자들을 수용하는 치료 감호소에 수감되었다.

◆ ◆ ◆

　이후 미국과 영국, 브라질 등 세계 각국에서 유사한 사건이 발생하면서 파렴치한 아동 성폭력 범죄자들이 국가나 지역과 관계없이 어디에나 있다는 사실이 확인되었다. 세계 각국에서 아동 대상 성폭력 범죄 방지를 위한 다각적인 대책을 강구하고 있다. 우리나라 역시 예외는 아니다.

　아동 대상 성폭력 범죄를 방지하기 위해 잘못된 양육의 피해자가 성장해 아동 성범죄자가 되는 길을 차단하고, 친족 등 보호자에 의한 아동 성범죄를 조기에 발견 · 개입하기 위해 '아동학대'를 심각한 범죄로 규정하고 무겁게 처벌해야 한다. 이러한 형사사법적 개입을 전제로 복지 및 교육적 대안들이 실효성을 담보할 수 있어야 한다.

　소아애호증 등 성도착이나 성격 장애 등의 정신적 문제를 가지고 있는 아동 성범죄자에 대한 치료가 매우 어렵다는 정신의학계의 연구 결과가 있다. 높은 재범 가능성 그리고 이들이 재범할 경우 어린이의 생명이 위태롭다는 '특별한 문제'는 아동 성범죄의 적정 형량이 일반적 살인 범죄보다 높아야 함을 보여 준다. 따라서 잠재적 피해자인 어린이를 보호하기 위해서라도 헌법이 허용하는 최장 기간 동안 사회로부터 격리시킬 필요가 있다.

　형량과 별개로 사회 방위 및 잠재적 피해자 보호를 위한 보안 처분으로서, 의학적으로 재범 가능성이 높게 예견되는 특정 아동 성범죄자에 대해서는 재범 가능성이 없어졌다는 의사 및 판사의 판단이 내려질 때까지 특별정신치료시설에서 감금 치료를 행하는 방안(미국에서는 민사적 감금 제재를 뜻하는 Civil Commitment)의 도입도 심각하게 고려할 필요가 있다. 현재 우리나라에서 도입하여 시행 중인 신상등록제도와 전자위치추적 감시제도(소위 '전자 발찌')는 제한된 효과만을 기대할 수 있다. 이는 특정 장소 접근 금지나 거주 혹은 활동 제한 등의 조치 및 치료, 교육 명령 등의 이행을 '담보하는 수단'으로써의 성격이 강한 '보조적 대안'이라고 할 수 있다.

현행 제도는 실효성을 담보하기 위한 개선이 요구된다. 아울러 조두순 사건으로 인해 도입된 속칭 '화학적 거세'는 장기적 효과에 대한 의문과 부작용 가능성 등에 대한 우려가 해소되지 않았다는 것을 고려해야 한다. 화학적 거세를 적극적으로 행하고 있는 스웨덴과 덴마크에서는 종래 40%에 달하던 성범죄 재범률이 화학적 거세 대상자에게서는 5%만 나타났다며 매우 효과적이라는 입장을 밝혔다. 하지만 호주에서는 도입을 검토하다가 과학적이고 객관적인 검증 방법으로 그 효과가 입증된 예가 없다는 이유로 도입하지 않기로 결정했다.

특히 1998년 미국에서 20년 전 성추행 유죄 판결을 받고 교도소 대신 화학적 거세 처분을 선택했던 조지프 프랑크 스미스(Joseph Frank Smith)가 치료를 중단한 지 얼마 되지 않아 다섯 살 된 여자아이를 강간한 사건이 발생해 평생 화학적 거세를 하지 않는다면 실효성이 없고, 장기간 실시할 경우 부작용이 발생하는 갈등(Dilemma) 상황에 봉착한다는 것이 밝혀졌다. 또한 성 불구자에 의한 성폭력 범죄 사례가 보고되면서 '성폭력은 고환이 아닌 머리 때문에 행해지는 범죄'라는 주장이 제기되고 있음을 감안할 때 화학적 거세는 오직 육체적 문제만 통제할 뿐, 정신적 문제는 치료할 수 없다는 점을 분명하게 인식할 필요가 있다.

무엇보다 아동 대상 성폭력 범죄에 대한 적극적인 대응을 통해 처벌 가능성을 높이고, 이를 널리 알림으로써 위하 효과를 거둘 수 있도록 경찰, 검찰, 법원 등 형사사법기관의 태도와 관행, 전문성 등에 대한 전면적 검토와 획기적 개선을 해 나가야 한다. 이를 통해 신고를 활성화시키고, 물적 증거 확보 및 피해자 진술의 신뢰성 향상을 달성해야 한다. 또한 피해자에 대한 확실한 보호와 충분한 지원을 제공하며, 구속수사 비율과 유죄 판결률을 높여야 한다.

'묻지마 범죄'는 정식적인 학술 개념이나 법률 용어가 아니다. 사람이 많은 길거리나 지하철역 등에서 '아무에게나' 흉기를 휘두르는 흉악 범죄가 빈발하는 상황에서 이 현상을 이해하고 대책을 강구하기 위한 명칭이 필요해지자 우리 사회가 '묻지마 범죄'라는 이름을 붙였다. 묻지마 범죄는 '납득할 수 있는 동기나 이유 없이 불특정인이나 대상을 공격하는 범죄'라고 정의할 수 있다.

2013년에 발생한 여의도 길거리 칼부림 사건, 2012년에 발생한 의정부역 흉기 난동 사건, 2003년에 일어난 대구 지하철 방화 사건을 비롯해 숭례문 방화 사건, 강남 고시원 방화 살인 사건, 미국 버지니아 공대 조승희 총기 난사 사건 등이 이에 해당한다.

묻지마 범죄는 우리나라만의 문제가 아니다. '보행자의 천국'으로 불리는 동경 아키하바라에서 한 남성이 트럭을 몰고 인파 속으로 돌진한 뒤 쓰러진 사람들을 칼로 마구 찔러 살해한 속칭 '거리의 악마(도오리마) 사건' 등 일련의 묻지마 사건이 일어나 일본 사회를 뒤흔들었고, 미국에서는 전체 살인 사건의 4%에 해당하는 사건이 '묻지마 살인'일 정도로 심각한 상황이다.

묻지마 범죄가 발생하는 원인은 세 가지 요소의 결합, 즉 '인격 장애', '사회적 스트레스', '촉발 요인'에 있다. 묻지마 범죄가 폭탄이라면, 성장 과정의 문제 등으로 인해 분노와 공격성, 욕구 불만, 대인관계 문제 등의 성격적 결함을 형성하게 된 사람들은 '화약'이 잔뜩 장전된 상태라고 할 수 있다. 이들에게 닥치는 실직, 취직 실패, 채무, 생계 곤란 등의 경제적 문제와 이혼, 불화 등과 같은 가정 문제 등은 '뇌관' 역할을 한다. 이렇게 화약이 장전되고 뇌관이 꽂힌 사람들에게 불을 당기는 '점화' 역할을 하는 사건을 '촉발 요인'이라 한다.

대부분의 '촉발 요인'은 화약과 뇌관이 장착된 사람이 아니라면 아무렇지도 않게 넘어갈 만한 일이거나 오해 혹은 사소한 문제에 지나지 않는다. 의정부역 흉기 난동 사건은 지하철에서 침을 뱉은 것에 항의하는 다른 승객의 반응이 촉발 요인이었고, 대구 지하철 방화 사건 역시 인화 물질을 들고 라이터를 켰다 껐다 하는 위험한 행위를 지적하는 다른 승객의 당연한 행동이 촉발 요인이었다. 신정동 옥탑방 살인 사건은 아무 상관도 없는 남의 집에서 흘러나오는 웃음소리가 촉발 요인이었다. 길거리에서 마주친 사람이 자신을 바라보는 눈빛이 기분 나쁘다며 살인을 저지르는 경우도 있다.

물론 과거에도 묻지마 범죄가 발생했지만 2012년에는 일주일 사이에 6건이 발생하는 등 과거에 비해 급격히 증가 추세를 보이고 있다. 안타까운 것은 앞으로 그러한 사건이 더욱 자주 일어날 가능성이 크다는 것이다. 그 이유는 앞서 살펴본 묻지마 범죄가 발생하는 세 가지 요소, '인격 장애', '사회적 스트레스', '촉발 요인' 모두가 그동안 증가해 왔고, 우리 사회의 모습이 계속해서 이대로라면 앞으로 더 증가할 것이 뻔하기 때문이다.

그 배경에 인격 장애 발생의 원천인 아동학대와 가정폭력, 잘못된 훈육이 이루어지고 있는 고장 난 가정 증가와 가정에서 발생되는 문제를 치유해 주기는커녕 더 악화시키기만 하는 교육 시스템, 심화되는 경제 양극화, 상처와 아픔을 달래 줄 수 있는 비공식적 사회 장치의 붕괴, 경쟁적·적대적 사회관계로 인해 발생하는 무심하고 적대적인 접촉의 증가, 사람보다 전자통신 시스템과 더 친숙해져 점점 냉혈이 되어 가는 우리 삶의 모습 등이 자리 잡고 있다.

악마가 된 외톨이의 분노의 질주

여의도 광장 차량 질주 사건

여의도 하늘을 찢어 놓은 비명

대한민국 정치, 경제, 금융, 방송의 중심지 '여의도'는 늘 사람으로 붐빈다. 꿈과 희망, 열정을 품은 젊은이들, 환한 미소를 지으며 데이트를 하는 연인들, 유모차를 끌고 혹은 아이의 손을 잡고 산책하는 가족들, 삶을 되돌아보며 역동적인 대한민국의 발전상을 감상하는 노인들의 여유로운 발걸음이 끊이지 않는다.

언제나 활기차고 삶의 냄새가 가득한 서울의 맨해튼 여의도, 그곳에서 전혀 어울리지 않는 일이 발생했다. 갑자기 나타난 괴한의 공격으로 여의도 일대가 경악과 공포에 휩싸인 것이다. 사람들이 쓰러지고 피가 튀었다. 눈앞에서 쓰러지는 가족과 행인들의 안타까운 모습을 목격하며 터져 나온 비명은 여의도 하늘을 찢을 듯했다. 2012년 8월, 퇴근길에 발생한 전직 신용정보사 직원의 칼부림 사건 이야기가 아니다. 1991년 10월 19일 화창한 토요일 오후, 여느 때와 다름없이 사람이 가득했던 여의도 광장(1999년 1월에 여의도 공원으로 개장)에서 발생한 충격적인 '차량 질주 사건' 이야기이다.

1991년까지만 해도 여의도 광장은 지금과 사뭇 다른 모습이었다. 나무나 수풀이 전혀 없었고, 인접한 차도와 물리적으로 구분되지 않은, 콘크리트가 깔린 드넓은 공간만 덩그러니 자리 잡고 있었다. 당시에는 생업과 학업, 도시의 일상에 지친 서울 시민들이 휴식을 취할 마땅한 공간이 없었기 때문에 여의도 광장은 시민들의 놀이터이자 '만남의 광장' 역할을 했다.

주말이면 그 단순한 콘크리트 바닥 광장으로 사람이 구름같이 모여들었다. 그곳은 '자동차 진입 금지 구역'으로 지정된 '보행자의 천국'이었다. 가족과 연인, 친구들이 자전거나 롤러스케이트를 빌려 타고, 솜사탕이나 아이스크림을 사 먹으며 정과 사랑을 나누었다. 주말에 여의도 광장으로 모이는 사람은 대부분 서민이었다. 중산층 이상의 사람들은 차를 타고 교외로 나가거나 입장료를 내고 들어가는 놀이공원, 고궁 등 더 아늑하고 편안한 곳으로 나들이를 갔다.

그런 여의도 광장에 상상조차 하기 힘든 일이 발생하고 말았다. 주말 오후 소박한 휴식과 재충전의 시간을 즐기는 각양각색의 서민 속으로 누군가 차를 몰고 시속 70km가 넘는 속도로 전력 질주해 왔다.

가슴속에 악을 키운 청년기

1991년 10월 19일 토요일 오후 4시 무렵, 여의도 광장을 바라보고 있는

KBS 본관 앞 주차 공간에 당시에는 신형이었던 프라이드 승용차 한 대가 정차해 있었다. 그 안에서 아직 어린 티가 채 가시지 않은 김용제(당시 20세)가 광장을 뚫어지게 응시하고 있었다. 아무도 그 사실을 알아차리지 못했지만 그의 눈에서는 좌절과 분노의 감정이 뿜어져 나왔다. 그는 지금까지 살아 온 20년의 삶 중에서 가장 비참했던 순간만을 떠올렸다. 적개심을 부추기기 위해서, 망설임 끝에 계획하고 결심한 '거사'를 실행할 용기를 잃지 않기 위해서 말이다.

김용제는 운전면허가 없었다. 마이너스에 가까울 정도로 시력이 나빴음에도 안경을 살 돈이 없어 불편함을 안고 살았으니 운전면허를 취득했을 리 없었다. 그는 가난한 집안 환경 탓에 어릴 때 음식을 제대로 먹지 못해 눈이 나빠진 것이라 생각했다.

그의 어머니는 김용제가 초등학생 때 가난을 견디지 못해 가출한 뒤 소식이 끊겼고, 아버지는 그로부터 몇 년이 흐른 뒤에 농약을 마시고 자살했다. 앞이 잘 보이지 않고 체구가 작아 늘 위축되어 있었던 탓인지 친구들은 김용제를 놀리고 따돌렸다. 성적도 형편없었다. 칠판에 적힌 글씨는 물론 책 안의 내용도 잘 보이지 않았으니 어찌 보면 당연할 결과였다. 그로 인해 어릴 때부터 김용제의 가슴속에는 분노와 불만이 쌓여 갔다. 하지만 내성적이고 소극적인 성격 때문에 누군가에게 자신의 상황을 하소연하지 못했다. 그저 가슴 한편에 꾸역꾸역 밀어 넣고 쌓아 둘 뿐이었다.

청소년기가 되면서 김용제의 분노는 예상치 않은 곳에서, 예측하기 어려운 상황에서 뜬금없이 폭발하곤 했다. 평소 조용하고 얌전하기만 하던 그가 사소한 일에 불같이 화를 내거나 폭력적 파괴 행동을 하는 일이 발생하기 시작한 것이다. 그럴 때마다 주변 사람들은 당황스러웠지만 그저 사춘기 시절의 단순한 반항이라고 여기고 대수롭지 않게 넘겼다. 청년기로 접어드는 시점에는 칼을 품고 다니다 경찰의 불심검문에 걸려 '강도예비음모' 혐의로 3개월 동안 교도소 생활을 하기도 했다.

어떤 특별한 범죄를 저지른 것도 아닌데 범죄 혐의로 경찰에 체포되어 조사를 받고 재판을 받은 충격적 경험은 소심한 김용제에게 반성과 자성의 기회를 제공했다. 판결을 내리면서 자신보다 어려운 처지에 있으면서도 성실하고 열심히 살아가는 사람들의 이야기를 들려 준 판사님의 말씀이 그의 가슴을 울렸고, 새로운 출발을 하겠다는 용기를 심어 주었다.

'절대 범죄를 저지르지 말고 착하고 성실하게 살아가자.'

자유로운 공기와 밝은 태양을 다시 만난 김용제는 이렇게 결심하고 또 결심했다.

김용제는 벽에 붙은 구인광고를 샅샅이 훑으며 자신에게 맞는 일자리를 찾아 나섰다. 그가 찾아간 곳은 자그마한 수공업형 공장이었다. 그곳에서는 마침 일손이 부족했기 때문에 두 팔 벌려 김용제를 환영했다. 그는 최선을 다해 일했다. 하지만 나쁜 시력 탓에 실수가 잦았다. 아직 일이 손에 익지 않아 그런 것이라 생각하고 한두 번 넘어가 주던 작업반장과 사장은 김용제의 실수 때문에 손실이 커지고 작업이 지연되자 화를 내며 결국 그를 해고했다. 그로 인해 김용제는 다시 거리로 나와야 했다.

같은 일이 반복되었다. 공장의 업종과 장소를 바꿔 가며 '이번엔 잘될 거야.'라고 다짐하던 김용제의 기대와 희망은 콘크리트 바닥에 떨어진 유리잔처럼 산산조각 날 뿐이었다. 공장 관계자들을 탓할 수는 없었다. 자기 때문에 사고가 나고 손해가 발생하니 그럴 수밖에 없을 것이라 생각했다. 하지만 시간이 흐를수록 김용제의 가슴속에는 부정적인 생각이 차올랐다.

'눈이 나쁜 게 내 탓이야? 아주 안 보이는 것도 아니고, 좀 천천히 기다려 주면서 적응할 수 있게 도와주면 안 되는 거야?'

남은 기대와 희망을 모두 끌어모아 용기를 내 마지막으로 찾은 서울 강서구 화곡동 소재의 양말 공장에서도 비슷한 상황이 연출되었다. 그곳에서도 금방 해고될 것이라 예상한 김용제는 평소 눈여겨본 사장 소유의 프라이드 승용차 열쇠를 미리 복사해 두었다. 아니나 다를까, 김용제의 더딘 작업과 잦은 실수를 참지 못한 사장은 고민 끝에 그에게 해고를 통보했다. 해고 통보는 그에게 더 이상 충격적인 일이 아니었다.

하지만 살 길이 막막했다. 더 이상 뻔히 예상되는 일자리 찾기와 해고의 악순환을 반복할 무모한 용기도 남아 있지 않았다. 그동안 여러 공장을 전전하며 받은 임금과 퇴직금을 들고 거리로 나선 김용제는 여인숙이나 거리에서 자며 근근이 생활을 이어 나갔다. 식당 일이나 막노동 자리도 기웃거려 봤지만 언제나 시력이 걸림돌이 되었다.

도심의 테러리스트 김용제

그렇게 4개월이 흘렀다. 교도소에서 나오며 굳게 했던 결심은 흔적도 없이 사라져 버렸다. 더 이상 살아갈 희망도, 기대도 없었다. 차라리 죽어 버리는 게 나을 것 같았다. 그는 가만히 앉아 그동안 살아온 삶을 돌이켜 보았다. 어린 시절부터 무시당했던 일이 줄줄이 떠올랐다. 새삼 분노가 치밀어 올랐다.

"모두 다 즐겁고 행복하게 잘 사는데, 나만 왜 이렇게 불행한 거야? 또래 아이들은 대학에 다니거나 직장 생활을 하면서 예쁜 애인과 알콩달콩 연애도 하는데, 난 왜 이리 복이 없는 거지? 이게 다 날 이렇게 만든 세상 때문이야! 부모 잘 만난 놈들만 위해 주고 그놈들만 잘 살게 해 주는 썩어 빠진 이 세상! 눈 좀 나쁘다고 날 무시하고 괄시하고, 천대한 세상 사람 모두 다 죽여 버리겠어!"

오랫동안 일을 하지 못해 과자 한 봉지조차 사 먹을 돈이 없었던 김용제는 이제 그만 지긋지긋하고 지옥 같은 삶을 끝내기로 마음먹었다. 하지만 그냥 떠나기에는 너무나 억울했다. 그는 마지막으로 이 세상에 복수를 하기로 결심했다.

"내가 얼마나 대단한 사람인지, 무서운 사람인지 보여 주겠어. 날 무시한 세상 사람들 모두 후회하게 만들어 줄 거야."

김용제는 자신을 해고한 공장 관계자들을 찾아가 복수를 할까 생각해 봤지만, 막상 발이 떨어지지 않았다. 앞이 잘 보이지 않아 자기보다 힘이 센 사람들에게 쉽게 제압당할 것 같았다. 어린 시절에 자신을 괴롭힌 친구들은 어디에 살고 있는지 알 수 없었다. 또한 한두 사람이 아닌 이 세상 모든 사람이 복수의 대상이었기 때문에 특정 인물을 죽인다고 해서 자신의 분노가 사그라질 것 같지 않았다.

그렇게 시간을 보내던 김용제는 길거리 상점의 텔레비전을 통해 여의도 광장의 모습을 보게 되었다. 자전거나 롤러스케이트를 타며 즐거워하는 청춘 남녀, 솜사탕이나 아이스크림을 먹으며 즐거워하는 가족의 모습이 비춰졌다.

"그래, 바로 저기야. 날 이렇게 만든 놈들, 그들의 친구나 친지, 아니면 그들과 닮은 사람이 모두 저기에 있어. 저 사람들을 다 죽여 버리자!"

김용제는 지난 4개월 동안 주머니 속에 넣고 다니던 양말 공장 사장의 승용차 열쇠를 만지작거렸다. 언젠가 텔레비전에서 보았던 일본군 자살특공대 '가미카제'처럼 차를 몰고 군중 속으로 돌진하면 자신의 바람대로 복수에 성공할 수 있을 것 같았다.

"차 기름이 떨어져 멈출 때까지 전속력으로 차를 몰아 가능한 한 많은 사람을 공격하자!"

범행 이틀 전인 1991년 10월 17일, 김용제는 양말 공장 사장이 차를 세워 두는 서울 화곡동 집 앞 골목으로 찾아갔다. 전봇대 뒤에 숨어 한참 주위를 살피던 그는 떨리는 마음으로 프라이드 승용차에 다가섰다. 마음이 급하니 손이 떨리고 눈도 더 잘 보이지 않아 열쇠 구멍을 찾기 힘들었다. 그렇게 한참을 헤매다 결국 운전석에 앉을 수 있었다. 시동을 걸고 기어를 변속한 뒤 출발하려는데 '웽' 하는 소리만 요란하게 날 뿐 차가 앞으로 나가지 않았다. 주차 브레이크를 풀지 않은 것이다. 그 사이에 누군가가 다가가 제지했더라면 참극은 막을 수 있었을 것이다. 하지만 여러 차례 어색한 행동을 반복하며 실수를 하는 과정을 포착한 사람은 아무도 없었다.

가까스로 차를 몰고 화곡동 골목을 빠져나온 김용제는 사흘간 아무것도 먹지 않고 차 안에서 자며 이곳저곳을 돌아다녔다. 더 이상 견디지 못할 정도로 굶주린 배를 움켜쥔 김용제는 결심을 굳히고 여의도 KBS 앞으로 차를 몰았다.

한 사람의 분노, 만 사람의 절규

가슴속 분노와 복수심을 최고조로 끌어올린 김용제는 자동차 가속페달을 힘껏 밟고 브레이크에서 발을 뗐다. 그의 흐릿한 시야에 광장을 가득 메운 사람들의 형체가 들어왔다.

쾅!

해맑게 웃으며 신나게 자전거를 타던 초등학교 5학년 현일이가 첫 희생자였다. 그리고 잠시 뒤, 두 번째 충돌 소리가 들렸다. 바로 옆에서 세발자전거를 타던 여섯 살 유치원생 신재가 비참하게 쓰러졌다. 현일이와 신재는 그 자리에서 숨졌다. 세 번째로 차에 치인 초등학교 3학년 영철이는 목숨은 건졌지만 중태에 빠졌다.

김용제는 운전대에서 손을 놓지 않았다. 분노에 찬 괴성을 지르며 차를 이리저리 몰아댔다. 공포에 찬 비명이 여기저기에서 공기를 갈랐고, 어린이와 여성, 노인 등 상대적으로 약한 사람들이 쓰러지고 넘어졌다. 이미 악마가 되어 버린 김용제는 쓰러진 사람들을 짓밟으며 악한 행동을 멈추지 않았다. 사망한 두 어린이 외에도 21명이 차에 치이거나 깔려 큰 부상을 당했다.

김용제가 몰던 차는 그렇게 한참 여의도 광장을 휘젓고 다니다가 철제 자전거 보관함을 들이받은 뒤 멈춰 섰다. 곧바로 시민들이 맨손으로 혹은 주변에서 돌이나 나무 막대기를 주워 들고 차를 에워쌌다. 김용제는 차문을 걸어 잠근 채 유리창 손잡이를 틀어쥐고 밖에서 문이 열리지 않게 버텼다. 분노한 시민들은 차 유리창을 깨뜨린 뒤 김용제의 멱살을 잡고 차 밖으로 끌어냈다. 하지만 김용제는 사람들의 손을 뿌리친 뒤 품 안에 챙겨 둔 칼을 꺼내 들었다. 그러고는 바로 옆에 있던 한 여중생의 목에 칼을 들이대고 소리쳤다.

"다가오면 죽여 버리겠어!"

시민들은 놀라 주춤했지만 물러서지는 않았다. 김용제는 여중생의 배에 칼을 휘둘렀다. 하지만 다행히 칼은 허리띠 금속 벨트 부위를 스치고 지나갔다. 대치 상태가 계속되자 사흘을 굶고 눈이 잘 보이지 않는 김용제가 빈틈을 보였다. 시민들 중 '새마을 봉사대원'이었던 김창석이 날렵하게 김용제의 손에서 칼을 낚아챘다. 그렇게 열 명의 시민이 가세하면서 인질극은 끝이 났다. 다행스럽게도 김용제에게 인질로 잡혀 있던 여중생은 아무 상처 없이 무사히 구출되었다. 하지만 그 충격은 정신적 상처로 남아 오래도록 여중생을 힘들게 했을 것이 분명하다.

곧 경찰관과 소방관, 병원 의료진이 도착해 현장 수습에 나섰다. 여의도 광장 곳곳에는 핏자국이 선명했고, 넘어지고 도망간 사람들의 벗겨진 신발과 찢긴 옷자락, 도시락 통, 가방, 자전거 파편 등이 어지럽게 널려 있었다. 전투가 벌어진 전장 같은 모습이었다. 한 사람의 광란이 만들어 낸 현장처럼 보이지 않았다.

한 사람의 분노가 2명의 어린 생명을 앗아 가고 21명의 삶을 송두리째 짓밟아 버린 어처구니없는 대형 참사였다. 비록 부상은 입지 않았어도 그 현장에서 극한의 공포를 경험한 사람들과 그들의 가족까지 포함한다면 최소 만 명 이상이 피맺힌 절규를 쏟아냈을 것이다.

1992년 6월, 김용제는 결국 대법원으로부터 사형 확정 판결을 받고, 1997년 12월 30일에 사형이 집행되어 저세상으로 떠났다.

우리에게 남겨진 숙제, 피해자 보호 지원 대책과 양극화 해소

김용제의 '여의도 광장 차량 질주 사건'의 피해 유가족과 부상자들은 어떻게 상처를 회복할까? 과연 그 충격과 고통이 남긴 마음의 상처가 회복되긴 할까? 우리나라는 1988년에 일본을 본떠 '범죄피해자구조법'을 만들어 시행했지만 이는 껍데기일 뿐 구체적인 내용이 없었고, 대부분의 사람이 그런 제도가 있다는 사실조차 알지 못했다.

김용제는 과자 사 먹을 돈도 없어 사흘을 굶을 정도로 궁핍한 처지인데, 배상을 할 여력이 있을까? 범행에 사용된 자동차가 가입된 종합보험은 도난된 후 발생한 피해에 대해서는 보상 규정이 없었다. 다만 '책임보험'에 따라 사망자는 최고 500만 원, 부상자는 최고 300만 원까지 보상이 가능했다. 결국 이 엄청나고 어처구니없는 참사 피해자들의 치료와 피해 회복은 오롯이 피해자 본인들과 그 가족들에게 남겨지게 되었다.

대한민국이 제대로 된 국가라고 주장하려면, 국가가 보호하지 못해 불의의 범죄 피해를 당한 피해자들이 상처를 치료하고 생업에 복귀해 정상적인 생활을 해 나갈 수 있을 때까지 책임지고 지원하고 보호해 주는 법과 제도를 구축해야 한다. 이는 반드시 해결해야 할 숙제이다. 하지만 2013년 4월에 여의도에서 발생한 묻지마 칼부림 사건을 보아도 이와 같은 숙제는 여전히 남아 있다. 20년이 넘는 시간 동안 우리 국가와 정부, 사회는 범죄 피해자 지원을 위해 대체 무엇을 했단 말인가?

또 한 가지, 김용제는 가난과 가정의 불행, 신체적 약점과 그로 인한 성격적 문제를 안고 성장해 사회에 제대로 적응하지 못하고 사람들의 무시와 냉대에 분노했다. 제2, 제3의 김용제가 등장하지 않게 해야 한다던 '여의도 광장 차량 질주 사건'의 숙제 역시 계속해서 풀지 못한 채 남아 있다. 아니, 오히려 사회 양극화의 심화와 위기가정의 증가, 전인교육 체계의 붕괴 등 문제는 더 심각해져 유사한 형태의 '묻지마 살인'이 증가하고 있다. 이제부터라도 대한민국이 사람 살 만한 나라가 되려면 김용제가 남긴 이 숙제들을 열심히 풀어 나가야 한다.

사건 4

한 사람이 만든
최악의 참극

대구 지하철 방화 사건

대구 지하철 중앙로역에서 솟아오른 화염

2003년 2월 18일 오전 9시 53분, 안심역 방향으로 운행하던 대구 지하철 1079호에 무언가 초조해 보이는, 거동이 불편한 50대 남자가 페트병 두 개를 들고 경로석에 앉아 있었다. 그 페트병에 담겨 있는 것은 주변 사람들의 코를 자극하는 휘발성 인화 물질이었다. 불안감을 느낀 승객들이 남성을 흘끔거리며 쳐다보자 남자는 휴대용 라이터를 꺼내 껐다 켰다를 반복했다. 1079호 열차는 중앙로역에 도착해 정차했다. 보다 못한 한 승객이 그를 제지했다.

"지금 뭐하시는 겁니까? 너무 위험하지 않습니까."

그러자 남자는 그런 반응을 기다렸다는 듯 인화 물질을 바닥에 쏟아 부은 뒤 불을 붙였다. 순식간에 화염이 치솟아 올랐다. 당황한 승객들은 비명을 지르며 어쩔 줄 몰라 했다. 지하철 안은 아수라장으로 변했고, 남자는 정차 중에 열린 문으로 유유히 빠져나가 대피했다.

엉터리 대응이 빚은 최악의 참극

지하철에 문제가 발생하면 기관사는 대응 조치를 해야 할 의무가 있다. 본부 통제실 사령에게 사안을 즉각 보고해 후속 열차의 진입을 막고 진화와 구조 활동이 신속하게 이루어질 수 있도록 조치해야 한다. 또한 무전과 방송 고지를 통해 최대한 널리 화재 발생 사실을 알리고 모든 승객의 대피를 유도하고 지원하고 확인해야 한다. 하지만 화염이 계속해서 번져 나가자 1079호 열차 기관사 최 씨(당시 31세)는 당황하여 기관실을 버리고 대피했다.

최 씨는 위기 상황에 대한 교육이나 훈련을 제대로 받지 않은 상태였다. 판단과 행동을 도와줄 보조 기관사도 없이 피로에 찌들어 혼자 운행을 하던 중에 맞은 급박한 위기 상황에서 그는 그저 생존 본능이 발동된 한 사람에 불과했다. 사람이 실수할 가능성을 염두에 둔 '화재경보기'가 작동하여 본부사령실에 붉은색 경보 램프가 요란한 소리를 내며 돌아갔지만 사령은 기관사가 아무런 보고를 하지 않자 '오경보'라 예단하고 아무런 조치를 취하지 않았다.

문제는 중앙로역에 정차해 있는 1079호 열차에 화재가 발생한 사실을 전혀 모른 채 뒤이어 중앙로역으로 진입한 1080호 열차였다. 연결되어 있는 에너지원이 순차적으로 반응하면서 각각의 에너지에 상호 반응 에너지까지 더해져 그 힘이 무한대로 증폭되는 무서운 효과를 '연쇄반응'이라고 한다. 연쇄반응의 거대한 에너지를 활용한 가장 대표적인 예가 원자폭탄이나 원자력 발전이다. 가장 무서운 재앙은 연쇄반응의 결과인 경우가 많다. 무서운 기세로 타오르는 산불과 작은 눈덩이가 굴러 주변 눈들과 합쳐지며 커지다가 거대한 '눈사태(avalanche)'를 일으키는 '눈덩이 효과(snowball effect)'가 대표적이다. 대구 지하철에서 일어난 한 남자의 어처구니없는 방화의 결과는 백년설로 뒤덮인 산맥 정상부에서 굴린 한 개의 눈덩이가 일으킨 산사태처럼 걷잡을 수 없이 증폭되어 공포의 연쇄반응을 일으켰다.

아무것도 모른 채 정상 운행한 1080호 열차가 중앙로역에 들어섰다. 1080호 열차를 운행하던 최 씨는 정차해 있는 1079호에서 솟구치는 화염을 보고 1079호 기관사에게 무전 연락을 시도했지만 응답이 돌아오지 않았다. 서둘러 본부 사령실에 이를 보고하자 사령은 기다리라는 지시를 내렸다. 출입문도 열리지 않고 장시간 정차하고 있는 객실 안에서 승객들은 의문과 불안에 휩싸일 수밖에 없었다. 뒤늦게 화재 발생 사실을 감지한 사령은 1080호 기관사에게 중앙로역을 떠나라는 지시를 내렸다. 하지만 이미 불길은 1080호 기관실과 연결된 전력 공급선을 태우고 녹여 버린 뒤였다. 전력이 끊긴 열차는 말 그대로 거대한 고철 덩어리에 불과했다. 전등불마저 나가 버려 1080호 열차 객차 안은 칠흑 같은 어둠에 휩싸였다.

극한의 공포, 어둠 속의 불길과 유독가스

움직이지 못하는 고철 덩어리가 된 1080호 열차에서 할 수 있고, 해야 하는 유일한 조치는 문을 열고 대피하는 것이었다. 본부 사령은 뒤늦게 1080호 열차 기관사 최 씨에게 '모든 출입문을 개방하고 승객들의 대피를 도우라'고 지시했다. 하지만 눈앞에서 악마 같은 화염이 밀어닥치는 광경을 목도한 기관사는 직업 정신과 의무를 잊고 생존 본능에 의탁해 혼자 달아나고 말았다. 그런데 이게 웬일인가. 기관사가 학습된 습관적 행동으로 기관실에 꽂혀 있는 마스터키마저 빼 가지고 달아나는 바람에 다른 관계자들도 객차 문을 열 수 없게 만들어 버렸다.

의도한 것은 아니었겠지만 1080호 열차에 타고 있던 142명의 승객을 사실상 '감금'하고 불길과 유독가스 속에 던져 넣은 것과 다를 바 없었다. 승객들은 무슨 일이 일어났는지 알지 못했다. 화염과 유독가스의 무자비한 공격 앞에 무방비로 노출된 채 불안, 두려움, 분노, 짜증, 의문 등의 다양한 심리적 반응에 사로잡혀 있을 뿐이었다.

"대체 무슨 일이야! 당장 문 열어!"

여기저기에서 문을 두드리며 분노를 표출했다. 모든 객차에는 비상 출입문 개방 장치가 있었지만 이를 알고 있는 승객은 드물었다. 위험을 직감한 승객들은 지인에게 마지막 전화를 걸거나 문자메시지를 남겼다. 사고 이후 '여보, 미안해', '엄마, 너무 무서워요', '사랑해, 내 맘 알지?', '엄마, 숨을 쉴 수가 없어' 등 가족이나 지인에게 남긴 이들의 마지막 메시지 일부가 공개되면서 이 나라를 눈물바다로 만들기도 했다.

방화 범죄가 일어난 1079호 열차보다 뒤이어 중앙로역에 진입한 1080호 열차에서 훨씬 많은 사상자가 발생했다. 이는 대구 도시철도 측의 미흡한 위기 대응 체계와 기관사들의 훈련, 직업정신 부족이 만든 결과라 할 수 있다. 또한 객차 좌석과 손잡이 등의 시설물을 난연 혹은 불연재를 사용하지 않은 것도 피해를 더욱 확대시켰다.

꽉 닫힌 객차 안에 갇혀 화염과 유독가스에 휘말려 숨을 거둔 승객뿐 아니라 가까스로 객차에서 탈출했지만 칠흑 같은 어둠 속에서 출구를 찾지 못해 계단이나 복도에서 질식해 숨을 거둔 승객도 많았다. 이 사건으로 인해 총 192명이 사망하고 148명이 심각한 부상을 입었다. 서울 삼풍백화점 붕괴 사건 이후 최대의 사상자가 발생한 사건이었다. 아마도 이 사건은 '전 세계에서 한 사람의 범죄 행위로 가장 많은 사상자가 발생한 사건'으로 역사에 기록될 것이다.

방화범 김대한 그리고 참극을 확대시킨 관계자들

이 모든 참극을 일으킨 한 사람, 두 개의 페트병에 인화 물질을 담아 지하철에 몸을 실은 뒤 라이터 불을 붙여 냉담하게 던져 버리고 유유히 자리를 떠난 김대한(당시 56세)은 과연 누구인가? 그는 테러리스트도, 간첩도 아니었다. 당시 지하철을 타고 있던 승객 중에 그와 원한 관계가 있던 사람도 없었다. 그렇다고 대구 지하철에 불만을 가지고 있는 것도 아니었다. 그는 단지 자신의 처지를 극단적으로 비관하고 세상 탓, 사람 탓을 하며 복수심에 사로잡힌 인격장애자였다.

운전업에 종사하던 김대한은 범행 2년 전인 2001년 4월에 뇌졸중으로 쓰러진 뒤 한방병원에서 치료를 받다가 신체장애 및 지적장애까지 진단받자 의료사고를 주장하며 분노를 표출했다. 이후 김대한은 우울증을 겪게 되었고 자신의 처지를 비관하며 생긴 분노를 병원 의료진과 관계자들에게 폭력을 휘두르며 해소하곤 했다.

병원에서는 의료사고를 주장하는 환자라는 특성을 감안해 신고나 고소 혹은 정신과 입원 등의 적극적인 조치를 취하지 않았고, 그로 인해 김대한의 폭력 및 파괴 행동은 계속 악화되었다. 김대한은 가출과 자살

시도를 반복하기도 했다. 그럼에도 불구하고 대한민국 공공 보건과 치안 시스템은 언제든지 강력 범죄를 저지를 가능성이 농후한 '시한폭탄' 김대한에게 아무런 조치도 취하지 않고 방치해 두었다.

방화 이후 혼란스러운 틈을 타 승객들에 섞여 유유히 대피한 김대한은 대구 시내의 한 병원에서 생존자들과 함께 치료를 받다가 그를 알아본 같은 객차 승객에게 발각되어 경찰에 넘겨졌다. 그는 경찰 조사를 받는 동안 횡설수설하며 제정신이 아닌 듯 보이려 애썼다. 하지만 정신과 전문의의 감정 결과, 인식이나 판단, 변별력에 특별한 문제가 없었다. 그로 인해 심신 상실이나 심신 미약에 의한 형의 감면 사유는 없는 것으로 확인되었다.

검찰은 법정에서 김대한에게 '방화치사상죄'로 사형을 구형했지만 법원은 김대한이 처해 있던 상황의 정상을 참작하고, 사망자 대부분이 김대한의 방화 행위에 따른 직접적인 결과가 아닌 대구 지하철 측의 잘못된 대응으로 숨진 정황을 인정해 무기징역을 선고했다. 김대한은 범행 1년 뒤인 2004년 8월 31일, 수감 중이던 진주교도소에서 지병 악화로 사망했다.

초기 상황 대처를 제대로 하지 못한 것은 물론, 잇따른 중과실과 어처구니없는 행동으로 무고한 승객들이 목숨을 잃는 참극을 부른 관계자들에 대한 수사와 처벌도 뒤따랐다. 해당 기관사와 관제사, 역무원, 시설 책임자 등 대구 도시철도 직원 8명은 '업무상 중과실치사상죄'로 구속되었고, 2명은 불구속 기소되었다. 이 중 가장 큰 책임을 저지른 1080호 기관사 최 씨에게는 금고 5년 형이, 1079호 기관사와 최초로 화재 사실을 통보받은 관제사에게는 금고 4년 형이 선고되었다. 다른 관제사들에게는 책임의 경중에 따라 금고 1년 6월에서 3년까지의 형이 선고되었다. 하지만 그 외 기소된 역무원이나 시설 책임자들에게는 집행유예가 선고되었다.

사망자 유가족과 부상자, 가족 등으로 구성된 대책위원회에서는 실무자들뿐 아니라 고위 책임자들도 처벌을 받아야 한다고 주장했지만 받아들여지지 않았다. 정부와 대구시, 대구 도시철도에서는 피해자 보상과 복구공사, 열차 시설물을 난연재나 불연재로 교체하는 작업 등을 하는 것으로 사고를 수습·마무리했다.

아물지 않은 상처

생존 부상자들과 희생자 유가족들은 사고가 발생한 지 10년이 지난 지금까지 불면증, 우울증, 불안장애, 신체화 증상 등 뚜렷한 '외상 후 스트레스 장애(Post-traumatic Stress Disorder, PTSD)' 증상에 시달리고 있다. 그날의 쓰라린 기억을 가진 그들과 시민들은 매년 2월 18일, 대구 지하철 중앙로역과 시민회관 등에서 '대구 지하철 참사 추모식'을 열고 있다. 하지만 2013년 10주년 추모식은 대구시와 도시철도 및 추모 단체들 간의 갈등과 이견 등으로 인해 두 곳에서 나뉘어 열리게 되는 등 상처가 아물기보다 더 깊어지고 있다.

대구 지하철 참사 피해자들을 돕기 위해 온 국민이 모은 성금 중에서 희생자 유가족과 부상자 등에게 직접 지급하고 남은 109억여 원은 사용처를 찾지 못한 채 은행에서 잠자고 있다. 이 중 95억 원은 대구시와 사고 희생자 유가족이 공익재단 설립을 위해 남겨 둔 금액이다. 하지만 재단 설립은 시민 안전 테마파크와 안전 상징 조형물 조성 등의 추모 사업이 늦어지면서 지연되었다. 2010년에 설립 방향이 결정되어 정관이 만들어지면서 재단 설립이 목전에 이르렀지만 재단 운영권을 둘러싼 이견, 재단 설립 사업 자체의 적절성에 대한 문제 제기 등 갖가지 민원이 일면서 제동이 걸렸다.

대구시 정명섭 건설방제국장은 이렇게 말했다.

"재단 이사가 특정 계파로만 채워진 데다 이사 임기도 제한을 두지 않아 재단 설립을 불허했다. 남은 금액은 당분간 기금 형태로 운영한 뒤 재단을 설립하도록 하겠다."

하지만 희생자 유가족들과 생존 부상자 단체 등은 대구시의 조치에 강한 불만을 제기하고 있다.

반복되는 악몽

대구 지하철 방화 참사는 우리 사회에서 일어난 묻지마 범죄의 끝이 아니었다. 2008년 2월 10일 밤 8시 40분, 토지 보상에 불만을 품은 채종기(당시 69세)가 인화 물질인 시너를 들고 숭례문에 침입해 불을 질러 대한민국 국보 제1호를 태워 버리는 충격적인 사건이 발생했다. 채종기 역시 김대한처럼 충동적이고 공격적인 성향을 가지고 있었고, 자신의 처지를 비관하며 세상에 강한 불만을 품고 있었다. 그는 2006년에 창경궁에서도 방화 범죄를 저지르다 검거된 전력이 있었다.

그로부터 5개월 뒤인 7월 22일, 한 남성이 강원도 동해시청 민원실에 난입해 흉기를 휘둘러 고객봉사과 소속 직원 남 씨를 살해하고 이 씨를 다치게 한 충격적인 사건이 발생했다. 이유는 단 한 가지, 세상이 싫다는 것이었다. 그리고 한 달이 채 지나지 않은 8월 19일, 한 남성이 서울

홍제동 한 초등학교 앞에서 길을 가던 행인을 아무 이유 없이 칼로 찔러 살해하는 묻지마 살인 사건이 발생했다. 범인은 '갑자기 누군가를 죽이고 싶다'는 생각이 들어 범행을 저질렀다고 자백했다. 그는 전문대학을 중퇴한 뒤 5년여 동안 거의 집에서 나가지 않고 은둔형 외톨이 생활을 해 온 것으로 알려졌다.

약 두 달 뒤인 10월 20일에는 서울 강남 논현동에 있는 한 고시원에서 자신의 처지를 비관하고 세상에 강한 불만을 품은 정상진이 불을 지른 뒤 화재를 피해 대피해 나온 사람들을 칼로 찔러 6명을 살해하고 7명에게 큰 부상을 입힌 끔찍한 사건이 발생했다. 피해자들은 범인 정상진과 원한은 물론 아무런 관계도 없는 무고한 사람들이었다.

2010년 9월 10일, 강원도 강릉에서는 30대 남자가 산책을 하고 있던 여고생에게 갑자기 달려들어 칼로 찔러 살해하는 사건이 발생해 충격을 주었다.

아무 이유 없이 공격을 가하는 '묻지마 범죄'는 누구든지 피해자가 될 수 있는 '재앙'이라 할 수 있다. 공공정신보건 체계와 치안 시스템 개선 및 유기적인 협력 체계를 구축하여 공격성과 충동성, 반사회성이 강해 '시한폭탄'과도 같은 잠재적 묻지마 범죄자들을 찾아낼 필요가 있다. 그리고 적절한 상담과 치료, 보안 조치를 취해야 한다.

묻지마 '다중 살인'의 범죄심리
Mass Murder

수백 명의 무고한 사상자를 낸 대구 지하철 방화 사건의 범인은 왜 그런 짓을 저지른 것일까? 범죄심리학에서는 이와 같은 사건을 '다중 살인(Mass Murder)'이라고 한다. 이는 한꺼번에 다수의 사람을 살상하는 범죄로, 우리나라에서는 주로 방화나 차량 질주 등에 의해 발생했다. 대부분은 인격장애나 정신질환, 약물 중독을 앓고 있는 사람들에 의해 행해졌다.

과거에는 대부분 주택 등 제한된 공간에서 사건이 벌어져 인명 피해가 그리 크지 않았다. 미국 등 총기 소지가 자유로운 나라에서는 주로 총기에 의해 학교나 음식점 등 사람들이 운집한 장소에서 '다중 살인' 사건이 발생한다. 1966년에 미국 텍사스(오스틴) 대학에서 발생한 총기 난사 사건으로 42명의 사상자가 발생했고, 1990년에 뉴욕의 한 나이트클럽 방화로 87명이 숨졌다. 나이트클럽 방화 사건은 '비정치적 다중 살인' 중 가장 큰 피해로 기록되었지만 우리나라에서 일어난 대구 지하철 방화 사건이 그 기록을 경신하게 되었다.

다중 살인 범인은 대부분 평소에 화를 잘 내고 대인관계에 서투르며 과격한 성향을 나타내는 정신이상자이다. 그들은 자신이 겪는 고통과 실패의 원인을 '남 탓', '사회 탓'으로 돌리며 세상을 혐오한다. 또한 다른 사람들은 자신과 달리 좋은 혜택을 받으며 즐겁게 잘살고 있다고 생각해 보복 심리를 키워 나가는 '반사회적 성격 장애'를 가지고 있는 것으로 나타났다.

대구 지하철 방화 사건의 범인 김대한 역시 자신이 겪은 좌절과 질환의 탓을 사회에 돌리며 반사회적 보복 심리를 키워 왔다. 게다가 범인이 앓았던 우울증은 조기에 적절한 치료를 하지 않으면 망상, 충동조절장애, 편집증 등 정신병적 증상으로 악화되어 자살이나 공격 행동으로 이어질 위험성이 있다. 반사회적 성격장애와 우울증을 앓는 사람이 방치되어 있으면 얼마나 위험한 결과를 초래하는지 우리는 너무나 큰 대가를 치르고 경험한 셈이다.

우리나라는 이미 차량 질주와 연쇄 방화 등 비극적 사건을 겪었음에도 실질적인 대책 수립에는 미흡했다. 1991년에 여의도 광장 차량 질주 사건이 발생한 뒤 정부는 '정신보건법'을 제정해 중증 정신질환자의 수용과 보호를 법제화했지만, 정작 위험한 인격장애자의 치료와 관리 체제는 갖추지 못했다. 이유 없이 화가 나 공격적인 태도를 보이거나 심한 불안 증세를 겪을 때 부담 없이 찾아갈 만한 심리 치료 시설이 제대로 갖춰져 있지 않으니 문제가 해결될리 없었다. 전염병 환자가 발생하면 추적하고 관리하느라 난리 법석을 떠는 보건 당국은 시한폭탄이나 다름없는 중증 공격성 인격 장애자에게는 무관심하다.

1970년대까지 미국에서 일어난 전체 살인 중 '다중 살인'이 차지하는 비율은 3% 정도였지만 1990년대 이후에는 4%로 늘어났다. 우리나라도 예외는 아니다. 방법과 장소도 대량 살상을 초래하는 방향으로 바뀌고 있다. 그 배경에는 급격한 사회 변동과 익명화, 빈부격차 등 사회 전체적인 영향이 있지만, 가장 직접적인 원인은 반사회적 성격장애 등 심리·정신적 질환자들에 대한 치료와 보호, 관리 체제의 부재, 상처받은 사람들을 포용하지 못하는 우리 사회의 미성숙함에 있다. 당국은 물론 사회 전반의 각성과 실천이 있어야 한다. 그렇지 않으면 이와 같은 비극이 언제, 어디에서 또다시 일어날지 모른다.

행복해 보여서
죽였습니다

신정동 옥탑방 살인 사건

웃음소리를 깨뜨린 한 남자의 습격

2010년 8월 7일 토요일 오후 6시, 서울 양천구 신정동에 있는 다가구 주택 3층 옥탑방에서 엄마와 아이들의 단란한 웃음소리가 새어 나왔다. 풍족하지는 않지만 동갑내기 부부와 열네 살, 열한 살짜리 남매는 서로를 아끼며 평범하게 살아가고 있었다.

하지만 한 남자가 현관문을 거칠게 열어젖히며 뛰어든 순간, 단란한 가족의 보금자리는 충격과 공포의 아수라장으로 변해 버렸다. 파란색 야구 모자를 눌러쓰고 담배를 입에 문 채 집 안으로 침입한 남자는 한 손에는 망치를, 다른 한 손에는 배낭을 들고 있었다. 남자는 망설임 없이 다짜고짜 텔레비전 앞에 앉아 있던 엄마와 두 아이에게 다가갔다. 엄마가 본능적으로 아이들 앞을 막아서자 남자는 망치를 들어 엄마의 머리를 내려치기 시작했다. 웃음소리는 한순간 비명으로 바뀌어 집 안 공기를 찢어 놓았다.

그 소리에 놀란 아빠가 방문을 열고 나오자 남자는 담배와 망치를 던져 버리고 배낭 안에서 칼을 꺼내 아빠의 배를 마구 찔렀다. 아빠는 어떠한 저항도 해 보지 못하고 배를 움켜쥔 채 그대로 바닥에 쓰러졌다. 갑작스러운 상황에 충격을 받은 아이들은 아무런 반응도 하지 못했다. 그 남자는 목적을 달성했다고 생각했는지 아이들을 남겨 두고 서둘러 사라져 버렸다.

현장에 남겨진 증거, 범인의 정체는 오리무중

신고를 받은 경찰과 119구조대가 집에 도착했을 때 아빠는 이미 숨을 거둔 상태였다. 119구조대는 머리에 중상을 입은 엄마를 급히 병원으로 후송했다. 아이들은 다행히 아무 상처도 입지 않았지만 정신적인 충격이 커 안정을 취하며 전문가의 상담 치료를 받아야 했다.

곧이어 도착한 과학수사요원들은 철저한 현장 수사를 실시했다. 자동지문검색(AFIS)을 통해 바로 신원을 확인할 수 있는 온전한 지문은 발견되지 않았지만, 용의자가 나타나면 진범 여부 확인이 가능한 쪽지문 10점과 범인이 피우던 담배꽁초, 범인의 것이라 추측되는 세 가닥의 머리카락이 발견되었다. 모두 DNA 검출이 가능한 시료였다.

또한 거실 바닥에 낭자한 혈흔을 정밀하게 분석한 결과, 피해자인 아빠의 배에서 비산(날아서 흩어짐)되거나 흐른 것과 다른 형태의 혈흔이 발견되었다. 수직으로 떨어져서 생긴 '낙하 혈흔' 형태였다. 이러한 혈흔 형태는 칼에 찔린 피해자의 상처보다는 범인이 들고 있는 흉기에서 떨어지거나 범인이 칼을 사용하다가 손에 상처가 나면서 발생했을 가능성이 크다.

국과수 분석 결과, 담배꽁초와 머리카락 모근에서 범인의 DNA가 추출되었고, 현장 혈흔에서도 같은 DNA가 확인되었다. 용의자만 나타나면 진범 여부 확인은 일사천리로 이루어질 수 있는 상황이었다. 하지만 도무지 용의자가 떠오르지 않았다.

가족이 모두 모여 있을 가능성이 큰 토요일 오후 6시에, 그것도 자그마한 다가구 주택 옥탑방에 돈을 노리고 침입한 절도범이나 강도의 소행으로 보이지는 않았다. 실제로 범인은 피해자에게 돈을 요구하거나 뒤지는 등의 행동은 하지 않았다. 성폭행을 목적으로 한 행동도 아니었다. 그렇다고 그 가족이 주변에 원한을 살 만한 일을 한 것도 아니었다. 그들은 그저 선량하고 평범하고 가난한 가족일 뿐이었다. 그렇다면 대체 누가, 왜, 너무나 평범한 우리 이웃에게 이런 끔찍한 범행을 저지른 것일까?

끈질긴 수사, 소득 없는 수사

범인을 찾아낼 수 있는 방법은 '현장'밖에 없었다. 형사들은 동네에 있는 900여 대의 CCTV 녹화 화면을 모두 입수해 분석에 들어갔다. 현장에 남겨진 범인의 파란색 야구 모자와 피해자들이 기억하는 인상착의를 단서로 범인 찾기 작업이 시작된 것이다. 의외로 용의자의 모습은 빠르게 발견되었다. 범행 시간 전후로 골목을 지나간 사람 중에 파란색 야구 모자를 착용한 사람은 단 한 명뿐이었다.

용의자는 모두 34군데에 설치된 CCTV에 포착되었다. 거의 오후 내내 동네 여기저기를 돌아다닌 용의자는 170cm 정도의 키에 호리호리한 체격을 가진 30대 전후의 남자였다. 상하의에 굵은 하얀색 줄이 들어간 검정색 운동복에 배낭을 메고 빨간색 줄이 들어간 검정색 운동화를 신은 모습이었다. CCTV 화면에서 누군가와 전화 통화를 하며 걸어가는 모습을 포착한 형사들은 곧바로 긴급 통신 사실 조회 신청서를 발급받은 뒤 같은 시간, 같은 장소에서 전화 통화를 한 사람의 신원을 확인하는 작업에 돌입했다.

하지만 통신 사실 조회는 기지국 단위로 할 수밖에 없었다. 반경 1km 남짓한 기지국 범위 내에서 그 시간대에 전화 통화를 한 휴대폰은 2만 5천 대가 넘었다. 어쩔 수 없이 휴대폰 소유자 모두에 대한 신원 확인과 알리바이 조사, 방문 면담을 실시해야 했다. 용의자만 찾아낼 수 있다면 형사들에게 그 정도 수고쯤은 아무것도 아니었다.

그렇게 일주일 동안 모든 수사력을 총동원하여 2만 5천 건의 전화 통화 대상자의 신원을 확인하고 조사했지만, 인상착의가 일치하는 성인 남자 용의자는 나타나지 않았다. 분실되었거나 타인 명의로 된 휴대폰도 아니었다. 통화를 하고도 흔적이 남지 않는 휴대폰이 어떻게 있을 수 있단 말인가?

통신 수사가 종료되었지만 용의자의 모습이 도무지 포착되지 않자 경찰은 사건 발생 일주일 만에 공개수사로 전환했다. 모든 언론과 방송 매체, 길거리 게시판 등에 범인의 CCTV 화면 사진과 인상착의가 설명된 수배 전단이 공개되었다. 얼마 지나지 않아 신고 전화가 빗발치기 시작했다. 하지만 대부분은 단순한 주관적 추정이거나 오인 신고 혹은 허위 신고였다.

사건 현장 인근과 주변 도시에 거주하는 유사한 수법의 전과자와 우범자를 포함하여 9만여 명을 상대로 CCTV에 찍힌 모습과 대조하며 알리바이를 확인하고 용의점을 찾는 발로 뛰는 '저인망식 수사'와 현장 주변은 물론, 범인의 이동 경로 주변에 있는 가게와 가정집들을 찾아가 수사하는 '탐문 수사' 역시 반복적으로 이루어졌다.

사건 발생 35일째. 형사들은 집에 들어가지도 못하고 신정동 일대와 인근 도시들을 끊임없이 탐문했다.

'돌 하나라도 뒤집어지지 않은 채 놓아두어서는 안 된다(leave no stone unturned).'

이것이 바로 전 세계 경찰이 가지고 있는 공통된 수사 철칙이다. 그날도 다른 날과 마찬가지로 형사기동대 승합차를 타고 신정동 일대를 훑고 있던 박성열 형사가 갑자기 눈을 반짝였다. 그는 차에서 내려 혼자 길을 걷고 있던 한 남자에게 다가갔다. 경찰관직무집행법 불심검문 절차에 따라 자신의 신분을 밝힌 박성열 형사는 남자에게 다짜고짜 이렇게 물었다.

"왜 그랬어?"

"네? 뭘요?"

남자는 당황하여 머뭇거렸다. 박성열 형사는 잠시 남자를 노려보다가 급소를 찔렀다.

"망치로 말야. 왜 그랬어?"

남자는 고개를 푹 숙였다.

"경찰서로 가시죠. 가서 다 말씀드리겠습니다."

놀랍게도 남자는 35일 전 그 복장 그대로 여전히 동네를 활보하고 있었다. 그 모습이 주변을 경계하며 차를 타고 지나던 박성열 형사의 눈에 포착된 것이다.

그렇다면 범인은 대체 누구일까? 그는 대체 왜 그런 끔찍한 범행을 저지른 것일까? 그는 왜 35일 만에 똑같은 복장으로 현장 인근 거리를 활보하고 있었던 것일까? 그는 왜 휴대폰 통화자 수사에서 포착되지 않았던 것일까? 그에게 묻고 싶은 것이 한두 가지가 아니었다.

가정폭력 답습이 낳은 처절한 범죄

범인은 강도강간죄로 14년간 교도소에서 복역하고 5월에 출소해 누울 자리 하나만 주어지는 법무부보호복지공단에서 거주하고 있던 윤 씨(당시 33세)였다.

전과자를 바라보는 사회의 따가운 시선, 10년 만에 마주한 낯선 세상, 14년 복역 기간 동안 단 한 번도 면회를 오지 않은 가족에 대한 원망, 하루 6~8만 원 받는 막노동 일자리마저 들쭉날쭉한 불안한 생활, 희망이나 기대가 전혀 없는 암울한 미래……. 이 모든 것이 그의 마음을 헤집어 놓았다. 자신의 상황을 극도로 비관하며 하루 종일 동네를 돌아다니다 막걸리 한 병을 마시고 놀이터에 앉아 있던 윤 씨는 자기도 모르게 웃음소리가 새어 나오는 집으로 발길을 옮겼다.

"나는 이렇게 우울한데, 뭐가 그리 행복하다고 웃고 있는 거야?"

주체할 수 없는 분노가 치밀어 오른 윤 씨는 무작정 문을 열고 들어가 살인을 저질렀다.

필자는 윤 씨를 만나 3시간 동안 면담을 했다. 마음이 닫혀 있던 그와 어렵게 라포(rapport, 상담이나 교육을 전제로 하여 신뢰와 친근감으로 이루어진 관계)를 형성하고 '어린 시절 행복했던 기억'을 떠올려 보라고 요구했다. 그는 한참 동안 양미간을 찌푸리며 기억을 떠올리려 애썼지만 결국 그에게서 돌아온 답은 이러했다.

"죄송합니다. 하나도 없습니다."

윤 씨는 경상북도의 한 염전 마을에서 술만 마시면 폭력을 휘두르는 아버지 밑에서 자랐다. 아버지가 세간을 때려 부수고 어머니를 죽을 정도로 때리는 동안 윤 씨와 형, 누나들은 어머니를 걱정하기보다 자기 살길을 찾아 도망가기 바빴다. 그래도 그나마 그런 아버지라도 계셨을 때는 친척이나 이웃들이 무시하지 않았는데, 윤 씨가 열네 살 되던 해에 아버지가 술병으로 사망하자 주변 사람들은 그의 가족을 냉정하게 대했다. 그는 돈이 없어지는 일 등 어떠한 일이 발생하면 마을 사람들이 자신을 범인으로 몰아 집단 구타하고 가족들을 괴롭혔던 기억을 가지고 있었다.

중학교를 채 마치지 못하고 무작정 상경한 그는 유흥업소 등을 전전하며 생활했고, 화가 나는 일이 생기면 아버지가 했던 대로 사람들을 마구 때리고 물건을 부숴 경찰서에 들락거리는 일이 잦았다. 결국 열아홉 살 때 업소 형들과 가정집에 침입해 아이가 보는 앞에서 주부를 성폭행하고 금품을 뺏은 죄로 14년을 복역했다. 그리고 출소한 뒤 사회에 적응하지 못해 이런 끔찍한 범죄를 저지른 것이다. 자녀에게까지 악습을 대물림하는 '가정폭력'이 아무 죄 없는 선량한 가족을 무참히 짓밟는 결과를 낳은 것이다.

우리 주변에서 벌어지는 부부 폭력과 아동학대의 문제가 결코 '남의 집 일'이 아니라는 것을 보여 준 사건이다. 아무 이유 없이, 그저 눈앞에 보이는 집에 들어가 자신의 화를 풀고자 흉기를 휘두른 윤 씨로 인해 벌어진 참극은 어쩌면 우리에게도 벌어질 수 있는 일일지도 모른다.

윤 씨는 2010년 11월, 서울남부지방법원 제12형사부에서 열린 1심 재판에서 무기징역을 선고받고, 2011년 2월 11일에 서울고등법원 형사 7부 주관으로 열린 항소심에서 무기징역이 확정되었다. 재판부는 판결문에서 양형 이유를 이렇게 설명했다

"피고인은 오랜 수형 생활로 사회에 적응하지 못하는 자신의 처지를 비관하며 술을 마시다 옥탑방에서 흘러나오는 피해자 부부와 그 자녀들의 웃음소리를 듣고 단지 자신보다 행복해 보인다는 이유로 범행을 저질렀다. 그로 인해 한 가정이 파탄에 이르게 되었다. 피해자와 자녀들이 입은 정신적 충격과 앞으로 겪어야 할 경제적 고통이 극심할 것으로 보이는 점, 피해자와 유가족들에게 피해 회복에 필요한 조치도 전혀 취하지 않고 있는 점, 출소한 지 3개월 만에 범행을 저지른 점 등을 고려하면 피고인을 사회로부터 무기한 격리해 이와 같은 범죄로부터 사회를 방위하고, 피고인으로 하여금 자신의 잘못을 진정으로 참회하도록 함이 상당해 무기징역을 선고한다."

디지털 시대의 '원시인' 윤 씨, 피해 회복이 막막한 유가족

전화 통화를 하며 길을 걷던 윤 씨의 모습이 CCTV 화면에 포착되었다. 그런데 대체 왜 아무런 흔적을 남기지 않은 것일까? 조사 결과, 공짜 휴대폰 하나를 얻어 사용하던 윤 씨는 판매점 직원이 넣어 준 노래를 듣고 있었지 전화 통화를 하고 있던 것이 아니었다.

그는 전화 통화를 할 대상도 없었다. 집에 텔레비전도, 컴퓨터도 없는 윤 씨는 자신이 수배되었다는 사실조차 모른 채 일상생활을 그대로 유지하고 있었고, 피해자가 사망하지 않았으리라 생각해 '그리 큰일을 저지른 것이 아니다'라는 자기합리화를 하고 있었다.

이런 상황을 알지 못한 경찰은 '당연히' 범인이 전화 통화를 했으리라 가정하고 통신 수사에 매달린 것이다. 부산에서 발생한 '김길태 여중생 납치 성폭행 살인 사건' 당시에도 휴대폰 등 디지털 기기를 전혀 사용할 줄 모르는 범인의 특성으로 인해 수색과 수사에 큰 어려움을 겪은 적이 있다.

사회가 발전하고 기술이 고도화된다고 해서 모든 사회 구성원이 그 기술과 정보의 혜택을 누리는 것은 아니다. '정보 격차(digital divide)'는 범죄 수사에 있어서 결코 간과해서는 안 될 문제이다. 경찰에 검거된 이후 윤 씨는 피해자에게 죄송하다며 사죄의 눈물을 흘렸고 자신의 범행을 인정하고 반성했다. 하지만 때늦은 그의 눈물은 참담하고 억울한 피해자 가족의 상처를 회복시켜 주지 못했다.

국가와 사회는 범죄 피해자를 지원할 충분한 제도적 장치를 갖추지 못하고 있다. 이미 핵가족화를 넘어 개개인이 파편화된 현대 한국 사회에서 국가가 막지 못한 묻지마 범죄 피해자의 상처를 보듬어 주고 치유해 줄 이웃과 친척은 기대하기 어렵다. 국가가 존재하고 국민에게 납세와 국방 등 의무를 부과할 수 있는 근거는 '보호'를 제공해 준다는 것이다. 따라서 보호해 주지 못했다면 피해 회복이라도 해 줘야 한다.

결국 우리에게는 제2, 제3의 '윤 씨'를 막기 위해 그리고 피해자의 피해 회복을 위해 무엇을 어떻게 해야 할 지에 대한 무겁고 엄한 숙제가 남겨졌다. 그나마 전보다 개선된 국가 범죄 피해자 보호 및 지원 제도에 의해 피해자 가족에게 주거 이전 지원과 치료 지원 등이 이루어지고 있지만, 장기적인 심리 치료와 생계 지원 방안 등은 여전히 요원하다. 무엇보다 범죄 피해자에 대한 관심이 중요하다.

콜롬바인 고등학교의 재앙

1999년 4월 20일 화요일 오전 11시 19분, 미국 콜로라도주 덴버시 인근 제퍼슨 카운티에 있는 콜롬바인 고등학교 교정에서 샌드위치로 점심 식사를 하고 있던 레이첼과 리처드에게 12발의 총탄이 연속해서 날아왔다. 결국 레이첼은 사망하고, 리처드는 치명상을 입었다.

총을 쏜 사람은 같은 학교 학생인 에릭 해리스와 딜런 클레볼드였다. 두 사람은 다시 트렌치코트 속에서 반자동 소총을 꺼내 학교 건물 출입구를 향해 가차 없이 사격을 시작했다. 그로 인해 세 사람이 쓰러졌고, 상황을 목격한 나머지 학생들은 건물 안으로 뛰어들어 갔다. 에릭과 딜런은 침착하게 그들의 뒤를 쫓았다.

학생식당에 도착한 두 사람은 학생들에게 무차별 사격을 가했다. 아비규환의 처참한 상황이 벌어졌다. 소리를 듣고 식당으로 달려 온 선생님들도 총격을 피할 수는 없었다. 에릭과 딜런은 자신들이 제작한 파이프 폭탄을 여기저기에 던졌다. 하지만 조잡하게 만든 탓에 불발에 그치거나 화연만 조금 뿜어내 더 큰 사고로 이어지지는 않았다.

신고를 받고 출동한 경찰차와 구급차도 범인들이 길에 묻어 둔 폭탄이 터지는 바람이 당황했지만 다행히 피해를 입지는 않았다. 경찰이 학교에 진입해 범인들을 발견하고 사격을 가했다. 하지만 그들은 반격 사격을 가한 뒤 도망가며 복도와 교실에서 만나는 교사와 학생들에게 사격을 가하거나 미리 준비해 두었던 칼을 꺼내 찌르는 등 무차별적인 학살 행위를 계속했다. 결국 도서관에서 경찰에 포위당한 에릭과 딜런은 입과 머리에 총을 쏴 스스로 목숨을 끊었다. 이 사건으로 14명의 학생과 1명의 교사가 사망하고, 27명이 중상을 입었다.

전문가들은 에릭과 딜런이 평소 폭력적인 게임을 좋아했고, 마릴린 맨슨의 음악과 '내추럴 본 킬러스'와 같은 영화에 심취해 있었던 것이 원인이라고 밝혀 사회적인 논란이 일기도 했다. 또한 두 사람이 평소 인터넷 사이트를 만들어 공격적이고 폭력적인 내용의 글을 많이 올리다가 다른 학부모들의 신고로 경찰의 수사까지 받았고, 우울증 등 정신적 문제가 있었다는 사실이 알려졌다. 그로 인해 많은 사람이 어쩌면 사회와 학교, 가정에서 그들에게 관심을 가졌다면 이와 같은 엄청난 사건을 예방할 수도 있었을 것이라며 아쉬움을 표했다.

하지만 무엇보다 총기 소지가 허용되고 구입이 자유로운 미국 사회의 고질적인 문제가 그 중심에 자리 잡고 있다는 사실은 크게 부각되지 못했다. 이 사건 이후에도 버지니아 공대 '조승희 묻지마 총기 난사 사건' 등 유사한 사건이 계속해서 일어나고 있다.

◆ ◆ ◆

전혀 예상하지 못한 상황에서 알지 못하는 사람이 갑자기 나에게, 내 가족에게 달려들어 흉기를 휘둘러 대는 일이 발생한다면 어떨까? 마른하늘에 날벼락 맞은 기분일 것이다. 계속해서 묻지마 범죄 소식이 들려온다면 시민들이 스스로를 지키기 위해 무장하고, 상대방을 지나치게 경계하고, 오해가 생기면 서로 방어적인 선제 공격을 하는 극단적인 상황이 발생하지 않을까? 그쯤 되면 '인간 사회'를 포기해야 할 수도 있다. 빌딩으로 둘러싸인 정글과 새로운 약육강식의 야만이 지배하는 지옥 같은 세상이 될 수도 있다. 지금부터라도 정확하게 원인을 규명하고 대책을 찾아 시행해 나가야 한다.

우선 지금 당장 세상에 악을 품고 있는 사람들이 쉽게 찾아가 상담과 치료를 받을 수 있는 공공 정신보건 및 상담 시스템 구축이 시급하다. 시민들과 소통하고 호흡하고 협력하며 미리 문제를 찾아 해결하고 촘촘한 방범 체계를 마련하는 치안의 선진화도 시급하다. 장기적으로는 학대와 폭력이 벌어지는 위기 가정에 국가와 사회가 적극적으로 개입하고 지원하여 피해 아동을 구제하고 보호할 수 있는 제도를 마련해야 한다.

또한 경쟁과 성취에만 급급한 비뚤어진 교육 시스템을 바로잡아 상처받은 아이들과 적응 곤란과 대인관계 문제로 괴로워하는 아이들을 찾아내 보듬어 주어야 한다. 뿐만 아니라 이웃과 동료, 그 밖의 사람들에게 동질감을 느끼고 우호적인 배려가 생활화되는 사회 공동체를 구축해 나가야 한다. 특히, 불우한 환경이나 재능 부족 등의 문제로 경쟁에서 밀리고 설 자리를 찾지 못해 좌절하는 취약 계층에 대한 사회적 안전망 구축이 필요하다.

우리가 끔찍한 묻지마 범죄 소식에 충격을 받고 나와 내 가족에게 유사한 위험이 닥치는 것은 아닐까 하는 불안과 걱정에 사로잡혀 있는 동안, 이미 범죄자들의 잔혹한 공격에 희생된 피해자와 그 가족들은 헤어 나오기 힘든 고통과 절망 속으로 더욱더 깊이 빠져들고 있다.

묻지마 범죄는 국가와 사회의 기능에 고장이 나 발생하는 것으로, 가해자는 물론 국가에도 책임을 물어야 한다. 하지만 우리나라는 다른 선진국들과 달리 범죄 피해자에 대한 보상 체계와 치료, 상담 등 지원 체계가 제대로 갖추어져 있지 않다. 이웃과 시민들도 어쩌면 나 혹은 우리 가족 대신 피해를 입었을 피해자들에 대해 감상적 동정 외의 관심과 손길을 내밀지 않고 있다. 우리 모두가 더 깊은 관심과 신중한 태도로 가족, 동료, 친구들과 의견을 교환하며 피해자 지원 방안에 대해 고심해야 한다.

3장

가장 파렴치한 범죄,
어린이 유괴 살인

유괴 범죄는 어린이, 지적 장애인 등을 부모 등 보호자에게서 격리시킨 뒤 인질로 잡고, 목적을 달성하려는 범죄를 일컫는다. 이러한 범죄는 대부분 돈, 복수, 노동력, 성, 양육, 살인 등의 이유로 벌어진다. 가장 많이 알려진 유괴 형태는 어린이를 유인하거나 납치한 뒤 부모에게 거액의 돈을 요구하는 것이다. 인간을 포함한 동물의 본능인 모성과 부성을 악용해 이익을 취하려 하기 때문에 유괴 범죄는 '가장 파렴치한 범죄'라 불린다.

미국의 경우 매년 150만 명의 어린이가 유괴를 당하고 있다. 약 40초에 한 명의 어린이가 유괴를 당하고 있는 것이다. 유괴 범죄의 71%가 낯선 사람에 의해 이루어지고 있고, 유괴된 어린이 중 40%가 피살당하고, 4%는 생사도 모른 채 영구 미제 상태로 남게 될 정도로 위험성이 크다. 우리나라 역시 유괴 범죄가 종종 일어나고 있다. 경찰 통계에 따르면 우리나라에서도 매년 7~8천 명의 어린이가 실종되는데, 이 중 1% 정도가 돈을 노린 유괴 범죄인 것으로 추정되고 있다.

무고한 어린이를 이용해 범죄 목적을 달성하려는, 그래서 가장 비난

가능성이 높고, 가장 큰 죄책감이 수반되는 범죄인 유괴 범죄를 저지르는 것은 어떤 심리 때문일까.

인간이 가지고 있는 기본적인 소양인 '양심'의 저항을 물리치지 않고서는 저지를 수 없는 범죄가 바로 유괴이다. 특히 순간적인 충동이나 감정적 흥분, 주취 상태 등 비합리적인 동기에 의한 우발 범죄가 아닌, 철저하고 합리적인 의도와 사전 준비 및 이해득실 계산 등의 사고 작용이 필수적으로 수반되는 '계획 범죄'인 유괴의 경우, 내면의 '양심의 소리'를 잠재우는 '합리화' 혹은 '중화작용'이라는 범죄심리가 강하게 작용한다.

그러한 범죄를 저지르는 사람에게서 몇 가지 특징을 살펴볼 수 있다. 첫째, '피해의 부정'이다. 돈을 요구하는 유괴의 경우 '잠시 어린이를 보호하고 있다가 돈만 받고 돌려보내 주면 되는 거야. 아이는 아무런 피해도 받지 않아.'라고 스스로를 합리화하고, 심지어 성 욕구를 해소하기 위한 유괴를 하면서도 '어차피 경험하게 될 것을 내가 먼저 겪게 해 주는 거야. 아이도 좋아할 거야.'라는 생각으로 파렴치한 범죄의 죄책감을 중화해 버린다.

둘째, '가해의 부정'이다. 언론에 보도되는 수억, 수십억 원대의 뇌물이나 횡령 사건, 부패 비리 범죄, 묻지마 살인, 연쇄살인 등의 범죄와 비교하면 '자신은 원하는 목적만 달성하고 아이를 돌려보내 줄 것이기 때문에 그리 큰 범죄가 아니다.'라며 자기 자신을 합리화한다.

셋째, '비난 자에 대한 비난'이다. 유괴 범죄를 파렴치하다고 비난하는 사람들이나 언론, 수사하는 경찰 등에 '너희들은 나쁜 짓을 한 적이 없냐? 어차피 자기 이익을 위해 누군가를 속이고 법을 어기는 것 아니냐. 모두 다 똑같다.'라고 비난하며 스스로를 합리화한다.

넷째, '상위 가치에의 호소'이다. 비록 자신이 저지른 유괴 범죄는 나쁘지만, '가족 부양'이나 '자신을 무시한 세상에 대한 복수' 등 '더욱더 중요하고 큰 가치를 위해 어쩔 수 없다.'며 책임을 전가하고, 자신을 합리화한다.

앞서 살펴본 것처럼, 대부분의 유괴 사건에서 범죄자들은 '목적만 달성한 뒤 어린이를 해치지 않고 되돌려 보내 주겠다'는 의도와 계획으로 범행을 시작한다. 하지만 문제는 대부분의 유괴 범죄자가 금전적 압박이나 욕구 불만에 휩싸여 있고, 아동 심리에 대해서는 깊이 인식하지 못한다는 것에 있다. 그들은 유괴한 어린이를 보호할 수 있는 장소나 여건 등을 제대로 갖추지 못하는 것은 물론, 예상과 달리 유괴 이후 아동을 보호해야 할 시간이 너무 오래 소요되거나 피해 아동이 울고 저항하는 등 돌발 상황이 발생할 경우에 대한 대비책을 마련해 놓지 않는다.

그러다 보니 과자나 장난감 등으로 유혹하거나 부모 이름 등을 대며 신뢰를 얻거나 길을 묻는 등 어린이의 '착한 마음'을 이용한 뒤 사소한 실수를 빙자해 '부모에게 알릴 것이다'라는 협박 등의 방법을 사용하여 납치하는 데 성공했다 하더라도 유괴 이후 이동 과정이나 목적 달성을 위해 감금 억류하는 동안 불안과 두려움에 빠진 어린이의 저항이나 울음, 비명 등의 반응에 대한 대응 능력이 부족해 완력을 이용해 진정시키려는 과정에서 살인을 저지르게 되는 경우가 많다.

미국연방수사국(FBI)의 통계에 따르면, 유괴 살인의 75%가 유괴당한 지 3시간 이내에 이루어진다. 엄밀하게 법적으로 따지면 실제 사망에 이르게 되는 이유가 '죽이겠다'는 고의가 아닌 폭력을 사용하다가 사망에 이르게 하는 '치사'인 경우가 많지만 '유괴 치사'의 경우 대부분 국가에서 법정 최고형(사형, 종신형 혹은 무기징역)으로 처벌하기 때문에 일반적인 경우에는 '고의적인 살인'과 구분할 실익이 크지 않다.

거짓말에서 시작된
엄청난 참극

곽재은 유괴 살인 사건

재은이는 어디로 사라진 것일까

1990년 6월 25일, 장맛비가 내리던 그날은 동족상잔의 비극을 부른 6·25전쟁이 발발한 지 40년째가 되는 날이었다. 서울 송파구 올림픽 공원 인근에 사는 꼬마 천사 재은이(당시 6세)는 현관에서 노란색 비옷을 입고 빨간 운동화를 신었다. 그리고 예쁘게 이름을 적어 놓은 우산을 챙겨 들고 유치원으로 향했다.

아파트 단지 내에 있는 유치원이라 가깝고 편리한 것은 물론, 안전했기 때문에 재은이의 부모는 안심하고 사랑스러운 딸을 맡겼다. 재은이 엄마는 다른 날과 마찬가지로 재은이를 데리러 가기 위해 집을 나섰다. 12시면 유치원이 끝나기 때문에 10분 전에는 집을 나서야 했다. 매일 반복되는 일상이었지만, 엄마는 3시간 남짓 재은이와 떨어졌다가 다시 만나는 이 시간이 무척 좋았다.

12시가 되자 왁자지껄한 소리와 함께 병아리를 닮은 아이들이 쏟아져 나왔다. 아이들은 자신을 마중 나온 아빠에게, 엄마에게, 할머니에게 달려가 안겼다. 그런데 재은이의 모습은 보이지 않았다. 순간, 재은이 엄마는 알 수 없는 불안감이 자신의 몸을 휘감는 것을 느꼈다. 재은이 엄마는 곧장 유치원 선생님을 찾아가 재은이의 소재를 물었다. 그러자 선생님은 눈을 동그랗게 뜨고 다급하게 부원장을 찾았다. 부원장은 매우 당황해 하며 이렇게 말했다.

"어머님이 30분 전에 전화 주셔서 급한 일이 생겨서 그러니 재은이를 빨리 보내 달라고 하셨잖아요. 데리러 오는 길에 만나면 되니까 재은이만 내보내 달라고……."

설마 했던 마음이 현실이 된 것을 확인한 재은이 엄마는 온몸에 힘이 풀려 바닥에 털썩 주저앉고 말았다.

침묵의 29시간

도대체, 누가, 왜 그 어린 천사를 데려갔을까? 유치원에 전화를 걸어 재은이 이름을 말하며 엄마 행세를 한 그 여성은 대체 누구일까? 재은이 엄마는 가까운 지인이 자신을 깜짝 놀래켜 주려고 장난하는 것이기를 간절히 바랐다. 재은이만 무사하다면 그 철없는 장난은 기쁘게 용서하리라 다짐하고 또 다짐했다. 소식을 듣고 일도 내팽개치고 집으로 달려온 재은이 아빠 역시 같은 마음이었다. 재은이를 데리고 갈 만한 지인들에게 전화를 하며 재은이가 무사히 돌아오기만을 기도했다.

재은이가 실종된 지 5시간이 지난 오후 5시가 되어서야 부부는 경찰서에 신고를 했다. 형사들은 즉시 유치원 관계자와 재은이 엄마 주변인들에 대한 조사를 실시하는 한편, 유괴 사건의 가능성을 감안해 재은이 집 전화기에 공청 녹음 장치를 설치하고 대기했다. 저녁 식사 시간이 지났지만 아무런 소식이 없었다. 재은이 엄마는 조금만 배가 고파도 칭얼대던 재은이가 아무것도 먹지 못하고 있을 생각을 하니 가슴이 답답했다. 재은이가 잠자리에 들 시간인 9시가 될 때까지 아무 소식이 없었다. 재은이 부모는 현관문 밖에서 조그마한 소리가 들리면 혹시나 재은이가 돌아온 것은 아닌가 싶어 벌떡벌떡 일어서길 여러 차례 반복했다. 자정을 넘기고 새벽이 지나 아침이 되었지만 여전히 감감무소식이었다.

재은이 부모는 더 이상 눈물을 흘리지 않았다. 온몸의 수분이 모두 증발해 버린 것 같이 하얗게 질려 힘없이 앉아 있을 뿐이었다. 다음 날 오후 5시에 전화벨이 울릴 때까지, 재은이가 실종된 후 29시간 동안 계속된 침묵은 재은이 부모의 혈관 속 피마저 바짝 말라 버리게 했다. 이보다 가혹한 고문은 없었다.

유괴범의 전화, 숨 가쁜 추적

6월 26일 오후 5시, 수화기 너머로 젊은 여성의 목소리가 들렸다.

"재은이를 데리고 있어요. 재은이를 다시 만나고 싶으면 신고할 생각 같은 건 하지 말고 5천만 원을 송금하세요."

자신의 요구 조건을 밝힌 뒤 은행 계좌번호까지 불러 준 여성은 재은이의 목소리만이라도 들려 달라는 엄마의 간절한 호소를 외면하고 1분 만에 전화를 끊었다. 추적 결과 발신지는 서울 지역 공중전화로 확인되었다. 재은이를 찾을 수 있을 것 같다는 희망이 생겼다.

남편과 형사들은 엄마에게 아는 목소리인지, 재은이 목소리는 조금도 들리지 않았는지, 뭔가 특별한 소리가 들리지 않았는지 질문을 마구 던졌다. 하지만 재은이의 엄마는 맑은 하이 톤의 여성 목소리를 들어본 적이 없다고 말했다. 재은이 엄마는 침착하게 많은 정보를 알아내지 못한 것 같아 스스로를 책망했다. 공개수사가 아니었기 때문에 엉뚱한 사람의 장난전화일 가능성은 거의 없었다.

10분 뒤, 다시 전화벨이 울렸다. 그 여성은 계좌번호와 은행명을 다시 한 번 확인하고 예금주 이름을 '이상민'이라고 밝힌 뒤 전화를 끊었다. 당시는 금융실명제를 실시하기 전이었기 때문에 가명으로 개설한 계좌일 가능성이 컸다. 형사들은 계좌가 개설된 조흥은행 전국 지점에 누군가가 해당 계좌에서 돈을 인출하려고 하면 경찰서에 신고하도록 요청했다. 그리고 전 지점에 형사들을 배치해 잠복근무를 하도록 했다. 조흥은행 본점 전산실에도 형사들이 배치되어 해당 계좌의 입출금 상황을 실시간으로 점검했다.

그 당시는 인터넷뱅킹이 도입되지 않았기 때문에 송금을 하려면 직접 은행으로 가야 했다. 유괴범의 전화 협박을 받은 다음 날인 6월 27일 아침, 재은이 엄마는 가까운 은행으로 가서 범인이 불러 준 계좌로 일단 500만 원을 입금하고 집으로 돌아왔다. 그날 오후 5시 15분, 다시 범인에게서 전화가 걸려 왔다.

"5백만 원이 입금된 것을 확인했어요. 나머지 돈도 빨리 부치도록 해요. 만약 경찰서에 신고하면 재은이도 죽고 나도 죽어요."

범인은 이번에도 재은이 목소리를 들려 달라는 엄마의 간절한 호소를 철저하게 무시했다. 다음 날인 6월 28일 아침, 재은이 엄마는 범인이 불러 준 계좌로 2,500만 원을 입금했고 그와 동시에 조흥은행 본점과 서울 시내 각 지점에 배치되어 잠복근무를 하던 형사들은 초긴장 태세에 돌입했다. 하지만 범인은 움직이지 않았다.

그렇게 하루가 지난 6월 29일 오후 2시 40분, 조흥은행 본점 전산실에서 다급한 외침이 터졌다. 범인이 계좌에서 인출을 시도한 것이다. 하지만 돈을 인출한 곳은 형사들이 잠복근무 중인 조흥은행 지점이 아니라 명동에 있는 국민은행 본점에 설치된 현금자동지급기였다. 인출한 금액은 30만 원이었다. 범인의 '입질'이었다. 잠복근무 중인 모든 형사에게 이 소식이 전달되었고, 최고의 경계 상태 지시가 하달되었다.

범인의 마음속에서 '잡히지 않을까'라는 두려움과 '빨리 돈을 찾고 싶다'라는 욕구 사이의 줄다리기가 한계에 도달한 오후 4시 13분, 또다시 조흥은행 본점 중앙 컴퓨터에 해당 계좌의 출금 시도가 포착되었다. 위치는 명동 롯데백화점 2층 조흥은행 출장소에 설치된 현금자동지급기였다. 인근 지점에 배치되어 있던 형사들이 총알처럼 달려갔다. 인파로 가득한 명동거리의 사람 숲을 헤치며 형사들은 달리고 또 달렸다. 범인은 카드를 이용해 모두 6차례에 걸쳐 총 260만 원을 인출한 뒤 막 그곳을 떠나려던 참이었다. 그렇게 소요된 시간은 10분이었다.

거친 숨을 몰아쉬며 현장에 가장 먼저 도착한 형사의 눈에 현금자동지급기에서 돌아서 나오는 자그마한 체구의 젊은 여성이 들어왔다. 순간 형사와 눈이 마주친 범인은 자신에게 닥친 상황을 예감했는지 필사적으로 도주했다. 여기에서 범인을 놓치면 재은이를 구할 기회가 없을 것이라 생각한 형사 역시 죽을힘을 다해 뛰었다. 사람이 가득한 계단과 거리는 체구가 작은 여성에게 유리했지만 결국 을지로 입구 지하철 역

계단에서 숨 가쁜 추격전은 끝이 났다.

자살을 선택하려 한 범인 홍순영

검거된 여성 홍순영(당시 23세)에게서 한 시간 반 전과 방금 인출한 현금 290만 원, 조흥은행 통장과 카드 그리고 재은이 부모에게 보내려고 한 협박 편지 1장이 발견되었다. 160cm가 될까 말까 한 자그마한 체구에 앳된 얼굴이었다. 도저히 흉악하고 잔인한 유괴 범죄를 저지를 것처럼 보이지 않았다.

형사는 재은이는 지금 어디에 있는지, 공범이 있는지에 대해 물었다. 홍순영은 공범이 자신을 기다리고 있다고, 지금 당장 공범에게 돈을 가져가지 않으면 재은이를 해칠지도 모른다고 재촉했다.

형사들은 홍순영의 말을 믿고 1차 접선 장소라는 이화여자대학교 구내에서 2시간가량 공범을 기다리다가 모습을 드러내지 않자 2차 접선 장소라는 서울역 지하철역으로 이동해 1시간가량 기다렸다. 사람이 많은 공공장소에서 공범이 눈치채지 못하게, 홍순영이 도주하지 못하게 행동해야 했기 때문에 모든 신경이 곤두선 상황이었다.

그런데 플랫폼으로 청량리행 기차가 들어오는 순간, 홍순영이 갑자기 선로 위로 몸을 던졌다. 다행히 이를 발견한 기관사가 급정거를 하는 바람에 끔찍한 사고를 피할 수 있었다. 돌발 상황에 놀란 형사들은 선로로 뛰어내려 머리에서 피를 흘리는 홍순영을 인근 병원으로 후송했다.

다행히 홍순영은 뒷머리 부분에 5cm 정도의 찰과상만 입었을 뿐이었다. 형사들은 병원 침대에 누워 입을 꾹 다문 홍순영에게 재은이가 있는 곳을 말하라고 추궁하다가 나중에는 간절하게 호소했다. 그저 "사형시켜 달라."는 말만 반복하던 홍순영은 "같은 여자 입장에서 재은이 엄마의 썩어 들어가는 마음을 생각해 제발 재은이가 어디에 있는지 알려 달라."는 거듭된 호소에 결국 입을 열었다.

물거품으로 변한 희망

'제발 살아만 있어 달라'고 기도하고 또 기도한 가족들의 간절한 바람은 가혹하게 산산조각 나 버렸다. 재은이는 숙명여자대학교 건물 옥상에 있는 물탱크 뒤쪽에서 싸늘한 시신으로 발견되었다.

홍순영은 범행 당일인 6월 25일, 범행 대상을 물색하며 올림픽 공원 인근 아파트 단지를 돌아다니다가 한 유치원을 발견하고, 바깥에 놓인 우산 통에서 가장 이름이 선명하게 보이는 우산을 보고 유치원에 전화를 걸었다. 유치원에서는 엄마라는 사람이 전화를 걸어 급한 일이 생겨서 지금 바로 유치원으로 출발할 테니 아이를 내 보내 달라고 하자 아무 의심 없이 서둘러 아이를 귀가시킨 것이다. 영문도 모르고 유치원을 나선 재은이는 낯선 여성이 이름을 부르며 다가와 손을 잡자 어쩔 줄 모르고 따라나선 것이다.

재은이를 데리고 지하철을 이용해 숙대 앞까지 간 홍순영은 카페에 앉아 재은이에게 부모의 이름과 주소, 전화번호 등을 물어보았다. 필요한 정보를 파악한 홍순영은 낯선 곳에, 낯선 어른과 함께 있는 것에 두려움을 느낀 재은이가 집에 보내 달라고 보채자 미리 봐 둔 숙대 옥상으로 재은이를 데리고 올라갔다. 그리고 울며 애원하는 재은이의 목을 졸라 살해한 뒤 물탱크 뒤편 벽 사이 공간에 시신을 밀어 넣었다. 돈을 요구하는 협박 전화는 재은이가 사망한 뒤에 걸려 온 것이었다.

그녀는 왜 그런 범행을 저지른 것일까

홍순영은 일반적인 범죄자와 사뭇 다른 삶을 살았다. 경기도 부천에서 규모 있는 사업체를 운영하는 부친의 4남매 중 셋째로 태어나 남부럽지 않은 유복한 환경에서 자랐다. 홍순영은 어려서부터 경쟁심과 질투심이 많았다. 그녀는 대학 입시에 실패하자 대학에 합격한 다른 친구들에게 지기 싫다는 이유만으로 숙명여대 정외과에 합격했다는 '거짓말'을 하게 되었다. 그리고 그 거짓말이 들통 나지 않게 하기 위해 합격통지서와 등록금 고지서를 조작해 부모에게 내밀었다.

그렇게 부모님께 등록금을 받아 낸 홍순영은 실제 학생처럼 학교에 다니기 시작했다. 수업은 물론 과 행사에 빠짐없이 참석하는 그녀를 '가짜 대학생'으로 의심하는 사람은 아무도 없었다. 홍순영은 재수를 해 정식으로 합격하면 모든 문제가 해결될 것이라 생각했다. 하지만 가짜 대학생 신분을 들키지 않기 위해 모든 상황마다 거짓으로 대응하는 데 집중하느라 제대로 대입 준비를 할 수 없었다. 가짜로 살아온 4년간의 삶은 홍순영의 마음을 극단적으로 병들게 했다.

엎친 데 덮친 격으로 그녀의 정체를 의심하는 사람이 하나둘 생겨났다. 결국 홍순영의 지인이 그녀와 1년 가까이 사귀며 결혼까지 생각해 온 회사원 남자 친구에게 사실을 털어놓자 홍순영은 극단으로 치닫게 되었다. 큰돈을 마련해 '돈의 힘'으로 남자 친구의 마음을 사려 한 것이다.

홍순영은 수사와 재판을 받는 내내 "제발 사형시켜 주세요."라고 말하며 뒤늦은 후회를 했고 1991년 12월 18일, 원하던 대로 사형이 집행되어 형장의 이슬로 사라졌다.

거짓말의 심리학

독일의 철학자 니체(Friedrich Wilhelm Nietzsche)는 "거짓말은 삶의 한 조건이다."라고 주장했고, '거짓말'의 권위자인 심리학자 레너드 색스(Leonard Saxe) 교수는 "사람은 단 하루도 거짓말을 하지 않고 넘어갈 수 없다."고 강조하였다. 이런저런 고민이 있어도 "안녕하세요?" 혹은 "별일 없어요?"라는 인사를 받으면 "네."라고 답하는 것부터가 거짓말이지 않은가. 상대방의 머리 스타일이 마음에 들지 않아도, 새로 샀다는 옷이 세련되지 않아도 "예쁘다."는 거짓말을 하기도 한다. 상대방의 감정이 상하지 않게 그렇게 말하도록 사회적인 교육을 받기 때문이기도 하다.

1996년, 버지니아 대학교의 벨라 드 파울로(Bella De Paulo) 교수팀은 실험을 통해 '거짓말에 관한 불편한 진실'을 여지없이 보여 주었다. 18~71세 남녀 147명을 대상으로 하루 동안 행한 거짓말을 기록하게 하는 '거짓말 일기' 실험을 한 결과, 실험 대상자 대부분이 하루 1~2회 이상 거짓말을 하고 있고, 10분 이상 진행되는 대화 내용 중 최소 5분의 1이 거짓말임이 드러났다. 일주일 동안 일상적으로 만난 사람의 3분의 1에게 거짓말을 하며 살고 있는 것이다. 특히 실험 대상자 중 대학생들은 부모와의 대화 내용 중 '절반이 거짓말'인 것으로 드러나 충격을 주었다.

도리 홀랜더(Dory Hollander)의 조사에서도 대학생 커플 중 85%가 일방 혹은 양방 모두 과거에 대해 거짓말을 하고 있고, 데이트 중인 남녀가 주고받는 대화와 행동 중 3분의 1이 거짓이며, 부부 간 대화 중 '중요한 내용'의 10%가 거짓말이란 것이 밝혀졌다.

하지만 이러한 '일상적 거짓말'은 다른 사람이나 공동체에 큰 피해를 남기지 않는다. 그래서 '하얀 거짓말'이라고 부른다. 문제는 우리 일상이 거짓말을 하지 않고는 순조롭게 넘어갈 수 없는데, 우리 사회는 '거짓말은 절대 해서는 안 되는 죄'라고 가르친다는 것이다. 이 얼마나 비현실적인 내용이란 말인가.

애정과 관심이 바탕이 된 '사회화' 과정을 거친 사람들에게는 이 모순이 자연스럽게 소화되고 해소된다. '나쁜 거짓말'과 '허용되는 거짓말' 사이의 구분이 사회 통념에 맞게 형성되는 것이다. 하지만 여러 이유로 사회화 과정에 문제가 생겨 갈등이나 위기 상황에서 '나쁜 거짓말'로 벗어나는 습관을 키우게 되는 경우가 발생한다.

사람의 뇌는 거짓말 등 나쁜 행동을 했을 때 불안, 초조, 부끄러움 등의 감정 반응이 나타나는데, 이는 심장박동 증가, 뇌하수체 부신 반응 등의 신체 현상으로 이어지고, 매우 '기분 나쁜' 느낌을 축적하게 된다. 이런 사람의 경우 스트레스를 받는 것이 일상이 되어 버려 욕구 불만과 분노가 차곡차곡 쌓인다. 그로 인해 공격과 폭력 동기가 잠재되게 되는 것이다. 홍순영의 경우가 이에 해당한다.

만삭의 여인이 벌인 참혹한 범죄

박초롱초롱빛나리 유괴 살인 사건

사라진 나리

재은이 유괴 살인 사건이 발생한 지 7년이 지난 1997년 8월 30일 오후 3시경, 서울 잠원동 뉴코아문화센터에서 영어 수업을 마치고 집으로 돌아오던 여덟 살 꼬마숙녀 박초롱초롱빛나리(이후 나리) 양이 흔적도 없이 사라졌다. 나리가 집에 오지 않자 걱정이 된 엄마는 영어교실에 전화를 걸어 나리가 학원 문을 나선 것을 확인하고 딸을 찾아 나섰다.

간절히 원하던 딸아이가 태어나자 기쁨에 넘친 부모는 '초롱초롱빛나리'라는 이례적으로 긴 한글 이름을 붙여 주었고, 할 수 있는 모든 정성을 다해 딸을 키웠다. 나리는 부모의 정성만큼 예쁘고 똑똑하게 성장해 보는 사람마다 감탄해 마지않았다. 만약 나리에게 무슨 일이라도 생기면 엄마는 도저히 살아갈 수 없을 것 같았다. 엄마는 아이의 이름을 부르며 이곳저곳을 찾아 헤맸지만 결국 나리를 찾지 못했다.

나리와 같은 시간에 영어 수업을 받았던 아이들에게 전화를 한 엄마는 나리가 어떤 '젊은 아줌마'와 함께 어딘가로 가는 것을 보았다는 말을 듣고 나리가 유괴당했음을 직감했다. 나리 엄마는 떨리는 손으로 자신의 딸을 찾아 달라고 경찰에 신고했다. 관할 서초경찰서에서는 강력 형사들을 급파했고 나리의 집 전화기에 녹음기와 발신 추적 장치를 설치하고 협박 전화가 오기를 기다렸다.

범인은 이 안에 있다!

나리가 실종된 지 3시간이 지난 오후 6시, 나리의 집으로 전화가 걸려왔다. 전화를 받은 나리 엄마의 귀에 처음 들어보는 젊은 여성의 목소리가 전해졌다.

"나리네 집이죠? 나리는 제가 잘 데리고 있어요. 현금으로 2천만 원을 준비해 주세요."

나리의 목소리라도 들려 달라는 엄마의 애절한 호소는 침묵과 전화 종료음으로 되돌아왔다. 통화 시간이 너무 짧아 형사들은 발신지 추적에 실패했다. 다시 전화가 걸려 오길 간절히 기다렸지만 밤새도록 전화기는 조용했다.

다시 전화벨이 울린 것은 다음 날인 8월 31일 오후 3시 52분, 나리가 실종된 지 꼭 24시간이 지났을 때였다. 어제와 같은 목소리, 같은 사람임이 분명했지만 왠지 목소리에 힘이 빠진 듯했다. 간혹 한숨 소리가 섞여 나오기도 했다. 이번에는 통화가 제법 길게 이어져 형사들은 발신지를 추적할 수 있었다. 명동에 있는 한 은행 앞 공중전화였다. 나리 엄마가 최대한 대화를 길게 이어 가는 사이 형사들이 공중전화 박스로 달려갔다. 범인은 이렇게 요구했다.

"나리를 잘 데리고 있으니 너무 걱정하지 말고, 나리를 돌려 받고 싶으면 현금 2천만 원을 준비해서 명동 전철역 남대문 방향 출구 앞에 있는 건물 8층으로 오세요."

형사들이 공중전화 박스를 덮쳤을 때는 이미 범인이 전화를 끊고 자리를 뜬 후였다. 형사들은 인근에 있는 시민들에게 조금 전 전화를 건 사람의 인상착의를 묻고 공중전화기에 접근하는 것을 차단했다. 그리고 수사본부와 한국통신에 보고 및 통보를 한 뒤 범인이 사용한 전화기의 수화기 자체를 뜯어 내 과학수사반으로 가져가 지문 채취를 의뢰했다. 공중전화 박스 인근에 있던 시민들은 다소 엇갈린 진술을 했지만 대체로 '20대로 보이는 키가 작은 젊은 여성'이라고 기억하고 있었다.

다시 전화가 걸려오길 기다렸지만 1시간, 2시간, 3시간이 지나도 전화벨이 울리지 않았다. '혹시 범인이 공중전화 박스 주변에 남아 있다가 형사들이 출동한 것을 목격했나?' 하는 불길한 생각이 떠오를 무렵인 밤 9시, 드디어 전화벨이 울렸다. 나리 엄마는 벨이 세 번 울릴 때까지 기다린 뒤 수화기를 들었다. 범인은 다시 2천만 원을 전달받을 장소와 방법에 대해 이야기했다. 나리의 목소리를 들려 달라는 엄마의 애원에 범인은 "잘 있으니 걱정하지 마세요. 때가 되면 들려줄게요."라는 말만 되풀이했다.

그 사이 형사들은 전화 발신지를 추적했다. 명동에 있는 한 커피숍이었다. 나리 엄마에게 최대한 대화를 이어 가 달라는 사인을 보낸 형사들은 밖으로 나와 무전으로 명동 지역에 잠복해 있는 형사들에게 발신지를 알렸다. 나리 엄마가 시간을 끌고 있다는 것을 눈치챘는지 범인은 서둘러 전화를 끊었다. 하지만 다행스럽게도 형사들이 계단을 뛰어오르는 순간에는 통화가 지속되고 있었다.

커피숍의 출구는 한 곳 뿐이었다. 범인이 유령이 아닌 이상 빠져나갈 구멍은 없었다. 커피숍 안에 있는 사람은 모두 13명. 범인은 이 안에 있었다. 형사들은 출구를 봉쇄한 뒤 신분을 밝히고 손님과 종업원들에게 잠시 검문을 하겠다며 양해를 구했다. 한 명 한 명 신분 확인과 지문 채취, 간단한 신문이 이루어졌다.

그렇게 조사가 진행되고 있는데, 혼자 앉아 있던 만삭의 임신부가 자신의 차례가 되자 갑자기 히스테리 반응을 나타냈다. "만삭의 임신부에게 지금 뭐하는 거예요!", "아기가 놀라 배를 차는 바람에 배가 너무 아파요. 병원에 가 봐야 하니 빨리 보내 주세요."라며 큰소리로 항의했다. 그러자 갑작스러운 검문에 불만을 느낀 주위 사람들이 임신부를 옹호하고 나섰다. 아직 공개수사 단계가 아니라 긴급한 유괴 사건 수사 중임을 밝힐 수 없었던 형사들은 서둘러 임신부의 지문만 채취하고 병원행을 허용했다. 특별한 용의점을 발견할 수 없었던 형사들은 나리의 안전 문제도 있었기 때문에 커피숍 안에 있던 모든 사람에 대한 신분 확인과 지문 채취 및 간단한 심문 절차를 끝내고 그대로 돌아올 수밖에 없었다.

공개수사, 수면 위로 드러난 범인의 존재

그 후 범인은 더 이상 전화를 걸지 않았다. 커피숍에 있던 13명 중 20대 여성들에게는 경찰의 은밀한 미행 감시가 이루어졌다. 지문 조회를 통해 신분이 확인된 임신부 전현주(당시 28세) 역시 그 대상에 포함되었다. 한편 경찰은 또래 아이들보다 똑똑한 나리가 자발적으로 범인을 따라갔다는 점에 주목하고 면식범의 소행일 가능성을 배제하지 않았다. 그로 인해 친인척과 이웃 등 주변 인물들에 대한 철저한 수사를 실시했지만 특별한 점을 발견하지 못했다.

실종 5일째인 9월 3일, 경찰은 부모의 동의를 얻어 공개수사 체제로 전환했다. 모든 언론과 방송은 일제히 나리 양 유괴 사건을 대대적으로 보도하기 시작했다. 전 국민이 나리 양 유괴 사건을 알게 되었고 수사본부에는 전화 제보와 각종 추리 의견이 쏟아졌다. 하지만 범인 검거로 이어질 수 있는 결정적인 정보는 확보되지 않았다.

공개수사로 전환한 지 일주일이 지난 9월 11일, 차분하지만 긴장된 목소리의 중년 남성이 수사본부에 전화를 걸어 왔다. 만삭인 자신의 딸이 9월 1일에 가출한 뒤 집에 들어오지 않고 있고 집 밖에 형사로 보이는 남자들이 서성거리는데, 혹시 자신의 딸이 관련된 것이 아닌지 걱정이 된다는 내용이었다. 전현주의 아버지였다.

수사본부를 찾은 전현주의 부모는 협박 전화 녹음테이프를 듣고 난 뒤 딸의 목소리라는 사실을 확인해 주었다. 마침 과학수사팀으로부터 명동거리에서 뜯어 온 공중전화기에서 전현주의 지문이 발견되었다는 소식이 전해졌다. 이제 전현주의 위치를 확인해 나리를 구하고 범인을 검거하는 일만 남았다.

나리, 싸늘한 시신으로 돌아오다

그동안 전현주의 행적을 조사한 경찰은 서울 시내 모텔을 이 잡듯 뒤졌다. 채 하루가 지나기 전인 9월 12일 오전 9시 20분, 관악구 신림동의 한 모텔 방에 숨어 있던 전현주는 갑자기 들이닥친 형사들에 의해 체포되었다. 여전히 배부른 만삭 임신부의 모습이었고 머리는 산발한 채 세수도 제대로 하지 않은 듯한 초췌한 모습이었다. 나리는 어디 있느냐는 경찰의 추궁에 전현주는 고개를 떨구었다.

입을 꾹 다문 채 아무 말도 하지 않던 전현주는 계속된 형사들의 호소와 애원, 추궁 앞에 무너졌다. 2시간이 지난 11시, 전현주는 드디어 입을 열었고, 형사들을 사당동에 있는 지하 골방으로 안내했다. 몇 달째 사용하지 않고 방치해 곰팡이와 거미줄, 쓰레기와 악취가 가득한 창고 같은 곳이었다. 인형극단을 운영하다 중단한 전현주의 남편이 소품 창고로 쓰다가 버려 둔 공간이었다. 어린이가 숨 쉬고 생활할 만한 공간이 아니었다.

전현주는 한쪽 구석에 놓여 있는 커다란 등산 배낭을 가리켰다. 형사들은 무거운 얼굴로 배낭 지퍼를 열었다. 옷을 하나도 걸치지 않은 나리가 잔뜩 구부린 자세로 싸늘하게 죽어 있었다. 코와 입, 두 손과 발은 테이프로 칭칭 감겨 있었고, 목에는 졸린 흔적이 역력했다. 팽창한 부패가스로 인해 온몸은 퉁퉁 부어 있었다. 도저히 눈뜨고 볼 수 없는 참혹한 모습이었다.

전현주는 왜 끔찍한 범죄를 저지른 걸까

재산 등록 대상인 고위 공무원의 딸이었던 전현주는 원하지 않은 대학에 진학한 뒤 제대로 학업을 수행하지 않아 제적을 당했다. 그 후 취업을 하기 위해 노력했지만 번번이 실패의 쓴맛을 봐야만 했다. 그러다 한 전문대학교 문예창작과에 재입학해 연극인 지망생 남자 친구를 만나게 되었고, 부모의 반대를 무릅쓰고 결혼식을 올렸다. 이 과정에서 전현주는 자신의 학력과 경력, 집안의 재력 등에 대해 무수한 거짓말을 했다. 남편조차 전현주의 정확한 학력과 경력을 모를 정도였다.

남편이 인형극단을 운영하다 실패하고 변변한 수입 없이 소일을 하자 둘 사이는 벌어졌고, 생활고에 시달리던 전현주는 사건 당일인 1997년 8월 30일, 뉴코아문화센터를 무작정 배회하다 영어 수업을 듣기 위해 길을 걷고 있는 나리를 발견하고 말을 걸었다. 나리는 옷차림새가 상당히 세련되고 눈에 띄게 예뻤다. 나리가 부잣집 딸이라고 생각한 전현주는 영어 수업이 끝날 때까지 기다렸다가 귀가하는 나리에게 다가가 '재미있는 곳에 가자'며 사당동 지하 창고로 데려갔다. 그리고 그곳에서 부모의 이름과 주소, 전화번호 등을 물었다.

오후 6시, 나리가 소리를 지르거나 도망가지 못하게 테이프로 입과 코를 막고 손발을 묶어 결박한 전현주는 밖으로 나가 전화번호가 맞는지 확인할 겸 첫 협박 전화를 걸었다. 잠시 뒤 전현주가 돌아오자 나리는 잔뜩 겁에 질린 얼굴로 집에 보내 달라며 눈물로 애원했다. 하지만 전현주는 나리의 애원을 무시하고 목 졸라 살해한 뒤 옷을 모두 벗겨 한쪽에 놓여 있던 등산 배낭에 시신을 구겨 넣었다.

전현주는 경찰과 검찰 수사 과정 그리고 재판 과정에서 줄곧 자신은 범인이 아니라 피해자라며 자신을 성폭행하고 범행을 강요한 2명의 남자와 1명의 여자가 있다고 주장했다. 하지만 증거가 없었고, 결국 사실이 아닌 것으로 확인되었다.

이 사건은 7년 전에 발생한 홍순영에 의한 재은이 유괴 살인 사건의 복사판이었다. 검찰은 전현주에게 사형을 구형했지만 재판부는 초범이고 우발적 살인이라는 점 등을 감안해 무기징역을 선고했다. 전현주는 지금도 무기수로 복역 중이다.

부모가 할 수 있는 어린이 범죄 예방 교육

세상이 흉흉하고 아동 대상 범죄가 빈발한다고 해서 지나친 공포심에 사로잡혀서는 안 된다. 지나친 공포로 인한 '공황 상태'는 합리적인 판단을 가로막고 일상생활에 지장을 초래하며 극심한 스트레스를 유발한다. 그로 인해 오히려 자녀와의 관계를 해치고 자녀의 정서 발달을 저해할 수 있다.

부모가 지나친 불안과 두려움을 표현하고, 자녀를 과잉보호하면 오히려 자녀는 자신감을 잃고 위축되어 친구 등 다른 사람과 원활한 관계를 맺지 못할 수도 있다. 그렇게 되면 오히려 유괴 등 아동 대상 범죄에 노출되기 쉽고 위험에서 벗어날 수 있는 능력을 갖추지 못하게 될 가능성이 커진다.

'적을 알고 나를 알면 100전 100승'이라는 《손자병법》 구절을 상기할 필요가 있다. 우선, 학교에서 보내 주는 통신문이나 지역 경찰의 안내문 혹은 언론이나 방송, 어린이 재단 등 공익단체가 운영하는 신뢰할 만한 인터넷 사이트 등에서 아동 대상 범죄가 발생하는 상황이나 장소, 시간, 방법 등의 정보를 정확하게 파악해야 한다. 그리고 정확한 정보를 바탕으로 실현 가능하고 실효성 있는 대책과 계획을 수립해야 한다. 예를 들어 맞벌이 등으로 자녀가 하교한 이후에 보호해 줄 수 없는 상황이라면 이웃이나 지역아동센터 등 보호 담당자를 찾아 위탁하는 방법도 고려할 수 있다.

무엇보다 자녀와 허심탄회한 대화를 나눠야 한다. 그래서 주로 어떤 장소에서 누구와 놀고, 어떤 길로 다니며 어떤 행동들을 하는지를 정확하게 파악하고 그 안에서 위험 요인을 찾아내야 한다. 만약 위험 요인을 찾아내 해결하려 한다면 야단이나 강압이 아닌 대화를 통한 동의와 합의를 이끌어 내는 것이 실질적인 안전을 확보하는 지름길이다. 또한 자녀와 함께 위험할 수 있는 상황들을 설정하고 그 상황에서 안전하게 대처하는 방법을 실제로 반복해서 연습해 보면 자녀에게 '안전한 행동 습관'을 길러 줄 수 있다.

바비 그린리스
유괴 살인 사건

1953년 9월, 미국 텍사스 사우스다코타주에 있는 가톨릭 계열 사립학교(노트르담 드 시온 Notre Dame de Sion)에서 GM자동차 독점 판매망을 운영하던 거부 로버트 그린리스의 늦둥이 아들 바비 그린리스(Bobby Greenlease)가 사라졌다. 당시 그의 나이는 여섯 살이었다. 그야말로 애지중지하던 아이가 실종되었으니 학교와 경찰은 물론, 지역사회가 발칵 뒤집히지 않을 수 없었다. 바비의 담당 선생님인 수녀님은 당황하며 '이모'라는 여성이 찾아와 "바비의 어머니가 심장마비로 위급하니 아이를 데려가야 한다."며 눈물로 하소연해 아이를 보내 주었다고 말했다.

곧 경찰의 대대적인 수색과 수사가 시작되었지만 범인과 바비의 흔적은 발견되지 않았다. 며칠 뒤, 범인은 그린리스에게 60만 불(6억 3천만 원)을 요구하며 경찰에 알리면 바비를 살해하겠다는 협박 편지를 보내왔다.

그린리스에게 60만 불은 큰돈이 아니었다. 늦둥이 아들을 위해서라면 목숨까지 바칠 각오가 되어 있었던 그린리스는 범인의 요구대로 집 안팎에서 감시를 하며 대기 중이던 경찰과 FBI를 따돌리고 범인이 지정해 준 장소에 현금 60만 불을 두고 돌아왔다. 하지만 약속과 달리 범인은 바비를 돌려주지 않았다. 60만 불이라는 돈은 당시까지 발생한 유괴 사건 중 사상 최고의 몸값이었다.

흔적도 없고 정체도 알 수 없었던 범인의 꼬리는 의외의 장소에서 드러났다. 범인은 2인조 남녀 커플 칼 홀(Carl Hall)과 보니 헤디(Bonnie Heady)였다. 범행 후 칼 홀은 인근 세인트루이스시에, 헤디는 캔사스시 외곽의 자신의 집에 숨어 있었다. 그러던 중 칼 홀이 경찰이 수사망을 좁혀 올 것을 두려워한 나머지 성매매 여성인 산드라 오데이(Sandra O' Day)에게 돈을 준 뒤 자신이 쓴 두 번째 협박 편지를 가지고 LA로 가 그린리스에게 부쳐 달라고 부탁하면서 사건이 모습을 드러냈다. 그는 수사망을 머나먼 LA로 돌리겠다는 의도로 그러한 결정을 내렸지만, 산드라는 그의 의도대로 움직이지 않았다.

칼 홀이 지나치게 많은 현금을 가지고 있고 뭔가 행동이 수상하다고 생각한 산드라는 그가 큰 범죄를 저질렀을 것이라 판단했다. 그녀는 칼 홀이 준 돈과 비행기 삯은 물론, 경찰이 줄 보상금이나 현상금을 챙겨야겠다는 생각에 칼 홀을 경찰서에 신고했다.

신고를 받은 경찰은 즉각 움직였다. 갑자기 들이닥친 경찰에 칼 홀은 무척 당황했다. 그는 경찰이 엄청난 현금의 출처에 대해 추궁하자 헤디에게 모든 것을 미루고 죄를 뒤집어씌웠다. 곧 헤디의 집으로 출동한 경찰은 자고 있던 헤디를 체포하고 뒷마당에 있는 작은 무덤에서 바비의 시신을 발견했다.

경찰의 추궁 끝에 칼 홀과 헤디 모두 범행을 자백했다. 범인들은 바비를 납치하고 3시간도 지나지 않아 살해한 뒤 그린리스에게 60만 불을 요구하는 협박 편지를 보내고 돈만 챙겨 도주한 것이다. 결국 범인들은 그해 12월, 미주리 감옥에 있는 가스실에서 사형당했다.

이 사건은 미국 전역을 충격에 빠뜨렸고, 당시 대통령이었던 아이젠하워가 특별한 대책을 강구하기도 했다. 이후 미국의 모든 학교에서는 등록된 부모나 부모가 지정한 사람이 아니면 중간에 아이를 데려가지 못하도록 하는 등 엄격한 어린이 보호 제도가 마련되었다.

◆ ◆ ◆

결코 발생해서는 안 될 참혹한 비극인 유괴 범죄를 막기 위해 가장 필요한 것은 '우리 사회의 공동체 기능 회복'이다. 가정과 학교, 지역 경찰, 지방자치단체, 의료기관, 주민자치조직 등이 연계하여 지역 내의 아동들을 보호하고, 그들을 위협하는 것을 찾아내 제거하기 위해 협력해야 한다.

국가에서는 아동 보호 관련법을 실효성 있게 재정비하고, 경찰과 사법 당국은 유괴 등 아동 대상 범죄의 특성을 제대로 이해한 뒤 적극적이고 전문적으로 대응할 수 있는 시스템을 갖춰야 한다. 아이들이 아무런 걱정을 하지 않고 안전하게 뛰어놀 수 있는 환경 구축이 무엇보다 시급하다. 이는 국가의 목표가 되어야 한다.

부모의 역할 역시 상당히 중요하다. 재은이와 나리, 바비 그린리스 사건에서도 알 수 있듯이 유괴 등 아동 대상 범죄 피해는 특정 환경에 처한 아동에게만 발생하는 범죄가 아니다. 가해자 역시 한눈에 알아볼 수 있는 괴물 같은 존재가 아니다. 평범한 친인척, 이웃 사람 혹은 이모 등 가족을 가장한 사람 등이 가해자가 될 확률이 높다. 따라서 '어떤 사람을 조심하느냐'의 문제가 아니라, '안전한 생활 습관'을 만들어 주는 것이 가장 시급하다. 가급적이면 부모나 교사 혹은 친구들과 함께하게 해야 하고, 가까운 사이라 해도 인적이 없는 곳이나 실내 공간에 단둘이 있는 상황을 피하는 지혜를 일러 주어야 한다.

나아가 우리 모두가 내 자녀만이 아니라 이웃의 아이들도 위험에 처해 있지 않은지 살펴보고 경계하는 '책임 있는 어른'의 역할을 다해야 한다. 얼마 전 한 남자와 어색한 동행을 하고 있는 여자 어린이를 본 아주머니가 위험한 상황일 수도 있다는 것을 예측하고 어린이에게 다가가 아는 척을 하며 위기에서 구해 준 사례가 보도된 적이 있다. 만약 당신이 그러한 상황을 목격했다면 어떻게 대응했을지 생각해 보라. 괜한 의심으로 무안한 상황에 빠지는 것은 아닌지, 아이가 위험에 처한 위급한 상황이라고는 하나 나에게 피해가 돌아오지는 않을지 망설일 사람이 많을 것이다.

유괴 등 아동을 대상으로 한 범죄는 언제, 어디서든 일어날 가능성이 있지만 우리 모두가 한마음으로 나선다면 범죄를 줄일 수도, 막을 수도 있다는 것을 명심해야 한다.

4장

장

가장 슬픈 비극, 가족 살인

가장 가까운 사이인 가족을 살인하는 일은 왜 벌어지는 것일까. 인류 최초의 살인 사건은 《성경》에 기록되어 있는 '카인과 아벨' 사건이다. 형인 카인이 신의 사랑을 독차지한 동생 아벨에게 질투심을 느낀 나머지 살인을 저질렀다. 동생만 없다면 신의 사랑이 자신을 향할 것이라는 잘못된 판단에서 비롯된 일이었다.

오늘날에도 낯선 사람에 의한 살인이 아닌 가족이나 친척, 친구, 동료 등 오랫동안 관계를 유지해 온 사람에 의한 살인이 훨씬 많이 일어나고 있다. 가까운 사람은 서로 아끼고 지켜 줘야 한다는 상식이나 사회 윤리의 관점에서 보았을 때는 상당히 충격적이다. 하지만 어찌 보면 당연한 결과이다. '살인'이라는 범죄의 특성상 상대방의 목숨을 빼앗을 정도로 감정이 고조되거나 이해관계가 얽히려면 오랜 시간 관계를 유지한 사람들이 가해자와 피해자가 될 확률이 높지 않겠는가.

2007년에 한국형사정책연구원이 발표한 자료에 따르면 우리나라에서 부부와 부모, 형제 간에 발생한 살인 사건 비율은 전체 살인 사건의 27%에 이른다. 살인 사건의 3분의 1 정도가 가족 간에 일어나고 있다는 말이다. 미국연방수사국(FBI)이 발표한 자료에 따르면 미국의 경우 전체 살인 사건 중 14%가 가족 사이에서 발생한다. 전체 살인 사건을 살펴보았을 때 미국이 인구 10만 명당 6명이 범죄를 저지른다면, 한국은 2명 수준이다. 즉 우리나라의 경우 살인 사건 발생률은 미국의 3분의 1 수준이지만, 가족 살인 비율은 오히려 2배나 많다.

'가족주의'가 문화의 일부를 차지할 정도로 가족 간의 끈끈한 관계를 중시하는 우리나라에서 개인주의 국가인 미국에 비해 가족 간 살인 사건이 2배 이상 발생하는 것 역시 같은 이유로 설명할 수 있다. 그만큼 서로에 대한 의존도가 높고 기대하고 바라는 것이 많다 보니 그 기대가 충족되지 않거나 갈등, 불화가 생기면 실망감과 분노 등의 감정이 더욱 격해질 가능성이 큰 것이다.

돈을 노린 강도 살인이나 시비 끝에 발생한 우발적 살인 등에 비해 가족 간의 살인은 유달리 잔인하고 흉포한 형태를 띠는 경우가 많다. 흔히 '토막살인'이라고 불리는 살인 후 시신 훼손의 경우도 대부분 가족 간 살인에서 발견된다. 범죄심리학에서 '과잉 살인(오버킬, overkill)'이라고 부르는 과도한 공격 행위 역시 가족 간 살인에서 많이 발견된다.

이는 크게 두 가지 이유 때문이다. 첫째, 가족 간 살인에 개입되는 감정의 크기가 일반적인 살인 사건에 비해 큰 경우가 많기 때문이다. 둘째, 가족 간 살인의 경우 피해자의 시신 발견으로 인해 살인이 발생했다는 사실이 알려지면 가장 먼저 용의선상에 오르는 것이 가까운 사람이다 보니 검거되지 않기 위해 시신을 훼손하고 유기하는 것이다.

이는 보험금이나 유산을 노리거나 학대 피해나 외도 등에 대한 복수 감정 때문에 계획적으로 살인하는 경우와 오랜 시간 동안 감정이 쌓인 끝에 다툼을 벌이다가 우발적으로 살인을 하는 경우 모두에 해당한다. 두 경우 모두 '피붙이인 가족'을 살해한다는 상황 자체가 이성을 잃게 하고 과도한 흥분을 불러일으켜 지나친 공격을 하게 만든다.

아울러 피해자가 사망했다는 사실을 확인하게 되는 순간 죄책감, 절망감과 함께 극심한 두려움이 몰려오게 된다. '검거되어 벌을 받을 것'이라는 두려움보다 더 큰 것이 '가족을 살해한 패륜'이라는 도덕적 비난이다. 그로 인해 살인 행위 자체가 없었던 것처럼 보이고 싶어 하는 강한 욕구가 발생해 시신 훼손과 유기 행동으로 이어진다.

어떤 이유에서든지 가장 가깝고 많은 것을 공유한 가족 간에 가장 극단적인 범죄인 '살인'이 발생한다는 것은 비극이다. 살인에 이르게 된 과정도 비극이지만, 살인 후에 가해자가 평생 치러야 할 정신적 고통과 후회 감정 역시 비극이다.

이러한 비극을 막기 위해서는 아동학대, 가정폭력 등 직접적인 원인이 되는 문제에 대한 적극적인 사회적 대책은 물론, 가족 간의 대화를 증진하고 학업이나 성공보다 서로 아끼고 배려하며 행복하게 공존하는 삶을 더 중요하게 생각하도록 만드는 사회적 분위기를 조성해야 한다.

자녀 학대가 부른 잔혹한 패륜 범죄

과천 부모 토막살인 사건

푸른 5월, 충격에 빠진 과천

정부종합청사를 중심으로 새로 설계한 도로들이 시원하게 뻗어 있고, 중산층 이상이 밀집 거주하는 아파트와 타운하우스 단지들 사이에 쾌적한 녹지 공간이 확보된 과천은 전국에서 가장 안전한 도시 중 한곳이었다. 과천에는 종종 정부 부처를 대상으로 한 집단 민원과 시위, 빈집을 노린 절도 사건이 발생할 뿐 심각하고 강력한 범죄는 일어나지 않았다. 적어도 2000년 5월 24일 아침 7시까지만 해도 말이다.

　매주 수요일이면 시청 쓰레기 수거 차량이 과천 일대를 돌며 밤새 가정에서 내놓은 쓰레기봉투를 수거했다. 그날도 마찬가지였다. 시민들의 산책 장소인 중앙공원 쓰레기 수거장에서 쓰레기봉투를 수거 차량에 싣던 미화원의 눈에 뭔가 이상한 것이 들어왔다. 쓰레기봉투를 열어

본 미화원은 혼비백산했다. 그 안에는 잘린 사람의 발목이 담겨 있었다.

신고를 받은 과천경찰서 별양파출소에 비상이 걸렸다. 수도권에서 가장 평온한 경찰서 중 한 곳으로 뽑혔던 과천경찰서에 갑자기 '큰 사건'이 터진 것이다. 신고 내용이 사실이라는 것을 확인한 파출소장은 본서 강력반에 전화를 걸었고, 현장에 출동한 형사들의 확인을 거쳐 지방경찰청과 경찰청에 보고되었다.

과천 중앙공원 쓰레기 수거장 주변에는 노란색 '폴리스 라인(Police Line)'이 겹겹이 둘러쳐졌고, 전경들에 의해 출입 통제가 이루어졌다. 현장에 도착한 경찰들과 경기지방경찰청 과학수사요원들은 라텍스 장갑을 끼고 쓰레기봉투를 하나하나 뒤지기 시작했다. 잠시 후, 여기저기에서 과학수사요원들의 탄식과 한숨이 터져 나왔다.

하루 종일 계속된 발굴 작업을 통해 그곳에서 성인 남성의 것으로 추정되는 왼쪽 손, 왼쪽 발, 왼쪽 대퇴부, 오른쪽 발, 팔뚝과 성인 여성의 것으로 추정되는 오른쪽 발, 몸통, 대퇴부 등이 발견되었다. 시신은 심하게 부패되어 있지는 않았지만 적어도 사망한 지 2~3일 이상은 지난 것으로 추정되었다. 다행히 성인 남성의 왼쪽 손에서 다섯 손가락 모두의 지문을 채취할 수 있었던 과학수사팀은 작업을 거쳐 경찰청 감식계에 보내 신원 확인을 의뢰했다.

중산층 가정의 비극

예전 같으면 육안으로 지문 원지를 보고 현장에서 채취된 지문과 실종신고가 된 성인 남성, 시신이 발견된 곳의 주변에 거주하는 성인 남성들의 지문을 비교·감식하는 수작업을 거쳐야 했다. 이 과정을 통해 신원 확인이 되지 않으면 인근 지역과 전국 성인 남성의 지문을 확인해야 했다. 상황이 이러하다 보니 신원 확인 작업을 하는 데 상당히 긴 시간이 소요되었다. 하지만 새로 도입된 자동지문검색시스템(AFIS) 덕분에 피해자의 신원은 그날 오후에 바로 확인되었다.

피해 남성은 과천의 한 아파트에 살고 있는 이 씨(당시 60세)였다. 그는 열 살 어린 부인과 20대 두 아들을 두고 있는 한 가정의 가장이었다. 실종 신고가 이루어지지 않은 상태였기 때문에 함께 발견된 성인 여성의 시신은 그의 부인일 가능성이 컸다. 피해자의 큰아들은 서울에서 혼자 자취를 하고 있었는데, 두 아들의 안전 여부도 긴급하게 확인해 볼 필요가 있었다.

수사진은 주민등록을 비롯하여 신원 조회가 가능한 자료를 모두 검토한 결과 피해자가 해병대 중령으로 예편한 군 장교 출신이라는 것을 확인했다. 그들은 즉각 경찰청에 이러한 사실을 보고했다. 공무원과 관련된 범죄 사건은 '즉보' 사항이었다.

수사진은 피해자의 집 주소를 파악한 뒤 곧장 달려갔다. 하지만 아무리 초인종을 눌러도 응답이 없었다. 형사들은 이웃들과 아파트 경비원을 찾아가 탐문한 끝에 '두 내외와 아들, 이렇게 세 식구가 함께 살고 있는데 아들은 얼마 전에 제대하여 특별한 일 없이 주로 집에 있다.'는 진술을 확보할 수 있었다. 혹시 아들이 집에서 자고 있어 초인종 소리를 듣지 못한 것은 아닌가 싶어 경비실에서 여러 차례 인터폰을 울려도 보고 집 전화로 전화도 걸어 봤지만 아무 응답이 없었다.

결국 형사들은 경비원과 주민대표 입회하에 열쇠 수리공을 불러 현관문을 열게 했다. 열쇠 수리공이 막 장비를 열쇠 구멍에 넣고 자물쇠

해제를 시도하려는 순간, 안쪽에서 문이 벌컥 열렸다. 열쇠 수리공은 깜짝 놀라 그 자리에 주저앉았고, 형사들은 격투 태세를 갖추었다. 옆에 있던 경비원이 "아들이네! 집에 있었구면."이라는 말을 하지 않았다면 형사들의 공격에 아들은 큰 부상을 입었을 수도 있었다.

형사들은 우선 이 젊은이가 피해자의 아들인지부터 확실하게 확인했다. 확인 결과, 피해자의 둘째 아들이 분명했다. 그는 서울에 있는 한국 최고의 명문 사립대인 K대학교 학생으로, 군 제대 후 복학을 하지 않은 상태였다. 형사들은 부모님이 어디에 계신지 아느냐고 물었다. 그는 이렇게 대답했다.

"지난 일요일에 두 분이 함께 교회에 가신 후로 소식이 없습니다."

부모님이 행방불명된 지 3일이 지났는데 왜 아직 실종 신고도 하지 않고 적극적으로 찾지 않느냐는 형사의 질문에는 "형이 따로 살고 있기 때문에 오늘쯤 형에게 이야기하고 실종 신고를 할 예정이었다."라고 답했다.

부모님이 3일째 아무 연락 없이 실종된 위급한 상황인데도 그의 얼굴에는 걱정이나 불안감 등의 감정이 나타나지 않았다. 목소리 역시 상당히 차분했다. "아버지의 시신이 발견되었다."는 형사의 말에 잠시 놀란 듯한 표정을 지은 뒤 고개를 떨구긴 했지만 시신이 어디에서 어떻게 발견되었는지, 어머니는 어떻게 되었는지 등 당연히 뒤따라야 할 질문을 던지지 않았다.

형사들은 '너무 충격을 받으면 그럴 수도 있겠다.'라고 생각하고 잠시 안으로 들어가도 되겠느냐고 물었다. 그는 형사들을 집 안으로 안내했다. 거실은 깨끗하게 정리되어 있었고 특이한 정황이나 흔적은 눈에 들어오지 않았다. 실종 전 부모님의 언행이나 특이 정황 등에 대한 형사의 계속되는 질문에 그는 고개를 떨군 채 단답형으로 응답했다. 하지만 시간이 지날수록 그의 목소리는 조금씩 떨리기 시작했고, 손과 팔의 동작이 잦아지는 등 불안한 모습을 보였다.

형사들은 가정 내에서 무슨 일이 일어난 것이 분명하다고 생각했다. '낯선 사람이 집에 침입하여 가족을 살해한 뒤 시신을 훼손하고 유기'하거나 '부부를 납치한 뒤 살해하고 시신을 유기'한 형태의 범행은 아닐 가능성이 높았다. 추가 범행을 막기 위한 긴급 수배나 공개를 할 필요도 없어 보였다.

둘째 아들은 경찰서로 함께 가자는 형사의 요청에 고개를 끄덕여 동의를 표하고는 집을 나섰다. 그가 경찰서에서 조사를 받는 사이, 형사들은 피해자의 집과 주변을 샅샅이 수색했다. 압수수색 영장을 발부받은 경찰은 육안으로는 보이지 않는 미세한 혈흔을 찾기 위해 집안의 모든 커튼을 치고 차광막을 설치해 '암실'을 만든 뒤 혈흔 발견용 특수 가변광원으로 구석구석을 훑었다. 그 과정에서 거실과 화장실에서 혈흔으로 의심되는 얼룩이 발견되었다. 루미놀 시약 반응 결과 혈흔임이 확실했다. 채취된 혈흔 샘플은 즉시 국과수로 보내졌고 분석 결과, 사망한 부부의 혈액형 및 DNA와 일치했다.

아들의 자백, 흩어져 있던 시신들

너무도 충격적인 사건이었다. 범죄 전과도 전혀 없는 명문대 학생인 아들을 부모 살해 용의자로 조사하는 상황인지라 담당 형사는 매우 신중하고 조심스럽게 질문을 던졌다. 부모가 귀가하지 않은 지 3일이 지났는데도 신고를 하지 않은 이유, 부친의 시신이 발견되었다는 소식을 듣고도 별다른 반응을 보이거나 질문을 하지 않은 이유 등을 묻는 질문에 그는 횡설수설하며 진술을 번복했다. 그에 대한 의심이 점점 깊어지지 않을 수 없었다. 특히 그의 집 거실과 화장실에서 혈흔이 발견된 뒤에는 그가 범인이라는 심증이 굳어지기 시작했다.

형사는 가급적이면 그가 자백하길 바라는 마음으로 기다려 주며 직접적 추궁을 피한 채 신문을 진행했지만 2시간 반이 지나자 더 이상 시간을 끌 수 없다는 판단을 내렸다. 형사는 증거를 바탕으로 직접적이고 집요하게 추궁했다. 결국 조사가 시작된 지 3시간 만에 그는 범행 일체를 자백했다.

그는 망치로 부모를 따로 따로 살해하고 화장실로 시신을 옮겨 부엌칼과 쇠톱을 이용해 시신을 절단한 뒤 비닐봉지로 여러 겹 싸서 100리터짜리 종량제 쓰레기봉투에 담아 과천 시내에 있는 쓰레기 수거장에 나누어 버렸다. 수사진은 그에게 범행에 사용된 도구와 나머지 시신을 버린 장소를 알려 달라고 요청했고, 그는 주저하지 않고 쇠톱을 버린 쓰레기 분리수거함과 시신을 버린 장소로 형사들을 안내했다.

정부종합청사 옆 하천에서 숨진 부부의 머리가, 경마장 부근 하천가에서 아버지 이 씨의 하체가, 멀리 서울 중구에 있는 한 폐기물 처리장에서 이 씨의 몸통이 발견되었다. 나머지 시신 부위들은 과천 쓰레기 소각장에서 발견되거나 이미 소각이 이루어진 뒤였다. 또한 그들의 집에서 살해 도구인 망치와 시신을 절단할 때 사용한 부엌칼 3자루, 작은 칼 2자루, 시신의 옷을 벗기는 데 사용한 가위 등의 범행 도구가 발견되어 DNA 등 감식과 분석을 위해 국과수로 보내졌다.

그들에게 무슨 일이 있었던 것일까

둘째 아들을 긴급 체포하고 구속영장을 청구한 경찰은 따로 살고 있는 장남에게 연락을 취했다. 과천경찰서를 찾아 온 장남은 형사의 설명을 들은 뒤 고개를 푹 숙였다. 그리고 잠시 뒤 "동생을 이해할 것 같다."는 의미심장한 말을 내뱉은 뒤 이렇게 자책했다.

"다 제 잘못입니다. 동생과 함께 죗값을 치르며 살겠습니다."

평범해 보이기만 한 그들의 가정에 도대체 무슨 일이 벌어지고 있던 것일까. 대체 왜 둘째 아들은 부모를 살해한 뒤 시신을 토막 내 유기하고 나서도 아무런 일이 없었던 것처럼 행동한 것일까. 대체 왜 큰아들은 그런 동생을 이해할 수 있다고 말한 것일까.

문제의 시작은 그들 부모의 만남에서부터 비롯되었다. 어려운 환경에서 자랐지만 수재였던 아버지는 목표했던 서울대학교 진학에 실패하고 취직해 직장생활을 시작했다. 하지만 공부에 대한 열망이 있던 그는 다시 대학입시를 준비하여 해군사관학교에 진학해 엘리트 장교가 되었다. 어머니는 중학교 때 돌아가신 부친에게 재산을 물려받아 유복하게 자랐고, 최고의 명문 여자대학교 정치학과를 졸업한 재원이었다.

군사정권 시절, 촉망받는 엘리트 군 장교 남편을 만나 '권력의 꿈'을 이루고 싶었던 어머니와 늘 자신의 욕구를 억누르고 자제와 절제, 임무수행에만 전념하며 살아 온 아버지의 관계는 원만하지 못했다. 그들 사이에는 대화가 없었다. 어머니는 군 생활로 인한 잦은 타지 출장과 훈련, 외박 등으로 가정에 소홀한 남편에게 불만이 많았다. 적은 봉급과 기대에 미치지 못하는 지위와 권한 등 모든 문제가 격렬한 다툼과 냉대의 빌미가 되었다.

어릴 때부터 극심한 부모의 불화를 보고 자란 두 아들의 가슴속에는 분노와 불만이 가득할 수밖에 없었다. 그나마 적극적인 의사 표현과 반항으로 감정을 표출한 큰아들은 마음의 병이 크지 않았지만, 늘 묵묵히 받아들이고 속으로만 삭이던 작은 아들의 마음은 시간이 흐를수록 짓눌리고 뒤틀렸다.

급기야 아버지가 대령 진급에 실패하여 중령으로 예편되자 어머니의 욕구 불만과 좌절, 분노는 극단적으로 표출되었다. 그 분노는 당사자인 남편보다 그를 닮은 작은 아들에게 투사되어 나타나는 경우가 많았다. 형제가 어렸을 때부터 집에 잘 들어오지 않았던 아버지는 가끔씩 귀가할 때마다 다정한 대화나 격려가 아닌 군대식 질책과 훈육으로 공포감을 불러일으켰고, 좌절감과 분노에 사로잡혀 있던 어머니는 외향적이고 적극적인 큰아들 대신 소극적이고 내성적이어서 스펀지처럼 참고 받아들이는 작은 아들에게 거칠고 폭력적으로 감정을 마구 쏟아 냈다.

두 아들의 진술과 지인들의 목격담, 피해자 부부의 일기장이나 메모 등을 종합해 보면 부부는 각자의 좌절된 꿈을 아들을 통해 대리 달성하고 싶은 욕구가 유달리 강했다. 패륜적 존속 살해범이 된 둘째 아들은 늘 반에서 3등 안에 드는 수재였음에도 불구하고 부모에게 "그렇게 해서 서울대학교에 갈 수 있겠냐.", "너처럼 모자란 자식은 필요 없다. 나가 죽어라!", "싹수가 노란 놈!" 등의 폭언을 듣고, 무시를 당했다. 그는 결국 최고의 명문 사립대학교에 합격했지만 '서울대학교'가 아니라는 이유로 부모로부터 '실패한 자식' 취급을 당해야 했다.

이러한 사정이 있었기에 큰아들이 부모의 끔찍한 사망 소식을 듣자마자 "동생을 이해할 수 있다."고 말한 것이다. 검거된 후 실시된 정신

감정에서 둘째 아들은 우울증과 회피성 인격장애 등 정신장애의 정도
가 심각한 상태였던 것으로 확인되었다.

불에 기름을 부은 집단 따돌림

부모의 학대에 짓눌려 늘 위축된 상태에서 살아 온 둘째 아들은 신체 발
육도 제대로 되지 않아 또래에 비해 체구가 작았고, 자존감이 낮고 자신
감이 부족해 친구들과 제대로 어울리지 못했다. 그런 그는 짓궂은 친구
들의 먹잇감이 되어 집단 따돌림과 폭력의 희생양이 되었다. 집단 따돌
림은 군대에서도 이어졌다. 심지어 후임병들에게도 무시를 당했다. 그
로 인해 그의 좌절감과 자기 비하, 분노는 극단적으로 악화되었다.

부모가 인정하지 않는 대학에도 마음을 붙이지 못한 그는 제대를 한
후에 복학을 미루고 집안에 틀어박혀 비디오 영화와 컴퓨터 게임에만
몰두했다. 그런 그를 부모가 가만히 둘 리 없었다. 부모는 극단적인 표
현과 욕설이 섞인 질타를 마구 내뱉었다. 더 이상 참을 수 없었던 그는
생전 처음으로 부모의 학대에 정면 대응하며 반항했고, 당황한 부모는
반사적으로 반항을 억누르기 위해 더 큰 분노를 쏟아 냈다.

그러던 어느 날, 그는 자신과 달리 늘 부모에게 맞서고 반항하며 살아
온 형에게 부모가 자신의 명의로 대출까지 받아 자취방과 세간살이를
마련해 주었다는 사실을 알게 되었다. 이중적인 태도를 보인 부모에게
극단적인 배신감과 분노를 느낀 그는 아버지가 애지중지하며 보관해
온 양주를 들이킨 뒤 각자 다른 방에서 자고 있던 아버지와 어머니를 차
례대로 살해했다.

그는 1심에서 사형을 선고받았지만 항소심에서 무기징역으로 감형

받고 대법원에서 무기징역 확정 판결을 받아 현재 교도소에서 복역 중이다.

부모 살인 사건 재연, 모친을 살해한 고등학생

2011년 11월, 한국 사회는 어머니를 살해한 뒤 시신을 8개월 동안 집안에 방치한 채 살아 온 고등학교 3학년생 지 군의 충격적인 범행에 큰 충격을 받았다. 조사 결과, 가출한 아버지와 오랫동안 별거를 하고 있는 어머니가 아들에게 지나치게 집착하면서 '1등'과 '서울대학교 진학'만을 강조하며 가혹한 학대와 폭력을 일삼아 왔다는 사실이 밝혀졌다.

아들은 어머니의 실망과 무지막지한 폭력을 피하기 위해 성적표를 조작해 왔고, 범행 며칠 전부터는 곧 다가올 학부모 총회에 어머니가 참석하면 그동안 성적을 조작해 왔다는 사실이 밝혀지게 될 것을 극도로 두려워했다. 그는 범행 전날 밤에도 어머니에게 학대를 당했다. 어머니는 공부에 집중하지 않고 딴생각을 한다며 몽둥이로 지 군을 폭행했고, 잠을 한숨도 자지 못하게 했다. 상황이 이러하니 성적 조작 사실이 밝혀지면 어머니에게 맞아죽을지도 모른다는 극도의 공포심을 느껴 어머니를 살해한 것이다. 그는 어머니를 살해한 후에 시신을 유기할 엄두를 내지 못해 안방에 그대로 두고 냄새가 밖으로 새어 나오지 못하게 본드로 방문 틈을 막고 아무 일도 없다는 듯 학교에 다녔다.

과천 부모 토막살인 사건과 여러 가지 면에서 유사하지만, 지 군은 1심 국민참여재판에서 미성년자인 고등학생이라는 점, 범행 직전까지 극심한 폭력에 시달렸고 '어머니가 자신을 죽일 것'이라는 실제적이고 급박한 공포심을 느꼈다는 점 등을 인정받아 징역 3년 6개월이라는 상대적으로 가벼운 처벌을 받았다.

여기에 더해 2000년과 2011년이라는 시간의 차이로 인해 그 전에는 몰랐던 '학습된 무기력'이나 '아동학대 피해 후유증' 같은 개념이 재판 과정에 증거 자료로 제출되어 '용서받을 수 없는 반인륜적 패륜 범죄'라 는 시각이 '벗어날 수 없는 지속적이고 극심한 폭력과 학대에 노출되어 판단력이 흐려진 피해자가 스스로를 방어하기 위해 우발적으로 저지른 행동'으로 변화시킨 것이 크게 작용했다고 볼 수 있다.

1심 국민재판 형량은 항소심에서도 그대로 유지되었고, 판결문을 낭 독하던 판사는 한 가정의 불행과 비극적인 피고인의 운명 앞에 눈물을 보였다.

학대 부모를 살해하는 '아동학대 피해 증후군'
Abused Child Syndrome

학대를 당하며 자란 자녀가 부모를 살해하는 현상은 우리나라만의 문제가 아니다. 미국연 방수사국(FBI)의 범죄 통계에 따르면 1977년부터 1986년까지 미국에서 총 300명의 부모가 자녀에게 피살당했는데, 그중 가장 많은 경우가 '극한 상황에 내몰린 피학대 청소년이 가해 부모를 살해한 경우'였고, 부모 살해 청소년 중 90%가 아동학대 피해 경험이 있었던 것으로 밝혀졌다. 하지만 이 중에는 부모의 유산이나 보험금 등 재산적 이익을 위해 살해하는 등 아동학대 피해 후유증이 아닌 다른 이유로 살해한 경우도 포함되어 있다.

그렇기 때문에 항거하지 못할 지속적 폭력에 시달려 왔는지, 도움(구조) 요청에도 외면당하 거나 도움(구조)을 요청할 수 없는 상황에 처해 있었는지, 피해자가 죽음 혹은 중대한 신체 적 중상해 피해가 닥칠 것이라는 강한 두려움과 공포심에 사로잡혀 있었는지, 폭력과 학대 피해로부터의 방어 혹은 도피가 유일한 살해 동기였는지(보험금 등 경제적 이익 등과 같은 다른 사유가 없는지) 등 '아동학대 피해 후유증'에 의한 방어적 범행인지가 증거에 입각해 철 저하게 입증되어야 심신 미약에 의한 감형이 이루어질 수 있다.

유사한 사건으로 인해 충격을 받은 호주 퀸즈랜드주에서는 2011년에 법을 개정하여 가정폭 력이나 아동학대 피해자가 가해자를 살해한 경우 '부분적 정당방위'를 인정해 교도소 수감 등 형사처분이 아닌 치료나 수강 명령 등 대안적 처벌을 내릴 수 있도록 하고 있다.

사건 9

'시신 없는 살인'을 노린
파렴치한 교수

부산 대학교수 부인 살인 사건

의문의 실종

2011년 4월 5일, 부산 북부경찰서에 가출 신고가 접수되었다. 50대 주부 박 씨가 남편을 만나러 간다고 나간 뒤 3일 동안 연락이 되지 않는다는 남동생의 신고였다. 경찰은 즉시 실종된 박 씨의 남편에게 연락했지만, 그는 부인을 만난 적이 없다며 아내의 안전을 걱정했다. 그는 아내와 이혼 소송을 준비하고 있는 중이긴 하지만 서로 나이도 있고 자녀도 있어 원만하게 헤어지기 위한 협의를 하고 있는 중이라고 말했다.

경찰은 실종된 박 씨가 집을 나선 시점부터 흔적을 찾기 시작했다. 2011년 4월 2일 밤 10시 4분, 박 씨가 자택인 부산 북구 화명동에 있는 아파트 건물을 혼자 걸어서 빠져나가는 모습이 CCTV에 찍혀 있었다. 그녀는 미리 불러 둔 콜택시를 탄 뒤 30분 정도 걸리는 해운대 소재 한

120

콘도 앞에서 내렸다. 그것이 그녀가 목격된 마지막 모습이었다.

경찰은 해당 콜택시와 기사부터 철저하게 수사하고 조사했지만 어떤 혐의점도 발견하지 못했다. 교통사고 등 불의의 사고가 일어났을 가능성을 고려해 부산 시내 모든 병원의 응급환자와 외상환자의 내원 기록을 샅샅이 살피는 것은 물론, 돈을 노린 납치나 강도 범죄일 가능성에 대해서도 방대한 수사를 펼쳤다. 또한 유사 수법 전과자 조사, 인근 현금자동지급기에 설치된 CCTV 분석, 이동 예상 경로 설치 CCTV 분석 등을 실시했다. 하지만 별 성과가 없었다.

피해자이자 용의자가 된 실종자 가족

실종 사건이 발생하면 경찰은 늘 곤혹스럽다. 충격과 상심, 고통 속에 빠져 있는 실종자 가족에게 귀찮고 불편한 질문들을 던져야 하기 때문이다. 하지만 힘들고 어렵다 해도 그 과정을 거치지 않을 수는 없다.

실종 사건의 가능성은 크게 세 가지이다. 스스로 종적을 감추는 가출, 교통사고나 낙상 등의 사고, 제3자에 의한 납치나 살인 범죄가 바로 그것이다. 제3자에 의한 범죄 중 가장 많이 발생하는 것은 가족 등 가까운 지인에 의해 자행된 범죄이다. 요즘은 곳곳에 CCTV가 설치되어 있고 거리에 눈이 많기 때문에 누군가에게 목격되지 않고 납치한다는 것은 쉽지 않다. 따라서 피해자가 잘 알고 신뢰하는 지인에 의해 범행이 이루어지는 경우가 아니라면 그 흔적을 발견할 수 있다.

하지만 안타깝게도 가정 불화, 가정폭력, 학대, 유산, 보험금 등 가족이나 친지 사이에서 극심한 갈등이나 이해관계가 발생하는 경우가 의외로 많은 것이 인간 사회이다. 그러다 보니 경찰은 실종자 가족을 '피해자이자 용의자'라는 이중적이고 어려운 대상으로 한 발 떨어져 바라볼 수밖에 없다. 그래서 실종자의 실종 전 행적이나 언행, 가족이나 지인과의 관계, 금전이나 원한, 치정 등에 대해 꼬치꼬치 캐물을 수밖에 없는 것이다.

실종자 박 씨의 남편 강 교수

그렇게 실종자의 가족에 대한 수사가 시작되었다. 남편을 만나러 간다고 했다가 종적을 감추었다는 남동생의 증언에 따라 남편과의 면담 조사가 이루어졌다. 그런데 이 과정에서 이상한 점이 발견되었다. 실종자에 대한 통신 사실을 조회한 결과, 실종자가 실종 직전에 남편과 연락한 사실이 확인되었다. 이 사실을 말하지 않은 상태에서 경찰은 남편에게 이렇게 물었다.

"부인께서 실종되기 전에 통화한 사실이 있습니까?"

그런데 남편은 부인을 만난 적도, 통화한 적도 없다며 강력하게 부인했다. 경찰이 통신 기록을 보여 주며 "부인께서 실종되기 직전까지 남편 분과 문자를 주고받은 사실이 확인되는데 왜 거짓말을 하십니까?"라고 추궁했다. 이에 남편은 태연하게 대답했다.

"나는 정보통신 분야 전문가이자 교수입니다. '문자'와 '통화'는 전혀 다른 개념입니다. '연락'은 '문자'와 '통화'가 합쳐진 개념이기 때문에 연락한 적이 있냐고 물으면 '그렇다'고 답했겠지만, '통화'를 한 적이 있냐고 물었기 때문에 난 사실대로 아니라고 답한 것입니다."

그렇지만 경찰은 부부의 휴대폰 위치 확인을 통해 남편이 저지른 범행이라는 확신이 더욱 강하게 들었다. 부인이 택시에서 내린 후의 위치가 남편이 휴대폰을 사용한 위치와 같은 기지국 관할구역이었던 것이다. 하지만 이번에도 남편은 정보통신 전문가답게 경찰의 의문을 일축했다.

"휴대폰 기지국은 넓게는 반경 1km 이상을 커버하고, 인근 기지국끼리 중첩될 경우 오인식하는 경우도 있습니다."

경찰은 심증은 가지만 물증을 찾기 어려운 만만치 않은 사건이 될 것이라 짐작했다. 남편의 말처럼 그는 한국 최고의 명문대학인 서울대학교와 대학원을 졸업한 수재 중의 수재로, 석사학위를 취득하자 마자 대학교수로 채용된 전문가였다. '컴퓨터 네트워크'와 '데이터 통신' 분야에 종사하거나 공부하는 사람은 반드시 그의 논문을 읽어 봐야 할 정도로 유명한 학자였다. 특히 '한국컴퓨터범죄학회' 회장직을 맡으며 경찰과 검찰의 사이버 범죄 수사에 많은 자문과 도움을 준 공로로 양 기관에서 '자문위원'으로 위촉되어 신분증을 발급받기도 했다.

하지만 문제는 사생활이었다. 그는 실종자와 결혼하기 전에 이미 세 차례 이혼을 경험했고, 이성 관계도 복잡했다. 또한 수입보다 지출이 많은 생활 태도로 문제가 끊이지 않았다. 특히 실종된 부인이 실종되기 7개월 전인 2010년 9월, 남편을 상대로 법원에 '이혼 소송'을 제기하며 밝힌 사유가 '남편에게 결혼 지참금으로 지급했던 4억 원을 돌려 달라'는 내용이어서 경찰은 더욱더 이 사건에 의문을 가지게 되었다.

재판 직전 두 사람이 극적으로 화해해 소송은 취하됐지만, 그로부터 4개월 뒤인 2011년 1월, 강 교수가 다시 부인에게 재산 분할을 요구하며 이혼 소송을 제기했다. 주위 사람들은 강 교수가 부산 지역에서 유명한 '학원 재벌' 박 씨의 재산을 노리고 접근했고, 박 씨는 강 교수의 대학교수 타이틀이 탐이 나 강 교수의 청혼을 받아들인 전형적인 '정략결혼'이라고 수군거렸다. 실제로 강 교수는 박 씨의 마음을 얻기 위해 무려 9년 간 박 씨를 따라 다닌 것으로 밝혀졌다. 실종 직전에 강 교수는 재산 분할을 요구하며 이혼을 고집하는 중이었고, 부인은 어떻게든 다시 잘 살아보겠다며 강 교수를 설득하던 중이었다.

압수수색 영장을 발부받을 '상당한 사유'

정황과 심증은 충분한데 증거가 없었다. 어딘가에 실종된 부인이 살아 있을 가능성도 배제할 수 없었지만, 연락이나 카드 사용 등 생활 흔적이 발견되지 않는 시간이 길어질수록 비관적인 전망이 강해지고 있었다. 경찰은 부인의 모습이 담긴 전단지를 배포하고 방송과 언론을 통해 대대적인 공개수사를 실시했지만 별 소득이 없었다.

하지만 다행히도 이제는 용의자가 된 강 교수에 대한 수사에서 계속해서 의심스러운 정황이 밝혀지고 있었다. 부인이 실종되기 얼마 전에 변호사를 찾아가 부인으로부터 3억 원을 빌려 공동명의로 아파트를 구입했는데, 이혼하면서 자신의 것으로 만들 방법이 있는지에 대해 상담한 사실과 부인의 전 남편을 찾아가 돈을 줄 테니 박 씨를 만나 이혼의 귀책사유를 만들어 달라고 요구했다가 거절당한 사실이 확인되었다.

특히 부인이 실종되던 날 그의 행적에도 의문점이 많았다. 부인이 실종된 4월 2일, 강 교수는 동료 교수들과 등산을 하고 내려와 해운대에 있는 한 식당에서 회식을 했고, 먼저 자리를 떴다. 그 시간이 밤 10시 7분이었다. 그가 자리를 뜨는 장면이 식당 CCTV에 촬영되어 반박의 여지가 없었다. 그런데 그 시간과 장소는 부인이 남편을 만난다며 집을 나선 뒤 택시에서 내린 바로 그곳, 그 시간이었다. 또한 그는 "당시에 술을 너무 많이 마셔 취했기 때문에 비틀거리며 일어나 바로 집으로 가서 잤다."고 진술한 반면 합석했던 동료 교수들은 "평소 폭탄주를 즐기던 강교수가 그날은 이상하게 술을 입에도 대지 않아 다들 이상하게 생각했다."고 상반된 진술을 했다. 경찰은 강 교수의 집과 차 등에 대해 압수수색을 실시할 필요성과 영장을 발부받을 '충분한 사유'가 확보되었다고 판단해 영장을 신청해 발부받았다.

하나둘 드러나는 증거

경찰은 즉시 강 교수의 집으로 달려갔다. 그의 컴퓨터 하드디스크는 이미 깨끗하게 포맷되어 있는 상태였고, 휴대폰은 부인이 실종된 후에 분실했다며 교체한 상태였다. 하지만 경찰은 포렌직팀에 복구를 요청했다. 포렌직팀의 기술적 분석과 문서 내용에 대한 정밀 분석에는 오랜 시간이 필요했다.

그런데 분석 결과를 기다리던 중에 강 교수의 차에서 확실한 단서가 포착되었다. 이미 세차를 했지만 뒷좌석 시트 봉합면 사이와 팔걸이 안쪽 등 세차로는 닦아 내거나 씻어 낼 수 없는 부분에서 다량의 혈흔이 발견된 것이다. 그 혈흔은 실종된 부인의 것으로 확인되었다. 하지만 강교수는 "아, 그거요? 얼마 전 부인이 차를 타고 가다가 코피를 흘린 적이 있어요."라며 태연히 받아넘겼다.

더욱더 확실한 증거가 필요했다. 하지만 정의는 살아 있었다. 부인이 실종된 지 50일째인 2011년 5월 21일, 부산 을숙도 하천에서 환경정화 봉사활동을 하던 학생들이 이상한 가방이 떠오른 것을 발견하고 경찰에 신고했다. 그 안에는 부인 박 씨의 시신이 담겨 있었다. 그녀는 쇠사

슬과 노끈으로 꽁꽁 묶여 있었고, 목을 졸린 흔적이 뚜렷하게 남아 있었다. 경찰은 시신이 담긴 가방의 제조사와 판매처를 조사해 강 교수가 한 스포츠 매장에서 가방을 구입한 매출 자료와 매장 CCTV 화면을 확보했다. 범행 일주일 전인 3월 27일에 이루어진 일이었다.

그때 포렌직팀에 의해 강 교수의 컴퓨터 하드디스크가 복구되었다. 안에서 발견된 자료는 충격적이었다. 오랜 시간 동안 여러 여성과 엽기적이고 변태적인 성적 관계를 맺거나 상상해 온 흔적이 발견되었고, 인터넷 검색을 통해 '시신 없는 살인'에 대한 자료를 찾아 갈무리해 두고 있었다.

결국 강 교수는 넘쳐 나는 증거 앞에서 무릎을 꿇었다. 하지만 그 순간에도 자신에게 가장 유리한 탈출구를 찾았다. 그는 부인의 사망에 책임은 있지만 "고의로 살해한 것은 아니다."라고 진술하며 우발적 범행으로 유도해 형량을 낮추려고 노력했다. 시신의 유기 과정을 보았을 때 혼자의 힘으로는 어렵고, 휴대폰 위치 확인과 가족 진술 등으로 부인 실종 직후 다른 곳에 있었다는 '알리바이'에 의문을 가진 경찰은 강 교수를 더욱 강력하게 추궁했다. 그 과정에서 그의 내연녀인 대리운전 기사 최 씨가 공범으로 가담한 사실이 확인되었다.

최 씨는 강 교수의 지시로 아랍에미레이트로 출국해 피신 중이었다. 강 교수는 이 점을 이용해 "사실은 내가 아니라 최 씨가 부인을 살해했고, 난 단지 시신 유기에 도움을 주었을 뿐이다."라고 주장했다. 경찰은 그와 최 씨가 연락을 취한 흔적을 찾았다. 그 과정에서 경찰은 IT 전문가인 강 교수가 메시지 전문 업체 본사를 찾아가 경찰과 검찰의 자문위원임을 내세워 자신과 최 씨 사이에 오간 메시지를 서버에서 완전히 삭제해 달라고 강요했고, 해당 메시지 업체는 그 요구를 들어준 사실을 확인했다. 경찰 사이버수사팀은 '복구가 불가능하다'는 업체 측의 주장을 일축하고 복구에 돌입해 결국 성공했다.

그들이 주고받은 대화는 두 사람의 범행 공모 사실과 강 교수가 주범으로 지시를 내리고 최 씨가 변심하거나 흔들리지 않도록 다독이는 내용이 주를 이루었다. 그로 인해 결국 범행 전모가 밝혀졌다. 그 후 최 씨는 경찰의 국제 공조를 통한 설득으로 귀국하여 조사에 임했다.

법원의 감형, 분노한 피해자 가족

법정에서 검찰은 강 교수에게 무기징역을, 공범 최 씨에게 징역 15년을 구형했다. 하지만 그는 자신의 모든 돈을 쏟아부어 영향력 있는 변호사를 선임했다. 그로 인해 1심 재판부는 강 교수에게는 유기징역 상한선인 징역 30년을, 최 씨에게는 징역 10년을 선고했다.

강 교수는 여기에서 멈추지 않고 즉각 항소했다. 그로 인해 2심을 거쳐 대법원에서 감형이 이루어져 강 교수는 징역 22년을, 최 씨는 징역 5년을 선고받았다.

이 결과에 피해자 유가족들은 "정의는 대체 어디에 있느냐."며 절규했다. 하지만 이미 확정된 판결을 뒤집을 수는 없었다. 유가족들은 주변의 권유로 손해배상 청구 민사소송을 제기했고, 법원은 피고인 강 교수와 최 씨에게 "피해자 박 씨의 유가족에게 1억 1,540만 원과 지연이자를 지급하라."고 명령했다. 법원은 판결문에 그 액수가 "피해자가 살아 있었다면 벌었을 것으로 추정되는 '일실수입'과 위자료 및 장례비"라는 친절한 설명을 곁들였다.

디지털 포렌직
Digital Forensics 혹은 Digital Forensic Science

화학, 생물학, 유전공학, 물리학, 공학 등 각종 과학 기술을 활용해 증거를 확보하거나 법정에서 사실관계를 입증하는 것을 목적으로 하는 과학 분야를 '법과학(Forensic Science 혹은 Forensics)'이라고 한다. 시대 변화에 따라 과학 기술 일반의 영역과 기법 역시 빠르게 확대되고 발전해 왔고, 그에 따라 법과학 분야 역시 확장되어 왔다. 그중에서도 가장 새롭고 두드러진 분야가 '정보화 사회(Information Society)'로 이행된 이후 우리 삶의 중요한 일부분이 된 컴퓨터, 휴대폰 등의 정보통신과 스마트 기기에 저장된 디지털 데이터를 발견하고, 조사하고, 분석하고, 복구하는 일 등과 관련된 '디지털 포렌직'이다.

1978년에 미국 플로리다주에서 '컴퓨터 범죄법(Computer Crimes Act)'을 제정해 컴퓨터 시스템상의 데이터를 부당하게 지우거나 변조하는 것을 금지한 것이 디지털 포렌직과 관련한 첫 입법이었다. 이후 1980~90년대에 컴퓨터 범죄의 증가와 함께 디지털 포렌직에 대한 연구와 개발도 발전하였고, 오늘날에는 해킹 등 컴퓨터 범죄뿐 아니라 살인이나 절도 등 거의 모든 범죄 사건에 있어 범행의 계획이나 공범 간의 연락 등 모의, 용의자의 소재지 등과 관련한 수사 및 증거 확보 혹은 입증 등 다양한 목적을 위해 필수 요소가 되었다.

하지만 익명성과 즉시성 등 사이버 공간 및 정보통신의 특성으로 인해 일반적인 압수수색 등 증거 확보를 위한 강제수사에 비해 긴급성과 급박성 등이 필요하다. 그로 인해 법원의 영장 없이 일단 추적이나 조회, 조사 등을 한 후에 영장을 발부받는 등 일반적인 수사 절차와 절차적 요건을 달리해야 할 필요성과 '수사를 빙자한 사찰 등 국민의 정보 인권 침해' 우려 간의 갈등이 있는 실정이다.

이 새롭고 민감한 갈등을 해결하는 길은 두 가지이다. 수사기관의 디지털 포렌직에 대한 사법적 혹은 민주적 '감시와 통제' 등 '안전 장치' 확보가 그 첫 번째이고, 범죄자들이 증거를 인멸하고 위치나 IP, ID 등을 변경·삭제해도 사후에 복구할 수 있는 기술과 장비를 개발하는 등의 '과학 기술'이 두 번째이다.

강 교수의 부인 살인 사건의 경우 컴퓨터 공학 전문가인 강 교수가 메신저 회사의 서버에서 자신의 통신 내역을 삭제하는 등 증거 인멸을 시도했지만 그보다 한 단계 더 수준 높은 경찰 사이버수사대의 기술력으로 복구해 냈다.

2013년 초 나라를 뒤흔든 '국정원의 제18대 대통령선거 불법 사이버 여론 조작 의혹 사건'의 경우 최고의 국가 디지털 포렌직 전문기관인 국정원이 피의자로 수개월 간 조직적인 증거 인멸 작업을 했고, 경찰이 이를 방조 내지 방관했으며 검찰은 인멸되지 않고 남아 있는 댓글 등 증거를 확보해 범죄 혐의의 일부를 기소했다. 이로 인해 '디지털 포렌직' 분야는 다양한 관점에서 오랫동안 연구와 논의의 대상이 될 것으로 보인다.

'시신 없는 범죄'를 노린 헤이그와 오누프레직

만약 과천 부모 토막살인 사건과 부산 대학교수 부인 살인 사건에서 피해자 부부와 박 씨의 시신이 발견되지 않았다면 어떻게 되었을까? 시신이 없는 상태에서 아들 이 군과 남편 강 씨를 처벌할 수 있었을까? 이론적으로는 그렇다.

1949년, 영국의 연쇄살인범 존 헤이그(John Haigh)의 사례를 소개하겠다. 절도와 사기 상습범죄자였던 그는 여러 차례 재판을 받으면서 법정에서 쟁점이 된 '증거의 실체(corpus delicti, body of evidence)'라는 용어를 말 그대로 '신체 증거'로 오해하고, '시신이 없다면 살인죄는 성립하지 않을 것이다'라는 판단하에 시신을 없애는 자신만의 연구를 수행했다.

그는 모든 것을 녹여 버리는 마법의 물질로 알려진 황산 농축액을 구해 쥐를 가지고 실험을 했다. 30분 만에 쥐가 녹아 버리는 것을 확인한 그는 자신감을 얻어 황산 농축액을 대량으로 구입해 창고에 시신 용해 시설을 갖추었다. 그리고 그 후 아홉 명의 여성을 차례로 유인해 살해한 뒤 소지품을 강탈하고 시신을 황산 농축액에 오랜 시간 용해시켜 흔적을 찾기 어렵게 만들었다.

아홉 번째 희생자는 69세의 올리브 디콘(Olive Deacon)이었다. 디콘의 친구는 그녀가 모습을 감춘 지 이틀 만에 실종 신고를 했다. 경찰은 신속한 수사를 통해 최근 그녀가 자주 대화를 나눈 상대가 절도와 사기 전과자인 헤이그라는 사실을 알아내고 그의 집과 창고를 수색했다. 헤이그의 가방에서 세탁소 전표가 붙어 있는 디콘의 옷과 귀금속이 발견되었지만 그는 천연덕스럽게 '주운 것'이라고 답했다.

경찰은 그의 창고에 대한 정밀 수색을 실시해 채 녹지 않은 담석과 틀니 일부를 찾아냈고, 디콘에게 틀니를 맞춰 주었던 치과의사의 법정 진술과 발견된 담석이 인간의 몸에서 나온 것이라고 확인한 법의학자의 증언을 받아 냈다. 이에 헤이그는 범행을 인정하고 아홉 명의 여성을 같은 방법으로 살해하고 그들의 피를 모두 마셨다고 자백했다. 그러고는 자신은 '제정신이 아닌 미친 상태'이므로 무죄라고 주장했다.

결국 당시 영국 최고의 정신의학자가 모두 동원된 끝에 그가 '매우 기이하고 독특하고 뒤틀린 심성의 소유자이긴 하지만 자신의 행위에 책임을 질 수 있는 인지 능력은 갖추었다'는 사실이 밝혀졌고, 배심원단에 의해 사형선고가 내려졌다. 헤이그는 수감 중에 "내 사형 집행이 차질 없이 진행될 수 있도록 교수대를 미리 실험해 볼 수 있게 해 달라."고 신청했지만 기각당했다.

1954년에도 유사한 사건이 발생했다. 영국 웨일즈에서 공동으로 농장을 경영하던 폴란드 출신 스타인슬로 사이쿳이 갑자기 실종된 것이다. 경찰이 즉각 수사에 나섰고, 공동 경영자인 미카일 오누프레직이 사이쿳을 살해했을 것이라는 심증을 굳혔다. 하지만 오누프레직은 사이쿳이 폴란드로 돌아갔다고 주장했다. 경찰은 정밀 수색 결과, 농장에 딸린 집 부엌에서 미세한 뼈 조각과 벽에 튄 혈흔을 찾아냈다.

그로 인해 오누프레직이 기소되었다. 그는 법정에서 그 뼈와 혈흔은 '토끼'의 것이라고 주장했지만 법의학자와 수의사 등 전문가 증인들은 반대의 의견을 제시해 결국 유죄 판결이 내려졌다.

당시 영국 대법원장 고다드는 이렇게 말했다.

"다른 사실들과 마찬가지로, 죽음 역시 정황 증거로 입증될 수 있다. 증거가 오직 한 결론에 도달하고, 이를 배심원들이 인정하는 한, 시신 없이도 살인죄는 인정될 수 있다."

◆ ◆ ◆

'고다드 원칙'은 지금까지 유용하며 많은 나라에서도 받아들이고 있다. 1960년 미국의 'People v. Scott 176 Cal. App. 2d 458' 판결에서 "다른 모든 합리적인 가설을 배제하기에 충분한 정황 증거가 있다면, 실종자의 사망과 살인의 발생 및 피고인의 유죄가 입증될 수 있다."고 판시한 것도 같은 맥락이다.

2000년, 호주에서 변호사 키스 윌리엄 알란이 마약범들에게 부하 변호사를 살해해 달라고 청부한 사건이 벌어졌다. 그들은 피해자를 살해한 뒤 시신을 바다에 버려 사건을 인멸하려 했지만 이 사건을 수사하던 경찰들은 2명의 마약 범죄 조직원이 피해자의 차를 타고 다니다가 경찰의 불심검문에 걸려 검거되자 즉시 살인 혐의로 체포했다. 이후 알란이 이들에게 돈을 지급한 증거를 확보한 경찰은 알란 역시 살인 청부 혐의로 기소했다. 시신이 없는 상태에서 정황 증거만으로 진행된 법정 공방은 9년을 끌었고, 결국 2009년 대법원은 '고다드 원칙'에 따라 살인 및 살인 청부 혐의에 대해 모두 유죄 확정 판결을 내렸다.

우리나라에도 유사한 사례가 있다. 지난 2010년 부산에서 발생한 '쉼터 여성 유인 살해 후 화장 사건'이 바로 그것이다. 시신이 화장되어 없어졌고 살인이 이루어졌다는 직접 증거가 없지만 대법원에서 피고인 손 씨에 대해 유죄 판결과 무기징역을 확정했다. 재판부는 "피고인의 살해 동기가 충분하고 독극물 검색 내용과 피해자 사망 당시 증상이 일치한 점 등을 종합하면 피해자의 사망이 살해 의사를 가진 피고인의 행위로 인한 것임이 충분히 증명됐다."고 밝혔다.

5장

여성의 목숨을 노린 검은 손들, 여성 살인 사건

우리나라 여성 10명 중 7명(69.4%)이 '자신도 범죄 피해를 당할 수 있어 불안하다'고 생각하는 것으로 확인되었다. 한국 사회가 '안전하다'고 느끼는 여성은 6.8%에 불과한 반면, '안전하지 못하다'고 느끼는 여성은 89%에 달했다. 이러한 위기의식은 현실에 근거를 두고 있다. 여성 대상 성폭력 범죄는 2007년 9,632명에서 2011년 1만 8,880명으로 증가했다. 지난 5년 사이 여성 대상 성폭력 범죄가 두 배 가까이 증가한 것이다.

가정폭력 범죄 역시 지속적으로 증가해 2011년에는 6,227명이 범죄를 저지른 것으로 집계되었다. 유형별로 살펴보았을 때 신체적 폭력(51.4%)과 상해(28.2%)가 대부분을 차지했고, 협박, 감금뿐 아니라 목숨을 잃는 사태까지 벌어진 것으로 나타났다.

강력 범죄 중 여성 피해자의 비율도 점차 높아지고 있다. 법무부 통계에 따르면, 2012년 강력 범죄 피해자 10명 중 8명이 여성이었다. 살인, 강도, 방화, 강간 등 소위 '흉악 범죄' 여성 피해자의 비중은 지난 2000년 6,245명(71.2%)에서 2011년 2만 3,544명(83.8%)으로 크게 늘어났다.

그렇다면 왜 이렇게 여성 대상 범죄가 늘고 있는 것일까? 성폭력, 가정폭력, 살인 등 여성 대상 강력 범죄의 가해자는 주로 남성이다. 이는 곧 여성 대상 강력 범죄 증가의 원인을 남성에게서 찾아야 한다는 뜻이기도 하다. 과거에 비해 양성 평등 수준이 향상되고 여성들의 사회 진출이 활발해졌지만, 가정이나 학교, 사회에서 남성들을 대상으로 이성을 이해하고 대화와 배려로 이성을 대하는 방법을 체계적으로 가르쳐 주지 않는 것이 가장 큰 문제라고 할 수 있다.

특히, 여전히 '남자는 강하고 우월하고 성공해야 한다'는 작위적인 '남성성'을 강조하는 사회 분위기는 패배와 탈락, 소외, 무시, 거절 등으로 인해 자존심이 상하는 경험을 받아들이지 못하는 '남성성 손상'의 문제로 이어진다. 또한 손상된 남성성을 회복하려는 무의식적 욕구를 가진 상태에서 성격이나 주변 여건 등의 문제로 스트레스에 남보다 더 취약한 남성이 여성을 대상으로 폭력을 휘두르는 일이 늘고 있다.

신용카드와 고가의 명품 혹은 스마트 전자기기의 보편화 등으로 인해 과거에 비해 여성 대상 범죄의 '경제적 수익'이 높아진 것도 한 원인으로 볼 수 있다. 즉 돈을 노린 범죄의 경우 과거에는 현금을 많이 보유하고 있는 성인 남성을 주 대상으로 삼았지만 오늘날에는 상대적으로 범행이 쉽고 위협이나 폭행 등을 통해 신고하지 못하게 할 수 있다고 여기는 여성 대상 범죄를 통해서도 상당한 금품 갈취 효과를 거둘 수 있다는 계산이 범죄자들의 머릿속을 차지하고 있는 것이다.

아울러 여성 가해자에 의한 여성 피해자 대상 범죄 역시 무시하지 못할 수준이다. 과거 범죄학이나 경찰 실무에서 범죄자의 전형적인 모습을 '남성'으로 두고 예방이나 대응책을 마련해 왔지만, 여성 사이에서도 질투나 경쟁 혹은 갈등으로 인한 범죄가 계속 발생해 왔고, 점차 늘고 있는 추세이다.

그렇다면 어떻게 해야 여성 범죄를 예방할 수 있을까? 범죄 피해에 대한 두려움을 가지고 있는 여성이 늘어나고 있다 보니 호신용품 등 '경호 산업'이 호황이다. 하지만 익숙하지 않은 호신용품이나 능숙하지 않은 호신술은 오히려 상대방을 자극해 화를 부르기 쉽다. 힘이 센 남성이라고 해도 무기를 든 상대방에게는 속수무책으로 당하는 것이 범죄이다. 개인적 범죄 예방 대책으로 가장 좋은 것은 '안전한 생활 습관'이다. 가급적이면 누군가와 함께 사람 많은 곳, 밝은 곳으로 다니고, 가족이나 지인에게 늘 자신의 위치나 행선지를 알려 주어야 한다. 또한 위급할 때 긴급히 대피하거나 도움을 청할 대상을 파악해 두는 등의 안전한 생활 습관을 유지할 필요가 있다.

혹시라도 예상치 못한 위급 상황이 생겼을 때는 침착성을 유지하는 것이 가장 중요하다. 범죄 상황에서는 가해자인 상대방도 긴장과 불안에 휩싸여 있기 때문에 공격을 유발하는 울음이나 비명, 위축 등의 감정적 반응보다 상대방의 긴장을 완화시키고 공격의 빌미를 주지 않는 침착한 태도가 무엇보다 필요하다. 대응 초기의 긴장이 어느 정도 해소되면 자신의 특성이나 주위 환경, 가해자의 특성 등에 따라 설득이나 구호 요청, 도주 등의 2차적 안전 확보가 가능해진다.

하지만 개인적인 안전 확보 노력은 한계가 있을 수밖에 없다. 무엇보다 '안전한 사회 환경 조성'이 시급하다.

사건 10

판사 장모의 편집증이
빚은 죽음

여대생 공기총 살인 사건

등산로에서 발견된 여대생의 시신

2002년 3월 16일, 경기도 하남시 검단산 등산로에서 하산하던 등산객이 살짝 덮인 흙더미에 두툼한 마대 자루가 숨겨져 있는 것을 발견했다. 호기심에 다가가 마대 자루를 들춰 본 등산객은 그 안에서 사람 손을 발견하고 혼비백산했다. 신고를 받고 현장에 출동한 경찰은 시신에서 지문을 채취하여 경찰청 자동지문검색시스템(AFIS)에 의뢰해 신원 확인을 하는 한편, 시신에 대한 검안과 증거 확보를 위한 과학수사 등 현장 감식을 실시했다.

시신은 젊은 여성의 것이었다. 그녀는 얼굴 부위에 여러 발의 총상을 입고, 팔뼈가 부러진 채 '보기 드문' 모습으로 숨겨 있었다. 조사 결과, 그 총상은 '공기총'에 의한 것으로 밝혀졌다. 얼굴과 머리 부위에 모두 6

발이 근접 사격으로 발사되어 뇌에 박힌 치명상이었다. '확인 사살' 행위가 확인되는 전형적인 '처형' 형태의 살인이었다.

신원 확인 결과, 그녀는 서울에 있는 유명 여자대학교 법대에 재학 중인 학생이었다. 도대체 무슨 일이 있었기에 법대 여학생이 등산로 한 편에서 총에 맞아 숨져 싸늘한 시신으로 발견된 것일까?

사건이 알려지면서 언론의 보도 경쟁이 시작되었다. 피해 여학생이 남다른 미모의 소유자라는 점이 부각되었고, 온갖 억측이 난무했다. 사실 확인도 되지 않은 이야기를 유포하는 것은 피해자를 두 번 죽이는 행위라는 것을 몰랐던 것일까. 일부 언론은 피해 여학생의 수첩에서 법조인과 교수 등 사회 유명인사들의 연락처가 발견되었다며 이들과의 '부적절한 관계'에서 비롯된 치정 사건일 가능성이 있다고 떠들어댔다.

피해자는 열흘 전에 가족에 의해 실종 신고가 된 상태였다. 2002년 3월 6일 새벽 5시 반경에 동네 체육관에 수영을 하러 다녀오겠다던 피해자가 귀가할 시간이 지나도 돌아오지 않자 피해자의 부모는 딸의 귀가 경로와 주변을 구석구석 살펴보았다. 하지만 딸의 모습이 어디에도 보이지 않자 경찰서에 신고를 한 것이다.

경찰은 인근에 설치된 CCTV를 통해 귀가하던 피해자가 2명의 괴한에게 납치되는 장면을 포착했다. 실종 사건이 납치 사건으로 바뀌는 순간이었다. 피해자 가족을 대상으로 수사를 진행하던 경찰은 피해자가 사촌오빠의 장모로부터 지속적인 괴롭힘을 당하다가 민형사 소송을 제기했고, 2001년 10월에 법원으로부터 '접근금지명령'을 받아 냈다는 사실을 확인했다.

피해자 가족들은 피해자가 실종되기 일주일 전에도 수상한 남자들이 피해자를 미행하고 집 주위를 서성거리는, '납치 시도로 의심할 만한' 상황들이 있었다고 증언했다. 그들은 피해자의 사촌오빠와 그 처갓집 사람들이 '보통 사람들이 아니다'라고 말하며 수사가 쉽지만은 않을 것임을 예고했다. 피해자의 사촌오빠는 현직 판사인 김현철, 그의 처가는 부산에서 알아주는 재력가 집안이었다.

권력과 돈의 잘못된 만남

1999년 11월, 서울대 법대를 졸업하고 사법시험에 합격한 뒤 판사에 임용된 김현철은 자신의 가치에 걸맞은 대우를 해 주는 사람과 결혼을 하고 싶었다. 김현철은 결혼 중매업자에게 거액의 현금과 아파트, 자동차 제공을 기본 조건으로 내걸었다. 그런 그에게 다가온 것은 부산에 있는 유명 밀가루 제조업체 ○○제분 회장 류 씨 집안이었다.

류 회장의 집안은 사업을 하며 꽤 많은 돈을 벌었지만 이런저런 송사에 휘둘리는 일이 많았기에 법조 권력의 도움이 필요한 상황이었고, 김현철은 두뇌가 명석하여 판사가 되었지만 돈이 없어 떵떵거리고 살지 못하는 아쉬움에 항상 목말라 있었다. 그들의 만남은 결혼 중매업자들이 흔히 말하는 '환상의 조합'이었다.

하지만 만인이 부러워할 '재벌 딸과 판사의 결혼'은 시작부터 삐걱거렸다. '사랑'과 '신뢰'가 있어야 할 자리에 '계산'과 '이익'이 채워져 있으니 어떻게 그 결혼 생활이 행복할 수 있겠는가. 여기에 김현철의 여자관계를 의심할 만한 징후들이 발견되면서 문제는 점점 더 커져 갔다.

이러한 '조건 결혼'이 성사되면 처가에서 받은 돈의 10% 정도를 중매업자에게 사례금 형식으로 주는 것이 관행이다. 하지만 처가로부터 현금 7억 원을 받은 김현철은 그 돈이 아까워 한 푼도 주지 않았고, 이에 앙심을 품은 중매업자는 김현철이 '불륜'을 저지르고 있다는 정보를 처가에 넌지시 알렸다.

중매쟁이의 말을 반신반의하던 부인은 수시로 젊은 여자에게 전화가 걸려 오고, 그 사실을 감추고 숨기느라 급급한 모습을 보이는 김현철을 의심하기 시작했다. 딸의 말을 들은 장모 윤길자(당시 58세)는 곧장 그들의 집으로 찾아갔다. 그리고 김현철이 다른 여자와 통화하는 것을 목격하고 그를 매섭게 추궁했다. 그러자 김현철은 '법대에 다니는 사촌 여동생의 전화'라고 둘러댔다. 하지만 이후에도 김현철은 아내에게 애정을 보이지 않았고, 계속해서 그를 찾는 여성의 전화가 걸려 오자 부인과 장모는 의심을 넘어 배신감과 분노에 치를 떨었다.

희생양이 된 사촌 여동생

윤길자는 사위와 그의 사촌 여동생이 불륜 관계일 거라 생각했다. 사실 여부 확인을 위해 추궁을 하면 김현철은 긍정도, 부정도 아닌 모호한 태도를 보였다. 이에 윤길자의 의심은 더욱 커져 갔다. 결국 직접 증거를 잡겠다고 결심한 윤길자는 2000년 9월부터 심부름센터에 돈을 주고 김현철과 사촌 여동생을 미행해 불륜 현장을 포착하라고 요청했다. 하지만 별 성과가 없자 자신의 조카와 현직 경찰관 등에게 돈을 주고 24시간 미행하며 감시하라 지시했고, 그것만으로는 성이 차지 않아 직접 승려 복장을 하고 미행에 나서기도 했다.

하지만 김현철 판사와 그의 사촌 여동생은 만나지도, 연락을 주고받지도 않았다. 그럼에도 스스로 끓어오르는 분노를 억누르지 못한 윤길자는 2001년 4월, 사촌 여동생 집을 찾아가 그녀의 아버지에게 "딸 단속 좀 제대로 해라. 결혼한 사촌오빠나 유혹하고 다니는 년! 앞으로 잘 사는지 어디 한 번 두고 보자."는 등의 폭언을 퍼부었다. 윤길자의 만행에 어이가 없었던 피해자 가족은 모욕과 명예훼손 혐의로 그녀를 형사 고소했다. 하지만 이후에도 윤길자의 미행과 감시, 위협 행동은 계속되었다. 불안감을 느낀 피해자 가족은 결국 2001년 10월에 그녀를 상대로 '접근금지명령'을 법원에 신청했고, 이는 받아들여졌다.

이러한 배경이 피해자에 대한 특이한 '처형 형태' 살해 방법과 무관해 보이지 않았다. 하지만 CCTV에 찍힌 납치범들은 남자였고, 범행에 사용된 도구인 공기총은 윤길자와 어울리지 않았다. 아마도 윤길자가 관련되어 있다면 직접 살인을 행한 것이 아닌, 제3자를 교사하여 일으킨 '청부살인'일 가능성이 높았다. 결국 그 가설을 입증하려면 직접 살인을 행한 범인들의 신원을 확인하고 윤길자가 그들을 사주했다는 증거를 확보해야 했다.

용의자들의 출국, 서서히 밝혀지는 진실들

시간이 지날수록 경찰의 수사망은 서서히 좁혀졌다. 윤길자와 주변 인물들에 대한 철저한 수사와 미행, 감시가 행해졌다. 곧 폭력 범죄 전과가 있는 윤길자의 조카 윤남신(당시 42세)의 존재가 수사망에 포착되어 그의 소재 파악이 시작되었다. 하지만 윤남신은 시신이 발견된 지 4일이 지난 2002년 3월 20일에 베트남으로 출국한 것으로 확인되었다. 윤남신과 가깝게 지내던 고등학교 동창 김용기(당시 42세) 역시 그로부터 보름 후인 4월 5일에 홍콩으로 출국했다.

경찰은 윤길자의 계좌를 추적했고 그 결과, 2001년 6월과 9월에 총 현금 2억 원이 인출된 것과 같은 해 10월에 별다른 수입원이 없었던 김용기의 계좌에서 5천만 원의 현금과 수표가 인출된 사실이 확인되었다. 피해자에 대한 살인에 윤길자와 윤남신 그리고 김용기가 관련되었다는 혐의를 둘 '상당한 이유'가 형성되었다고 볼 수 있었다.

경찰은 일단 윤길자를 '체포 및 감금 교사' 혐의로 입건하고 구속영장을 신청해 발부받았다. 윤남신과 김용기에 대해서는 인터폴을 통해 전세계 경찰에 긴급체포를 요청하는 적색수배를 발령했다. 조사 결과, 윤길자는 자신을 명예훼손과 모욕죄로 고소한 피해자 아버지도 납치해 살해하려다 미수에 그쳤고, 하청 살인자 윤남신과 김용기에게 해외로 도피하라고 한 뒤 중국을 통해 북한으로 망명하라고 지시한 것으로 드러났다. 윤남신과 김용기라는 꼬리를 잘라 '도마뱀 몸통'에 해당하는 자신을 보호하려 한 것이다.

2003년 3월 25일, 중국 공안은 숨어 지내던 인터폴 적색수배 대상자 김용기의 소재를 확인하고 체포했다. 3일 뒤 윤남신 역시 공안에 의해 체포되었다. 두 사람 모두 베트남과 홍콩을 거쳐 중국에 입국해 있었고 피해자 아버지의 집요한 추적 끝에 덜미를 잡힌 것이다. 중국 공안은 윤남신과 김용기를 추방했고, 우리 경찰은 베이징 공항에서 이들을 인계받아 한국으로 압송했다. 두 피의자는 경찰 수사에서 범행 전모를 자백했다.

윤길자에게 총 1억 7,500만 원을 받고 피해자를 살해하라는 청부를 받은 그들은 공기총을 구입하고 한 달 가까이 피해자를 미행해 일상을 파악했다. 그리고 인적이 드문 새벽에 수영을 하기 위해 집을 나선 피해자를 납치해 차에 실은 뒤 마구 때리고 청테이프로 입을 막아 소리를 지르지 못하게 했다. 그들은 준비해 둔 마대 자루를 씌워 피해자의 몸 전체를 가리고 미리 봐 둔 경기도 하남시 검단산으로 이동했다. 그곳에 도착한 그들은 피해자가 저항하지 못하도록 다시 폭행을 가하고는 얼굴과 머리 부위에 6발의 공기총을 쏴 살해했다.

피해자가 살해된 시간은 납치를 당한 지 40분 정도가 지난 새벽 6시 10분경이었다. 그들은 흙을 덮어 시신을 유기한 뒤 도주했고, 오전 9시경 공중전화로 윤길자에게 연락해 상황을 보고했다.

스스로 '위증죄 유죄'를 주장하는 촌극

경찰의 수사 결과와 윤남신, 김용기의 자백은 기소와 재판 과정에서도 그대로 받아들여졌다. 따라서 돈 많은 재벌 부인인 피고인 윤길자와 그녀가 고용한 대형 로펌 변호인단의 강한 부인과 반론에도 불구하고 1심과 2심에 이어 2004년 5월 대법원에서도 윤길자의 살인 교사, 윤남신과 김용기의 살인 혐의에 대해 유죄 판결이 내려졌고, 3명의 피고인 모두 무기징역형을 선고받았다.

하지만 윤길자는 포기하지 않았다. 지속적으로 공범 윤남신과 김용기를 설득하고 회유했다. 공범들은 자신들이야 더 이상 희망이 없지만 가족에게라도 살 길을 마련해 줘야겠다는 생각에 다시 윤길자 편으로 돌아섰다. 그들은 대법원 확정 판결 이후 교도소 수감 중에 "수사 과정에서 형사들로부터 '살인 교사를 받았다고 하면 형이 감면된다'는 거짓 회유를 받아 법정에서 사실과 달리 위증을 했다."고 주장했다. 그들은 "살인 교사를 받은 적이 없다. 단지 고민하는 고모를 위해 피해자를 납치해 사촌오빠인 김현철 판사를 그만 만나라고 위협하려다가 총기 오발 사고로 사망하게 된 것이다."라고 진술을 번복했다.

윤길자는 그들의 주장을 근거로 윤남길과 김용기를 '위증죄'로 고발했다. 만약 그들의 '위증죄'가 인정되면 윤길자의 살인 교사 혐의는 사라지고, 재심을 통해 무죄로 석방될 수 있다는 계산이었다. 2008년 7월에 열린 윤남신과 김용기에 대한 위증죄 재판에서 어이없는 광경이 연출되었다. 피고인들은 스스로가 '유죄'라고 주장하고 검찰은 오히려 피고인들이 '무죄'라고 주장한 것이다.

재판부는 피고인들의 '유죄' 주장이 순수하지 않고 '다른 목적'을 위해 스스로에게 불리한 진술을 하고 있다고 판단했고, 그들이 경찰 수사와 뒤이은 재판 과정에서 한 최초의 진술에 더 신빙성이 있다며 무죄 판결을 내렸다. 법에 따라 피고인들은 자신들에게 내려진 무죄 판결에 불복해 항소할 수 없었다. 그로 인해 윤길자, 윤남신, 김용기의 무기징역형에는 아무 변화도 발생하지 않았다.

윤길자의 '합법적 탈옥'과 피해자 가족의 한

윤길자, 윤남신, 김용기의 갖은 술수와 꼼수에도 불구하고 법의 엄정한 심판이 내려졌다. 하지만 피해자 유가족의 마음속 한은 풀리지 않았다. 실제로 살인을 교사하거나 실행하지는 않았지만 앞길이 창창했던, 아무 죄가 없었던 피해자를 죽음으로 몰아넣은 것은 사촌오빠 김현철의 책임이 컸다. 그런데 정작 그는 아무런 책임을 지지 않았을 뿐 아니라 사죄조차 하지 않았다.

피해자는 정직하고 정의로운 법조인을 꿈꾸던 법대 4학년 여학생이었다. 공부하다가 의문이 생기면 교수들에게도 적극적으로 질문했고 친구들과도 원만하고 친근한 관계를 유지한 모범생이었다. 비록 사촌이긴 하지만 김현철과 만나거나 가깝게 지낼 이유도, 여유도 없었다.

그런데 돈을 좇아 사랑도 없는 결혼을 한 비겁한 김현철이 자신이 처한 위기에서 벗어나기 위해 아무 상관없는 피해자를 끌어들여 편집광적인 장모의 악마 같은 손아귀 속으로 던져넣은 것이다. 피해자의 아버지는 이런 내용을 피해자의 모교 홈페이지 게시판에 남겼다. 이 글은 여전히 인터넷 상에서 조회가 가능하다.

이후 김현철은 판사 생활을 마치고 퇴임해 어느 로펌에서 변호사로 활동하고 있다. 김현철의 처가인 ○○제분은 지금도 활발한 기업 활동을 하는 상장기업이고, 장인 류 회장은 체육 단체 회장직을 맡는 등 여전히 왕성한 사회 활동을 하고 있다.

이 사건은 2013년 4월, MBC '시사매거진 2580'과 SBS '그것이 알고 싶다'를 통해 더욱 널리 알려지게 되었다. 윤길자가 교도소가 아닌 하루 200만 원 이상의 비용이 드는 대학병원 초호화 'VIP 병실'에서 안락한 생활을 하고 있다는 것이 보도되면서 많은 사람이 충격에 빠졌다. 2007년 이후 지속적으로 검찰이 허용한 '형 집행정지'의 혜택을 입었고, 의사가 허위 진단서를 발급해 준 정황이 확인되었다.

피해자 가족은 분노했고, 여론의 질타가 이어졌다. 윤길자는 다시 교도소로 돌아갔지만 '돈이면 무기징역 재소자도 합법적으로 탈옥할 수 있는' 대한민국 사법 시스템의 더러운 속살이 그대로 드러났다.

모든 종교에서 금지하고, 어떤 나라에서든 가장 무거운 형벌로 처벌하는 살인은 그만큼 범행에 심리적 부담이 뒤따른다. 살인은 '웬만한 이유와 사정'이 있지 않으면 발생하지 않는 범죄이다. 범인의 정신장애나 이상심리로 인해 특별한 이유 없이 행하는 소위 '묻지마 살인'이나 '연쇄살인'을 제외하면 살인 범죄 뒤에는 아주 강한 '원한' 등의 감정이나 거액의 '금품' 등 커다란 이해관계 혹은 질투에 사무치는 '치정' 관계 등이 도사리고 있다.

그러다 보니 잔혹하고 충격적인 살인 범죄의 특성에 비해 범인 검거나 해결율은 매우 높다. 피해자의 신원만 확인되면 피해자와 원한, 금품, 치정 등으로 얽혀 있어 '범행 동기'를 가질 만한 주변 사람을 찾아 그의 알리바이를 확인하고 주변 수사를 한다. 그 과정을 통해 유력한 '용의자'를 특정하게 되고, 그에 대한 체포와 압수 수색 등을 통해 증거를 확보하며 사건이 해결되는 수순을 밟는다. 특히 원한이나 치정 등 '감정'을 동기로 한 살인은 흥분과 감정 표출이 수반되다 보니 범인이 현장에서 이성을 잃고 증거나 흔적을 남기기 쉽다.

하지만 청부살인의 경우에는 '살인 동기'를 가진 자와 '실제로 살인'을 행하는 자가 다르다는 특징이 있어 현장 상황이 달라지고 수사를 어렵게 만든다. 피해자와 직접적인 원한이나 치정 등 감정이 없는 살인자가 '자신의 이익'을 위해 차분하고 계획적으로 범행을 하기 때문에 현장에 증거나 흔적이 잘 남지 않는다. 실제로 살인 동기를 가진 사람은 현장에 가거나 직접 범행에 개입하지 않아 알리바이가 입증되고 어떠한 증거도 남지 않는다.

그렇지만 경찰의 수사 의지가 강하고 과학적인 수사 기법이 철저하게 적용되면 한 쪽으로는 철저한 현장 수사를 통해 살인범의 흔적과 범행 증거를 찾고, 다른 한 쪽으로는 교사범과 살인범 사이의 연락과 금품 거래 행위에 대한 증거를 확보함으로써 용의자를 특정해 검거하고 그 혐의를 입증해 낼 수 있다.

그런데 살인범이 청부 살인 대가의 잔금 지급 등 '이익'을 위해 청부 사실을 시인하지 않을 경우 교사범의 범행을 입증하는 것이 매우 어려워질 가능성이 있다. 이 경우 경찰의 수사만이 아닌 검사의 철저한 기소 전략과 능숙하고 집요한 법정 공소 유지 능력이 관건이 된다. 윤길자의 청부 살인 사건은 매우 치밀하게 계획되고 실행된 범죄로, 그 수사와 입증이 매우 어려웠다. 하지만 경찰의 인터폴 국제 공조를 포함한 과학적 수사와 강한 의지로 용의자를 특정하고 청부 혐의를 밝혀 낼 수 있었고, 검사의 철저한 기소 전략 수립과 집요한 법정 공방을 통해 고위 전관 판사가 포함된 대형 로펌 변호인단의 강한 저항에 굴하지 않고 재벌 부인에 대한 살인 교사 유죄 판결을 이끌어 낼 수 있었다.

살인자와 안기부의 더러운 공모

'수지 김' 간첩 조작 사건

북한 여간첩 사건, 안기부장 장세동의 장난

1987년 1월 5일, 싱가포르 주재 한국 대사관은 혼란에 휩싸였다. 미국 대사관 측에서 "한 남성이 북한 공작원에게 납치되었다가 탈출했다고 주장하고 있으니 인수해 달라."고 요청했기 때문이다. 그의 이름은 윤태식(당시 28세)이었다. 1983년 10월 미얀마(당시 버마) 아웅산 묘역 테러 사건 이후 남북 관계가 극도로 경색되고 긴장이 고조되어 있던 시기라 '납북 기도'는 대단히 민감한 사안이었다. 미국 대사관 측의 주장이 사실이라면 바로 기자회견을 열고 국제사회에 알려야 할 큰 문제였다.

당시 주 싱가포르 대사였던 이장춘은 보고를 받고 미국 대사관 측과 정보 교류를 한 뒤 윤태식을 면담했다. 그리고 윤태식의 주장에 '신빙성이 없다'는 결론을 내렸다. 무엇보다 홍콩 교민인 윤태식이 싱가포르에

와서 가장 먼저 들른 곳이 북한 대사관이었다는 사실이 밝혀졌기 때문이다.

윤태식은 자신의 부인이 알고 보니 '북한 여간첩'이었고, 자신에게 함께 북한으로 가자고 설득하다가 생각대로 되지 않으니 다른 공작원들을 불러 자신을 납치해 북한으로 강제 이송하려고 했다고 주장했다. 그 와중에 급히 도망쳐서 북한 대사관을 찾았다가 다시 미국 대사관으로 갔다는 것이다. 하지만 그의 말은 앞뒤가 맞지 않았다. 당시 주 싱가포르 주재관이었던 안기부의 의견도 이장춘 대사와 일치했다.

보고를 받은 대한민국 안기부 역시 처음에는 이장춘의 의견을 받아들여 사건 공개를 보류하고, 추가 정보 수집 및 분석 심의 작업에 착수했다. 그런데 이런 공식 결정이 내려진 지 4시간 만에 절대 권력자인 장세동 안기부장이 주 싱가포르 대사관에 '윤태식 납북 기도 사건'에 대한 공식 기자회견을 개최하라고 지시했다.

이장춘은 '앞뒤가 맞지 않는 말을 횡설수설하는 윤태식을 앞세워 기자회견을 하면 국가 망신'이라며 장세동의 지시를 거부했다. '아시아의 스위스'가 되기 위해 '중립국'의 지위를 견지하려는 싱가포르 정부도 이 '수상한 기자회견'에 강한 반대 의견을 표했다.

하지만 그 누구도 장세동의 고집을 꺾을 수 없었다. 결국 이장춘은 1월 8일, 싱가포르가 아닌 태국의 수도 '방콕'에서 기자회견을 열었다. 그로 인해 이장춘은 '주재국 싱가포르가 아닌 태국에서 기자회견을 개최했다'는 이유로 시말서를 써야 했다.

윤태식은 다음 날인 1월 9일, 한국에 입국해 김포공항에서 다시 2차 기자회견을 가졌다. 그 사이 안기부 요원들의 지시와 교육을 받았는지 윤태식은 '미인계를 이용해 접근한 북한 여간첩에게 속아 결혼 생활을 하다가 북한으로 납치당하려던 순간 용감하게 탈출한' 활극을 신나게 떠들어댔다.

윤태식은 기자회견을 마치자마자 안기부 남산 분실로 연행되어 강도 높은 추궁을 받았다. 그는 그 과정에서 "자신의 부인은 간첩이 아니다. 단순한 부부 싸움 끝에 부인을 살해했는데, 처벌받는 것이 두려워 거짓말을 했다."고 털어놓았다. 하지만 보고를 받은 장세동은 그의 말을 무시하고 계속 납북 미수 사건으로 밀어붙이라는 지시를 내렸다.

묻혀진 진실, 한 가족의 붕괴

1월 26일, 홍콩 경찰은 '이웃집에서 악취가 난다'는 신고를 받고 출동했다. 그곳은 윤태식 부부의 집이었다. 홍콩 경찰은 그들의 집에 강제 진입해 살피던 중 침대 밑에서 부패한 여성, 윤태식의 부인 수지 김(본명 김옥분, 당시 34세)의 시신을 발견했다. 부검 결과, 목이 졸려 숨진 '교살'이었고, 외부의 침입 흔적이나 부부 외 제3자의 족적, 지문, 모발 등 어떤 흔적도 발견되지 않았다. 북한이나 정치, 사상 등과 관련된 자료나 문서, 흔적도 발견되지 않았다.

수사를 실시한 홍콩 경찰은 남편 윤태식에 대한 살인 혐의를 포착하고 대한민국 정부에 윤태식 송환을 요청했다. 윤태식·김옥분 부부의 지인과 행적 수사에서도 북한이나 정치, 정부, 간첩 활동 등을 의심할 추호의 여지도 발견되지 않았다. 하지만 대한민국 외교부는 홍콩 경찰의 정당한 요청을 거부했다.

한국에서 윤태식은 이미 '반공 영웅'이 되어 있었고, 북한은 홍콩에서 한국인을 강제로 납치하려 한 파렴치한 집단으로 한창 공격받고 있던 중이었다. 홍콩 경찰의 수사 결과를 토대로 홍콩 언론은 계속해서 '수지 김은 간첩이 아니다. 윤태식을 납치한 흔적이 전혀 없다'라는 보도를 내보냈지만 인터넷이 없던 시절이라 한국에는 이 사실이 전혀 알려지지 않았다.

홍콩 언론과 반대로 한국 언론은 '여간첩 수지 김' 이야기를 연일 대서특필했다. 심지어 당시 방영 중이던 KBS 드라마 '남십자성'은 중간에 '수지 김'이라는 여간첩 배역을 만들어 투입하기까지 했다.

'수지 김' 김옥분은 충북 충주의 가난한 농촌 집안에서 1남 6녀 중 둘째 딸로 태어났다. 그녀는 가족의 생계를 위해 서울의 공장을 거쳐 미8군 술집, 일본인 대상 유흥 접객원 등의 거친 일을 하다가 홍콩 남자를 만나 결혼하면서 홍콩으로 이민을 갔다. 하지만 결혼 생활을 오래 지속하지 못하고 이혼하고, 그 후 또 다른 홍콩 남자를 만났지만 역시 얼마 지나지 않아 이혼하고 말았다.

그러다 만난 사람이 윤태식이었다. 힘들고 어렵게 살아온지라 겉이 번지르르한 젊은 남자가 감언이설로 다가오자 고마운 마음에 덜컥 결혼을 한 것이 화근이었다. 여섯 살 연하였던 윤태식은 자격지심 때문인지 하루가 멀다 하고 폭력을 휘둘렀고, 결국 결혼한 지 몇 달 되지 않은 1987년 1월 3일, 김옥분을 살해하고 말았다. 아내를 살해한 죗값을 치르기 싫었던 비열한 윤태식은 싱가포르 주재 북한 대사관을 찾아가 월북을 시도했다가 거절당하자 미국 대사관을 거쳐 한국 대사관에 찾아가 '허위 간첩 납치설'을 꾸며 낸 것이다.

'살인자' 윤태식이 졸지에 '반공 투사'로 둔갑한 것보다 더 심각한 것은 애꿎은 김옥분의 가족이 '빨갱이'로 내몰려 온갖 고초를 겪어야 했다는 사실이다. 지금도 정부 비판만 하면 떼로 덤벼들어 '종북', '좌빨'로 칭하며 생매장을 하려는 무리가 기승을 부리는데, 군사독재 치하였던 그때는 오죽했을까.

김옥분의 여동생 4명 중 3명은 '여간첩'을 언니로 두었다는 비난에 시달리다가 결국 이혼을 당했고, 그 자녀들은 학교에서 '집단 따돌림'을 견디다 못해 자퇴를 해야 했다. 곧이어 사회와 이웃의 혐오와 지탄을 견디지 못한 일가족 중 3명이 정신질환과 화병으로 사망하고야 말았다.

잘나가는 사기꾼 윤태식

김옥분의 가족이 완전히 붕괴되는 비극에 내몰리고 있을 때, 살인자 윤태식은 사기 행각을 일삼았다. 형사처분을 받으면서도 안기부의 묵인과 도움으로 자신이 하고 싶은 일을 맘대로 하며 탈 없이 살았다. 어디선가 자금을 마련해 영화 배급 사업에 손댔다 쫄딱 망한 뒤인 1994년, 윤태식은 방송사 PD의 신분증을 위조해 발급받은 신용카드를 마구 사용하다가 적발되어 교도소에서 2년간 복역했다.

출소한 뒤에도 위조지폐 감식기 개발을 빙자한 사기, 중국 진출 신종 사업 빙자 사기 등의 범죄 행위가 적발되어 처벌을 받았지만 그때마다 새로운 사업을 시작하며 재기했다. 결국 1998년 10월, 윤태식은 안기부 청사 내에서 '지문 인식 시스템 기술 시연회'를 열며 '패스21'이라는 벤처 기업의 CEO로 재계에 화려하게 등장했다. 전도양양한 벤처 사업가로 변신한 윤태식은 정관계에 돈과 주식을 뿌리며 기세 좋게 사업을 확장해 나갔다.

당시 기자들 사이에서는 윤태식에 대한 의구심과 '수지 김' 사건의 의혹이 제기되고 있었다. 결국 2000년 1월, 5년 넘게 이 사건을 추적 조사한 이정훈 기자에 의해 〈주간동아〉에 처음으로 사건의 전모와 의혹이 보도되면서 큰 파장을 불러일으켰다.

한 달 뒤인 2월에는 SBS '그것이 알고 싶다'에서 '수지 김' 사건을 심층 보도해 큰 반향을 불러일으켰다. 기사와 방송을 본 김옥분의 유가족은 격분하여 3월에 윤태식을 살인죄로 고소했다. 하지만 경찰의 수사는 지지부진했고, 그 과정에 안기부의 압력과 방해 공작이 있다는 의혹이 제기되었다.

정의는 '반드시' 이루어진다

결국 검찰의 수사가 개시되면서 윤태식에 대한 강도 높은 조사가 이루어졌고, 공소시효를 50일 앞둔 2001년 11월 13일, 윤태식은 살인 혐의로 구속 수감되었다. 사건이 발생한 지 14년 10개월 만이었다. 2002년 5월 14일, 법원은 윤태식의 살인 혐의에 대해 유죄를 선고하고 무기징역을 언도하며 이렇게 질타했다.

"아내를 살해한 뒤 주검을 숨기고, 납북될 뻔했다가 탈출한 것처럼 거짓 기자회견을 여는 등 죄질이 상당히 나쁘다."

또한 법원은 판결문에서 "윤태식은 안기부와 공모하여 유가족들에게 15년 동안 씻을 수 없는 상처를 입히고도 전혀 반성하는 기미가 없다."며 중형 선고의 이유를 밝혔다. 말도 안 되는 거짓과 왜곡으로 김옥분의 명예와 유가족의 삶을 송두리째 짓밟은 전 안기부장 장세동과 안기부 관계자들은 어떻게 되었을까? 검찰은 이들의 '직권 남용' 및 '직무 유기'를 인정했지만, 이미 공소시효가 지나 '공소권이 없다'는 이유로 불기소 종결 처리했다.

뒤늦게나마 '정의가 실현'되었다는 안도감으로도 윤태식과 안기부 관계자들에 대한 분노를 삭이지 못한 유가족은 국가와 윤태식을 상대로 손해배상을 청구하는 민사소송을 제기해 사상 최고액인 42억 원의 배상 명령을 받았다. 하지만 윤태식의 재산은 이미 공중 분해된 뒤였다. 국가는 국가 몫의 배상액을 지불한 뒤 책임 당사자인 장세동과 안기부 관계자들을 대상으로 구상권을 행사하려고 했지만 장세동은 이미 시가 8억 원대의 빌라를 처분하는 등 재산을 빼돌린 상태였다.

뒤늦게 사건의 전모를 알게 된 국민들은 분노했고, '공소시효' 때문에 장세동과 안기부 관계자들을 처벌하지 못한다는 사실에 경악했다. 법학계에서는 이번 사건 같은 '반인륜적 범죄' 및 '국가 권력에 의한 범죄'에 대해서는 공소시효를 폐지해야 한다는 논의가 있었지만 공론에 그치고 말았다.

국가정보원으로 간판을 바꾼 안기부는 2003년 8월 21일, "고인의 명복을 빌며 사건을 조작한 데 대해 공식적으로 사과한다."며 사망한 수지 김 김옥분과 유가족, 국민에게 사죄했다.

반성보다 반발과 합리화를 택한 범인들

무기징역을 선고받고 수감된 윤태식은 여전히 자신의 죄를 반성하지 않았다. 교도소에 수감된 지 채 2년도 지나지 않은 2003년 5월 6일, 윤태식은 법정에 전문 감정인으로 출석해 홍콩 경찰이 보내 온 부검 보고서에 대한 내용을 인정하고, 자신에 대한 유죄 판결이 내려지는 데 기여

한 법의학자 이정빈 서울대 교수에게 협박 편지를 보냈다. '엉터리 감정으로 자신이 억울한 옥살이를 하게 되었다'는 섬뜩한 내용이 가득한 악의적인 편지였다.

게다가 그는 자신이 회장으로 있던 '미래저축은행'의 지분을 차명으로 관리하며 재테크를 하고 있다는 의혹을 받고 있다. 최근에는 자신의 범행에 대해 반성하고 있다는 편지를 언론사에 보내기도 했지만 그 진정성에는 여전히 의심이 간다.

그가 감형 등을 통해 세상에 나오게 되는지, 다른 재소자들처럼 제대로 수형 생활을 하고 있는지 국민들의 관심과 감시가 필요하다. 윤태식 못지않게 이 파렴치한 범죄의 주 책임자인 장세동 역시 언론 인터뷰 등을 통해 "수지 김 사건은 단순한 실수이다."라고 말하는 등 합리화에 나서는 비겁한 모습을 보이고 있다. 그들에게 '진실'과 '정의'는 무덤에 들어가고 나서야 배우게 되는 아주 어려운 개념인 듯하다.

공소시효란 무엇인가

'공소시효'란 범죄 행위에 대해 각 사안에 따라 법률이 정하는 기간을 두고 범죄 발생일로부터 정해진 기간 만료일까지 피의자에 대한 처벌을 위해 관할 법원에 기소하지 않으면 그에 대한 형사처분이 면제되는 제도이다. 성문법 국가인 대륙법(Civil Law)계 법 전통을 따르는 국가에서는 대부분 '법적 안정성'이라는 원칙을 지키기 위한 수단으로 도입하고 있고, 불문법, 보통법(Common Law)계 법 전통을 따르는 국가에서는 특별히 성문법으로 정하는 경우에만 예외적으로 적용하고 있다.

예를 들어 영국에서는 경미 사건에 대해서만 공소시효를 적용하고, 살인이나 강간 등의 중죄에 대해서는 공소시효를 적용하지 않는다. 즉 상식과 역사 및 법적 전통을 중시하는 영미 법계 국가에서 공소시효 제도란 '법의 정신에 부합하지는 않지만 현실적인 문제들이 제기되어 이에 대응하기 위해 부득이하게 도입하게 된 부가적·예외적 제도'라고 이해할 수 있다.

이러한 제도적 특성상 공소시효의 적용 대상과 기간 등은 국가별로 다르다. 대개 공소시효가 적용되는 대상 범죄를 엄격히 제한하거나 공소시효의 중지와 연장 등에 대한 특칙이 다양하게 적용되어 '부가적·예외적'이라는 공소시효 제도의 한계를 엄밀히 지키려는 법적 노력과 태도들이 유지되고 있다.

세계적·연혁적으로 고찰해 볼 때 공소시효 제도를 도입하게 된 가장 큰 이유는 공정한 재판을 받을 권리 보호, 즉 '공정성(fairness)' 때문이라고 할 수 있다. 범죄 발생일로부터 지나치게 긴 시간이 흐른 뒤에 특정인에게 법적 책임을 묻겠다고 소를 제기하면, 이미 피해자나 목격자 등 사건 관계인들의 기억이 희미해지고, 물리적 증거 역시 상당 부분 소멸, 변질, 훼손되기 때문에 '공정한 재판'을 기대하기 어렵다는 것이다.

또한 시비를 가리기도 어려운 오래전의 범죄 혐의로 인해 자유와 권리가 부당하게 침해될 수 있으므로 법적 분쟁에 대한 재판을 개시할지의 여부에 대해서는 일정한 '시간적 제한'이 필요하다는 것이 공소시효 제도 도입의 두 번째 이유요, 논리이다. 그로 인해 각국은 상대적으로 충격이 약하고 중요성이 덜해 망각과 증거의 멸실이 더 빨리, 더 잘 이루어지는 '경미 범죄'에 대해 주로 공소시효를 적용하고 있고, 공소시효가 적용되는 범죄 중에도 그 심각성에 따라(주로 법정 형량) 공소시효를 차등 적용하고 있다.

특히, 제1차 세계대전 이후 발생한 다양한 국지적 분쟁에서 발생한 인종 청소, 집단 학살 및 제네바협정 위반 전쟁 범죄 등 반인권적 범죄에 대해서는 어떠한 제한도 배제한 채 끝까지 추적해 그 진상을 밝히고 책임자를 규명·처벌해야 한다는 국제사회의 합의가 국제연합(UN) 등에 의해 이루어지면서 각 국가가 이를 채택·입법화하고 있다. 우리나라의 경우, 비교적 최근에 들어서야 이에 대한 논의가 이루어지고 있는 실정이다.

살인죄에 있어서는 미국, 영국 등 보통법 국가는 물론, 독일 등 많은 대륙법 국가도 공소시효를 배제하고 있다. 살인죄는 앞서 살펴본 두 가지 공소시효 제도 도입의 논리를 적용할 수 없는 '충격적이고 심각한 범죄'이기 때문이다. 아무리 시간이 흐른다 해도 살인 사건의 목격자가 그 충격적인 경험을 망각할 리 없고, 시체 등 움직일 수 없는 증거가 존재한다. 그로 인해 많은 나라에서 살인 사건 등 공소시효가 적용되지 않는 범죄의 증거는 영구 보존하도록 하고 있어 경찰에서는 거대 냉장 및 냉동시설을 이용하여 흉기와 사체 일부, 피 묻은 의복 등 현장 증거를 영구 보존해 언제든지 용의자가 확보되면 시간의 흐름이 주는 제약을 최소화시킨 채 기소와 공판을 통한 진실 발견과 정의 구현에 차질이 없도록 하고 있다.

이에 반해 살인죄에 대해 일본과 우리나라는 25년(우리나라는 그동안 15년이던 살인죄 공소시효를 최근 법 개정을 통해 25년으로 상향했다)의 공소시효를 적용하고 있다. '수지 김' 사건에서 나타난 것처럼, 국가기관의 권력적 범죄 행위 등 중요한 반인권적 범죄에 대해서는 공소시효를 배제하는 입법이 시급하다. 또한 이형호 군 유괴 살인 사건, 화성 연쇄살인 사건, 대구 성서초등학교 어린이 피살 사건(속칭 개구리소년 실종 사건) 등 공소시효가 만료됨으로써 더 이상 진실을 밝히지 못하고 정의를 구현할 수 없게 된 사건이 다시는 발생하지 않도록 살인 범죄의 공소시효를 없애야 한다.

사건 12

여전히 풀리지 않는
미스터리

제주 여교사 살인 사건

의문의 실종

2009년 2월 1일 일요일 새벽 2시, 제주시 소재 어린이집 교사 이경신은
친구들과 삼겹살과 술을 먹으며 즐거운 시간을 보내다 제주시 외곽에
있는 애월읍으로 귀가하기 위해 친구들과 함께 택시를 탔다. 그리고 중
간에 택시기사에게 '제주 법원' 앞에서 세워 달라고 한 뒤 친구들과 인
사를 나누고 헤어졌다. 그곳은 본인의 승용차를 세워 둔 주차장 인근이
었다.

곧이어 집으로 전화를 건 이경신은 늦은 시간까지 집에 오지 않아 걱
정하고 있던 모친에게 "술을 마셨고 너무 늦기도 했으니 친구들과 찜질
방에서 자고 가겠다."고 말했다. 그러고는 택시를 타고 인근에 있는 남
자 친구의 집으로 갔다.

새벽 3시경이었다. 이경신과 남자 친구는 결혼을 약속한 사이로, 주변 사람들 모두 두 사람의 사이를 잘 알고 있었다. 하지만 술을 마시고 새벽에 들이닥친 여자 친구가 탐탁지 않았던 남자 친구는 그녀를 퉁명스럽게 맞았고, 둘은 평소 갈등의 대상이었던 금연 문제로 다퉈 3분 만에 헤어졌다.

3시 3분, 남자 친구의 휴대폰에는 이경신이 집에서 나오며 '네가 나한테 이럴 줄 몰랐어. 실망이야.'라고 보낸 문자메세지가 도착했다. 3시 5분, 이경신은 평소에 자주 이용하던 애월읍 소재 콜택시 회사에 전화해 택시를 보내 달라고 신청했다. 하지만 이용객이 많은 시간이어서 오래 기다려야 한다는 이야기를 듣고 그냥 끊어 버렸다.

그런데 그로부터 한 시간 뒤인 새벽 4시 4분, 이경신의 휴대폰은 그녀의 집과 가까운 애월읍 광령초등학교 근처에서 전원이 꺼졌다. 그 후 그녀의 행적은 그 어디에서도 찾을 수 없었다.

공개수사, 점점 드러나는 흔적들

2월 2일 월요일 오전, 단 한 번도 지각이나 결근을 하지 않았던 이경신이 출근하지 않자 어린이집 원장은 그녀의 휴대폰으로 연락해 봤지만 전원이 꺼져 있다는 음성메시지만 흘러나왔다. 원장은 걱정스러운 마음에 이경신의 집으로 전화를 걸었다. 집에서는 이경신이 찜질방에서 자고 아침에 일어나 어린이집으로 출근했을 것으로 생각하고 있다가 원장의 전화를 받고 부랴부랴 그녀의 친구들과 남자 친구에게 전화를 걸었다. 하지만 모두 '새벽에 헤어졌다'는 대답뿐이었다.

이경신의 가족은 곧바로 경찰서에 신고했다. 경찰과 가족은 이경신을 찾기 위해 제주 시내 곳곳을 수색했다. 저녁 8시 20분, 그녀의 차량이 원래 주차되어 있던 제주시 이도 2동에서 발견되었다. 그로 인해 그녀가 자신의 차가 아닌, '다른 사람의 차'로 이동한 것이 확인되었다. 그 외 다른 흔적은 전혀 발견되지 않았다.

경찰과 가족은 심각하게 모든 가능성을 검토해 본 뒤 '공개수사'를 실시하기로 뜻을 모았다. 그녀는 지각과 결근은 물론, 평소 가족에게 연락을 남기지 않고 어디론가 간 적이 없었다. 또한 젊은 여성인 그가 새벽 시간에 흔적 없이 사라졌다는 것은 결코 예사롭지 않은, '강력 범죄'의 가능성을 배제할 수 없는 상황이었다. 더 이상 시간을 지체할 수 없었다. 밤새 수배 전단을 만들어 온라인 수배를 마친 경찰은 날이 밝자마자 인쇄를 한 뒤 제주 시내 전역에 배포했다. 지역 방송국과 언론사에도 공개수배 협조 요청을 했다.

경찰은 공개수배와 함께 가용 경력을 총 동원해 수색을 시작했다. 이경신의 휴대폰 전원이 끊긴 애월읍 광령초등학교 인근 지역이 출발점이었다. 전경대 2개 중대와 형사과 전 직원, 119구조대, 제주방어사령부 소속 군인, 주민 등 400여 명과 2마리의 구조견이 투입되었다. 하지만 이틀간의 수색에서 아무것도 발견되지 않았다.

경찰은 차량이 주차되어 있던 곳과 남자 친구의 집 등 그녀가 거쳐 간 곳을 중심으로 수색 범위를 확대했다. 2월 5일에는 500만 원의 신고 포상금을 내걸었고, 수배 전단을 10만 부 추가 제작하여 배포했다.

실종 5일째인 2월 6일 오후 3시, 애월읍과 반대 방향인 제주시 아라 2동 농원 인근 밭에서 일을 하던 60대 농부가 여성 가방 하나를 발견했다. 그 안에는 이경신의 신분증과 휴대폰, 지갑이 들어 있었다. 지갑 안에 있던 현금은 발견되지 않았다. 이경신이 '자발적으로' 가출했을 가능성을 '제로'로 만들어 주는 단서였다.

경찰은 곧바로 '여교사 실종 사건 수사본부'를 설치하고 납치 내지 살인 사건 등 강력 사건의 가능성을 염두에 둔 수사 체제로 돌입했다. 수색 인원을 1,730명으로 증원하고 장비를 보강한 뒤 대대적인 수색을 실시했다. 이경신의 남자 친구를 포함한 지인들과 인근 거주 전과자, 우범자 등을 대상으로 한 저인망 탐문과 행적 수사의 강도 역시 높아졌다. 2월 7일에는 2천 명이 동원된 대규모 수색이 이루어졌다.

사망 추정 시간을 둘러싼 혼란

실종 일주일째인 2월 8일, 모든 사람이 가장 우려하면서도 결코 일어나지 않길 바라던 일이 벌어졌다. 이경신의 시신이 발견된 것이다. 가방이 발견된 곳과 반대 방향, 그녀의 집에서 4km 떨어진 애월읍 고내봉(오름) 기슭에 있는 농로의 U자형 배수로 안에 엎드려 있는 상태였다.

상의와 치마는 입고 있었으나 속옷은 벗겨져 있었다. 눈에 띄는 뚜렷한 외상은 없었다. 시신에 대한 현장에서의 검안 결과, 목 부위에 눌린 흔적이 발견되어 일단 목이 졸려 숨진 것으로 추정되었다. 시신은 제주의과대학으로 옮겨졌다.

2월 9일에 발표된 부검 결과는 혼란과 분노를 불러일으켰다. 목이 졸려 숨진 '경부압박질식사'라는 사망 원인은 경찰의 검안과 일치했지만, 사망 시간을 실종 당일인 2월 1일 새벽으로 추정한 경찰과 달리 부검의는 시신 발견 직전인 2월 7일에서 8일 사이에 사망한 것으로 추정했다.

그 근거는 부패가 거의 진행되지 않았고, 위 내용물 중(삼겹살은 전혀 발견되지 않았음)에 완전히 소화되지 않은 콩나물과 밥이 발견된 것으로 보아 사망 2~3시간 전에 식사를 했을 가능성이 크다는 것이었다. 부검의는 피해자가 일주일가량 '감금'된 상태였을 것이라는 설명도 추가했다. 2월 1일 저녁에 실종 신고가 접수된 이후 경찰의 수사와 대대적인 수색이 이루어졌고 제주 전역에 공개수배가 내려졌는데, 피해자 이경신은 어딘가에 감금된 채 일주일이나 살아 있었다는 것이다.

이 소식을 접한 가족과 언론은 "그동안 경찰은 뭘 하고 있었던 것이냐. 제대로 수사했으면 살릴 수도 있었던 것 아니냐?"며 비난을 쏟아냈다. 하지만 일주일 동안 감금된 시신치고는 매우 깨끗한 상태였다. 손목에 결박한 흔적도 없고 타박상이나 찰과상도 전혀 없었다. 속옷을 제외한 옷도 그대로이고 때가 묻는 등 일주일 동안 생활한 흔적이 전혀 없었다. 과연 경찰과 부검의, 누구 말이 맞는 것일까?

사망 시점은 유가족의 충격과 고통, 경찰 수사 미진의 책임 등 감정적 요소뿐 아니라, 용의자의 특성과 범위 및 수색과 수사 방향 등 사건 해결 가능성을 좌우할 수도 있는 매우 중요한 문제이다.

경찰은 현장에서 발견한 증거물과 유류품, 피해자 소지품 등을 모두 국립과학연구소로 보내 정밀 감식을 의뢰했다. 국과수에서는 피해자의 DNA, 피해자 시신 바로 옆에서 발견된 담배꽁초에서 범인의 것으로 추정되는 제3자의 DNA를 추출했고, 현장 인근 CCTV 화면을 모두 분석해 사건 당시 통행한 차량들의 종류와 색상 등을 파악했다. 이제 용의자만 확보되면 DNA와 소유 차량을 확인해 범인을 잡을 수 있는 상태가 된 것이다.

다만 바로 누군지 알 수 있는 '지문'이 검출되지 않았고, 당시 제주 시내에는 24시간 모든 상황을 녹화하는 '방범용 CCTV'가 한 대도 설치되어 있지 않아 과속이나 신호 위반, 불법주차 등을 한 차량만 촬영되었다는 한계가 있었다. 인근 아파트 등 일부 민간 설치 CCTV는 거리도 멀고 해상도가 떨어져 차량 번호 등 핵심 정보를 파악할 수 없었다.

초미의 관심이 집중된 국과수의 '사망 추정 시간' 최종 발표는 2월 18일에 이루어졌다. 국과수는 제주의대 부검의가 아닌, 경찰의 검안이 맞다는 결론을 내렸다. 겨울 날씨, 야산, 배수로 등의 영향으로 시신에 '냉장 효과'가 발생해 부패가 이루어지지 않았을 수도 있고, 음식물의 내용이나 소화 상태 역시 변수가 존재한다고 밝혔다. 또한 결박흔 등 '감금' 흔적이 전혀 없다는 것 등을 이유로 경찰의 의견에 손을 들어 주었다.

국과수가 무엇보다 결정적인 근거로 제시한 것은 '시신의 혈중 알콜 농도가 실종 당일 음주량을 그대로 반영하고 있다'는 감정 결과였다. 수사는 다시 '2월 1일 새벽에 피해자를 만나 집까지 태워 주다가 성폭행을 시도한 끝에 살해하고 시신 및 가방 등을 유기하고 도주한' 범행을 저질렀을 용의자 찾기로 집중되었다.

용의자 그리고 증거 불충분

경찰은 피해자의 시신이 발견된 직후 '살인 사건 수사본부'로 재편하고 그동안 용의선상에서 배제되지 않은 사람들과 새롭게 용의선상에 포함된 대상을 상대로 더 강도 높은 수사를 진행했다. 피해자의 지인, 시신과 가방이 발견된 지역의 거주자, 유사 수법 전과자, 택시 등 운송업 종사자 등의 행적 및 알리바이를 조사하는 등 '인적 수사'가 광범위하게 실시되었다.

일대에 설치된 모든 CCTV 녹화 기록, 인근 장소 사건 발생 전후 시간대의 모든 통화 사실, 택시 운행 기록, 렌터카 대여 및 운행 기록 등 '물적 수사' 역시 강도 높게 실시되었다. 이 과정에서 조사된 택시만 5천 대가 넘었고, 택시 한 대당 최소 3시간 이상의 조사가 이루어져야 했다. 전체 수사에 투입된 형사들의 업무량과 강도는 말로 표현할 수 없을 정도였다.

하지만 콜택시와 일부 회사 택시를 제외하고는 택시에 운행 기록 장치를 달거나 손님 승하차 기록을 남겨 두지 않아 행적 수사가 완벽할 수는 없었다. 기타 화물차나 렌터카, 개인 승용차 역시 기록을 통한 관련성 확인은 불가능하다는 한계를 안고 있었다.

공개수배를 통해 입수된 제보 역시 3건에 불과했고 확인 결과, 사건과 직접 관련되거나 용의자 특정에 도움이 되는 내용은 아니었다. 택시기사를 포함해 용의점이 조금이라도 있는 사람은 모두 구강 상피세포를 제공받아 DNA 감식을 실시했지만, 일치하는 사람은 나타나지 않았다.

4월 24일, 경찰은 사건 초기부터 용의선상에 올려 두고 주변 수사를 하며 면밀히 관찰하던 용의자가 특별한 이유 없이 회사를 그만두자 잠적 혹은 도주할 것을 우려해 긴급 체포한 뒤 집과 차량에 대한 압수수색, DNA 검사와 거짓말 탐지기 수사를 실시했다. 그는 회사 택시를 운전하며 혼자 살고 있는 40대 남성이었다. 사건 당일인 지난 2월 1일 오전 3시 이전 제주시 용담동 휴대전화 기지국에서 통화 기록이 확인되었고, CCTV에 녹화된 용의 차량의 차종과 색상이 유사했다.

그는 사건 당일 행적에 대해 명확하게 밝히지 못했고 거짓말 탐지기 조사에서도 일부 '거짓 반응'이 나타났다. 하지만 시신 옆에서 발견된 담배꽁초에서 채취된 DNA가 일치하지 않았고, 차량과 집, 옷 등에서도 피해자의 DNA 등 관련 증거가 발견되지 않았다.

과연 범인은 누구일까

경찰은 2009년 5월까지 450여 명에 대한 유전자 감식을 끝냈지만, 현장에서 확보한 유전자와 일치하는 용의자를 찾지 못했다. 이후 2012년 2월까지 1,500명에 이르는 용의자의 DNA를 확보해 현장에서 발견된 담배꽁초에서 나온 DNA와 대조했지만 일치하는 사람은 나타나지 않았다.

총 80만 건의 통화 기록을 조사해 해당자를 찾은 뒤 행적과 알리바이를 수사했고, 사건 이후 제주도 밖 다른 지역으로 거처를 옮겼거나 퇴사혹은 전직한 운수업계 종사자 등 용의자 의심 차량 내 모발, 컵, 장갑 등 300여 점을 국과수에 보내 감정을 의뢰했지만 피해자의 DNA나 섬유, 사건 현장 토양 재질 등 관련 증거를 발견할 수 없었다.

대체 범인은 누구일까? 경찰이 조사한 5천여 명 그리고 DNA 검사를 한 1,500여 명 용의자 중에 포함되어 있지 않은 것일까? 지금까지도 이 사건의 범인은 잡히지 않았다. 억울하고 참혹하게 숨진 피해자의 원혼이 우리를 내려다보고 있다. 경찰은 수사 의지를 굽히지 말아야 한다. 제주 도민과 현장 인근 주민들 역시 관심의 끈을 놓지 말아야 한다.

범인은 결코 맘 편하게 먹고 자며 생활할 수 없을 것이다. 무수한 악몽과 엄습하는 불안감에 살과 피가 마르고 있을 것이다. 부디 자수해 가여운 피해자의 한 맺힌 혼을 위로하고 죗값을 치러 마음의 평온을 얻기 바란다.

미제 사건 수사

사건 관련자나 단서, 용의선상을 대상으로 할 수 있는 가능한 모든 수사를 진행했으나 피의자로 특정할 만한 유력한 용의자가 부각되지 않고, 새로운 수사 단서가 발견되지 않는 장기 수사 상황이 되면 '미제 사건(cold case)'으로 분류한다. 미제 사건은 법적인 개념이 아니라 수사 편의상 지금 당장 활발한 수사 활동을 전개할 '살아 있는' 수사 대상에서 제외해 별도로 관리하기 위한 분류이다.

과거에는 전에 없던 새로운 증거가 갑자기 발견되거나 목격자나 용의자가 심경의 변화를 느껴 진술을 번복하거나 자수해 오는 등의 '변수'가 발생하지 않는 한 '공소시효'가 완료될 때까지 사건을 그냥 묵혀 두었다. 하지만 과학기술의 발달로 과거에는 불가능했던 증거의 채취가 새로운 장비나 기술의 적용으로 가능해졌다.

또한 최초 수사를 진행할 때 실수하거나 지나치게 한 방향으로 몰아가는 예단이 작용할 수도 있고, 당시 상황의 특성 때문에 방향을 제대로 잡지 못할 수도 있다. 이때 이를 더욱 체계적이고 전문적인 방법으로 재검토 및 분석해 사건 해결의 실마리를 찾을 수 있도록 하는 '미제 사건 수사 기법'의 개발로 많은 나라에서 '미제 사건 전담반'을 두고 지속적인 수사를 전개해 나가고 있다.

특히 미제 사건 수사에 있어서는 최초 수사를 담당했던 수사관의 경험과 지식, 인적 네트워크가 반드시 필요할 뿐 아니라, 새롭고 전문적이며 체계적인 방법으로 사건을 재조명할 '미제 사건 수사 전문가'의 역할도 필수적이다. 그래서 최근 많은 나라에서 경찰 내부에 '미제 사건 전담반'을 두고 해당 사건의 담당 형사와 연계·협력하면서 새로운 시각으로 지속적인 수사를 전개해 좋은 성과를 거두고 있다.

예를 들어 미국 오리건주 포틀랜드 경찰국의 '살인 미제 사건 전담반(Portland Police Bureau Homicide Cold Cases Unit)'에서는 지난 25년 동안 300여 건에 달하는 살인 미제 사건을 해결해 화제가 되기도 했다. 우리나라에서는 최근 경북지방경찰청 등을 중심으로 미제 사건 전담반을 시범적으로 설치해 운용하면서 좋은 성과를 거두고 있어 점차 확대되는 추세이다.

제주 여교사 살인 사건, 포천 여중생 살인 사건, 서울 노들길 20대 여성 살인 사건, 화성 여대생 노 양 살인 사건 등 주요 미제 사건이 공소시효가 완성되기 전에 '미제 사건 전담반'의 활약으로 해결되기를 기원한다.

26년 만에 여성 살인 사건을 해결한 미국의 미제 사건 전담반

1987년 11월 11일 저녁, 미국 텍사스주 휴스턴 인근에 있는 해리스 카운티 북쪽의 한 외딴 집에서 살인 사건이 발생했다. 혼자 사는 68세 여성 재클린 앤더슨(Jacqueline Anderson)이 손발이 묶인 채 목 졸려 숨진 상태로 발견된 것이다. 그녀는 얼마 전에 남편을 잃고 홀로 남게 된 외로움 속에서 힘든 시간을 보내고 있었다.

사건이 발생하자 관할 해리스 카운티 보안관실에서는 수사에 총력을 기울였다. 하지만 1년이 지나도록 아무런 단서를 발견하지 못하고 '장기 미제 사건'으로 분류해 두었다. 시간이 점점 흐르면서 이 사건은 '영구 미제 사건'이 되는 듯했다. 하지만 2009년에 아드리안 가르시아(Adrian Garcia) 보안관이 '미제 사건 전담반(Cold Case Unit)'을 설치한 뒤 분위기가 달라졌다. 모든 미제 사건을 재분류해 하나씩 재수사해 나가면서 총 17건의 미제 강력 사건을 해결하는 성과를 올린 것이다.

해리스 카운티 보안관실 미제 사건 전담반은 2012년, '재클린 앤더슨' 사건에 대한 재수사를 개시했다. 그들은 우선 사건 발생 장소, 시간, 범행 수법의 특성, 피해자의 특성, 현장에 남겨진 범인의 행동 증거 등을 다시 분석한 뒤 다른 유사 사건들과 비교·검토했다. 프로파일링 기법의 일환인 '연관성 분석(linkage analysis)'이었다.

아울러 다른 지역 범죄 사건 파일들을 분석하는 '데이터 마이닝(Data Mining)' 작업도 진행되었다. 오랜 시간 동안 분석 작업을 한 끝에 유사성을 보이는 의미 있는 사건들이 발견되었다. 그중에서 재클린 앤더슨 살인 사건 발생 직후 해리스 카운티를 떠났다가 3개월 후 텍사스 주 '웨이코(Waco)'에서 유사한 수법으로 여성 혼자 사는 주택에 침입해 강도를 저지르다가 검거되어 처벌받았던 '로만 마르티네즈(Roman Martinez)'가 수사진의 관심을 끌었다.

마르티네즈는 웨이코 범행으로 처벌받은 뒤인 1989년, 다시 해리스 카운티로 돌아와 유사한 방법으로 혼자 사는 51세 여성의 집에 침입해 강도 범죄를 저지르다가 검거되었는데, 이 집은 재클린 앤더슨의 집에서 1km 정도 떨어진 곳에 있었다. 이후에도 마르티네즈는 강도와 마약 소지, 성폭행 등의 혐의로 여러 차례 교도소를 들락거렸다.

재수사 당시 71세가 된 마르티네즈는 '보호 관찰' 규정을 어겼다가 보호 관찰 규칙 위반자 수용소에 수감되어 있는 상태였다. 수사진은 치밀한 신문 전략을 구축한 뒤 마르티네즈를 대상으로 체계적인 인지신문 기법을 적용했다. 처음에는 범행을 완강히 부인하던 마르티네즈는 수사진의 집요한 추궁과 자신이 저지른 범행 사이의 유사성·관련성에 대한 세밀한 분석 결과 앞에서 두 손을 들고 말았다. 그는 재클린 앤더슨의 집에 침입해 들어가 금품을 훔치던 중에 귀가한 앤더슨 부인과 마주쳤고, 폭행을 저지른 후 현장을 떠난 것까지 인정했다. 하지만 자신이 현장을 떠날 때까지만 해도 앤더슨 부인은 살아 있었다며 살인 혐의는 인정하지 않았다.

해리스 카운티 보안관실은 26년 만인 2013년 7월 14일, 로만 마르티네즈를 재클린 앤더슨에 대한 강도 살인 혐의로 체포했다.

6장

내 안에 악마가 있어요,
다중인격자의 살인

사건 13 부천 비디오 가게 살인 사건

사건 14 잠자던 동생을 죽인 도끼 살인 사건

해외 사례 다중인격장애 살인 '케네스 비안치' 사건 어느 순간 정신을 차려 보니 손과 옷에 핏자국이 선명하다. 그러나 어디서, 왜, 무슨 일이 일어났는지 전혀 기억이 나지 않는다. 곧 경찰에 체포되어 지문과 혈흔 등 모든 과학적 증거가 일치하는 살인 용의자가 된다……. 만약 이 사람이 자신 안에 스스로가 통제할 수 없는 또 다른 존재가 있다며 자신이 아닌 '내 안에 사는 또 다른 인격'이 살인을 행한 것이라고 주장한다면 어떻게 될까? 법정에서 형사책임을 물을 수 없는 '심신 상실(insanity)'에 의한 행동으로 인정받아 무죄 판결을 받을 수 있을까?

미국 시카고에서 가톨릭 대주교가 온몸을 칼에 찔려 처참하게 살해당한 충격적인 사건이 발생했다. 곧 텔레비전을 통해 경찰에 연행되고 있는, 혈흔이 낭자한 '아론 스템플러'의 모습이 클로즈업되었다. 그는 '천사 같은 종교 지도자를 살해한 악마'라 불렸다. 모든 증거가 범죄 사실을 명백하게 입증해 주고 있는데도 범인은 "전혀 기억이 나지 않는다.", "누군가 다른 사람이 현장에 있었던 것 같다."라는 말을 반복했다.

재판도 열리기 전에 이미 모든 사람이 그를 살인범이라 생각했다. 하지만 시카고에서 가장 유능한 변호사인 '마틴 베일'은 아론을 위한 무보수 변호를 자청했다. 베일은 범죄심리학자와 정신의학자들을 만나며 아론이 보이는 증상이 '한 사람의 정신 안에 여러 명의 인격이 혼재하고 각 인격이 번갈아 가면서 나타나는 심각한 정신질환인 '해리성 정체성 장애(소위 다중인격장애)'에 해당한다고 생각하고, 해당 분야 전문가인 정신과 의사를 초빙해 그를 진단하게 했다. 베일은 이러한 과정을 거쳐 자신의 승리를 확신했다.

재판 당일, 베일이 마련한 교묘한 심리적 장치에 말려든 여검사가 아론을 거세게 몰아붙이며 추궁하자 아론은 갑자기 자신이 '로이'라고 주장하며 검사에게 달려들었다. 그는 검사의 목을 비틀어 버리겠다고 위협했다. 곧 경찰관들에게 제압된 아론은 다시 구치소로 끌려들어 가며 정신을 잃었고, 깨어난 뒤에는 아무것도 기억하지 못했다.

명백한 정신이상 증상을 목격한 판사는 재판 중단을 선언하고, "심신상실로 인해 무죄(Not Guilty by Reason of Insanity)이다."라고 선고하며 아론에 대한 정신병원 강제입원명령(감호처분)을 내렸다.

이는 1996년에 출시된 영화 '프라이멀 피어(Primal Fear)'의 줄거리이다. 과연 현실에서도 이런 일이 가능할까?

악마로 변한
살인자의 두 얼굴

부천 비디오 가게 살인 사건

화재 현장에서 발견된 처참한 모습의 시신

1998년 3월 2일 0시 20분, 경기도 부천시의 한 비디오 가게에서 매캐한 연기가 새어 나왔다. 신고를 받고 출동한 소방관들은 급히 셔터의 잠금 장치를 부수고 가게 안으로 진입해 불을 껐다. 바로 그때, 화재를 진압하고 한숨 돌리던 소방관들은 바닥에 쓰러져 있는 사람 형상을 발견하고 소스라치게 놀랐다. 시신의 모습은 처참했다. 화재 현장에서 흔히 발견되는 사상자의 모습이 아니었다. 영화에 나오는 '미라'처럼 붕대와 테이프로 온몸이 꽁꽁 묶인 상태에서 흉기로 무수히 난타당한 듯 숨져 있었다. 시신과 바닥은 피로 물들어 있었다.

곧이어 도착한 경찰 현장 감식반은 안면부 함몰과 전신 다발성 골절을 확인했다. 시신의 상태가 얼마나 심각했던지 외관상으로도 뚜렷이 보였다. 이후 실시된 부검에서도 피해자가 온몸을 둔기로 무수히 구타당해 살해되었다는 사실이 확인되었다.

피살자는 화재가 난 비디오 가게의 주인 김 씨(당시 39세)로 밝혀졌다. 경찰은 수사를 통해 피해자가 머리에 상해를 입을 경우 8천만 원, 범죄 등 사고로 사망할 경우 4억 원을 받을 수 있는 생명보험에 가입되어 있다는 사실을 알아냈다. 경찰은 즉시 김 씨의 아내를 조사했지만 그녀는 남편의 보험 가입 사실에 대해 알지 못했고, 범행 당시 알리바이도 입증되었다. 그녀에게서 별다른 혐의점은 보이지 않았다. 그렇다고 돈을 노린 강도의 범행처럼 보이지도 않았다. 만약 돈을 노린 범죄였다면 적발될 우려가 있기 때문에 오랜 시간 동안 피해자의 몸을 붕대와 테이프로 싸매고 전신을 구타하지 않았을 것이다.

채무를 받아 내려는 해결사들의 범행일 가능성도 제기되었다. 하지만 여러 명이 시끄럽게 난리를 피우는 소리를 들은 사람은 아무도 없었다. 그렇다면 고문을 통해 비디오 가게 주인에게서 무언가를 알아내려 한 사람의 소행일까. 만약 그 추측이 맞다면 조그마한 동네 비디오 가게를 운영하는 주인에게서 알아낼 것이 대체 무엇일까? 사건 현장은 불에 타고 화재 진압 과정에서 물이 뿌려져 범인의 지문이나 족적을 비롯한 그 어떤 증거도 발견되지 않았다.

경찰은 범인이 피살자 주변 인물일 가능성에 무게를 두고 수사 대상을 확대해 나가던 중 몇 년 전부터 피살자의 비디오 가게에서 일을 도우며 함께 지내 온 고향 후배 임 씨(당시 26세)를 주목하게 되었다.

보험금을 노린 두 사람의 처참한 비극

임 씨는 사건이 일어난 시간에 잠을 자고 있었다며 범행 관련 사실을 극구 부인했다. 하지만 경찰은 직접적인 살해 동기가 드러나지는 않았지만 피살자의 부인을 지나치게 보호하는 태도와 언행을 보이고, 은연중에 피살자를 비난하는 듯한 어감을 풍기는 임 씨를 수상하게 여겼다. 그로 인해 이런 유형의 살인 사건에서 일반적으로 나타나는 '치정에 얽히고 보험금을 노린 공범 형태의 청부 살인'이라고 보고 조심스럽게 증거 확보에 주력했다.

경찰은 피살자 부인의 거처와 소유물, 용의자 임 씨의 거처에 대한 압수수색 영장을 신청하기로 했다. 이를 위해 임 씨를 상대로 심문을 하던 형사는 사건의 핵심 사실 관계에 대한 질문을 할 때 응답하는 임 씨의 목소리가 떨리고 팔다리를 자주 흔드는 등 '불안 반응'을 보이는 것을 포착했다. 형사는 한동안 말없이 임 씨를 응시하다가 갑자기 낮은 목소리로 정곡을 찔렀다.

"왜 그랬어?"

아무리 찔러도 꿈쩍하지 않을 것 같은 외모의 베테랑 형사가 한동안의 침묵 끝에 모든 것을 다 알고 있다는 듯이 던진 그 한마디는 신경을 곤두세우고 거짓말에 거짓말을 거듭하며 자신을 가까스로 지켜오던 용의자 임 씨의 심리적 방어선을 무너뜨렸다.

"그놈은 죽어 마땅해요. 형수가 너무 불쌍해서 그랬습니다."

경찰 수사진의 시나리오가 그대로 맞아떨어지는 듯했다. 그러나 임 씨는 형수, 그러니까 피살자의 부인은 이 사실을 모르며 결코 공범이 아니라고 주장했다. 임 씨가 자백한 내용은 이러했다.

7년 전에 고향을 떠나 부천에 사는 선배 김 씨를 찾아와 함께 살며 신세를 지게 된 임 씨는 자신을 돌봐 주는 선배와 형수에게 깊은 고마움을 느끼고 열심히 일을 도왔다. 그런데 한 집에 살다 보니 김 씨 부부의 대화 내용이나 부부 관계 등 모든 사생활을 듣고 보게 되면서 김 씨에 대한 실망과 미움, 혐오감이 커져 갔다.

그는 자신에게는 너무도 아름답고 착하고 고마운 천사 같은 형수를 김 씨가 함부로 대하며 수시로 폭행하고, 동물적으로 범하는 것을 보았지만 말리거나 끼어들 수 없었다. 그저 마음속으로 괴로워할 뿐이었다. 그러던 중, 비디오 가게 운영이 어려워지면서 빚을 지고 생활고에 시달리게 된 김 씨가 자신에게 "강도로 위장해 보험금을 타 내도록 도와 달라."고 부탁하자 괜찮은 생각이라며 맞장구를 치고 구체적인 범행 계획을 수립하기에 이르렀다.

김 씨가 가입한 보험은 '머리에 상해를 입을 경우 8천만 원, 범죄 등 사고로 사망할 경우 4억 원'을 받을 수 있는 생명보험이었다. 이 점을 감안하여 생명에 지장이 없고 후유증이 발생하지 않도록 머리에 상해를 입히면 되었다. 만약 계획이 성공하여 보험금을 받게 되면 3분의 1을 임 씨에게 사례금으로 주기로 한다는 약속을 한 두 사람은 그 모든 과정을 비디오로 촬영해 증거로 남기기로 했다.

1998년 3월 1일 밤을 디데이로 잡은 두 사람은 비디오카메라와 붕대, 테이프, 몽둥이 등 범행 도구를 갖추고 다시 한 번 서로의 계약 내용을 확인한 뒤 실행에 들어갔다. 김 씨는 비디오카메라를 삼발이에 고정하여 작동시킨 뒤 의자에 앉았다. 그의 온몸을 붕대와 테이프로 감싼 임 씨는 고통과 사고 가능성을 걱정하는 김 씨에게 "아프지 않게 빨리 끝낼 테니 걱정 마세요."라고 안심시키고는 몽둥이를 휘둘렀다. 그런데 그만 머리를 잘못 때려 김 씨를 숨지게 만들었고, 그 후의 일이 두려워 가게에 불을 지른 뒤 도주한 것이다. 하지만 이 자백은 피해자 김 씨의 전신에 남겨진 상처들과 다발성 골절 등 참혹한 시신 상태를 충분히 설명해 주지 못했다.

아직도 밝혀내지 못한 쉐도우의 존재

하지만 그 의문은 곧 풀리게 되었다. 자백 이후 임 씨의 방에서 압수한 비디오테이프에 범행 과정이 고스란히 녹화되어 있었기 때문이다. 테이프를 본 형사들은 놀라움과 혼란에 사로잡혔다. 테이프 속 임 씨의 행동과 표정, 말투가 갑자기 완전히 다른 사람으로 변하는 믿기 어려운 광경이 펼쳐졌기 때문이다.

"아프지 않게 빨리 끝낼 테니 걱정 마세요. 조금만 참으세요, 형님."이라고 말하며 고분고분 존칭을 사용하던 임 씨가 몽둥이를 몇 차례 휘두르더니 갑자기 싸늘하고 매우 빠른 어투의 반말체로 입에 담기 힘든 욕설을 내뱉으며 이해하기 힘든 말을 쏟아 냈다.

"내가 누군 줄 알아? 난 '쉐도우'다. 내 나이가 몇인 줄 알아? 난 3천 살 먹은 악마이다. 너 같은 놈이 이해하지 못할 위대한 존재! 수천 년 전부터 널 응징하기 위해 기다렸다."

그러고는 몽둥이를 마구 휘두르다가 옆에 있던 돌덩이로 김 씨의 얼굴을 무자비하게 내리쳤다. 잠시 뒤 김 씨의 몸은 더 이상 움직이지 않았다. 하지만 그 후에도 임 씨의 공격은 계속되었다.

더욱 놀라운 것은 임 씨가 자신의 범행을 인정하면서도 악마처럼 변해 마구 공격을 휘두르던 모습은 전혀 기억하지 못한다는 사실이었다. 테이프를 통해 임 씨의 모습을 본 정신과 의사 등 전문가들의 견해도 엇갈렸다. "환청, 환시 등 망상 중세를 보이는 정신분열병이 의심된다."는 의견부터 "악령이 빙의한 것으로 보인다." 혹은 "다중인격 장애의 소견이 보인다."라는 주장 등이 제기되었다.

하지만 법정에서는 이런 주장들이 받아들여지지 않았고, 범인 임 씨에 대해서는 처음부터 김 씨를 살해하기로 계획하고 일을 꾸민 살인 행위에 대한 고의가 인정되었다. 임씨는 법원에서 무기징역을 선고받고, 현재 교도소에 복역 중이다.

영화 속 다중인격 장애자나 악령이 빙의한 모습을 연상시키는 임 씨의 전혀 다른 모습, '쉐도우'의 존재에 대해 과연 어떻게 해석해야 할까? 여전히 그 의문은 풀리지 않았다.

빙의와 다중인격장애
憑依, ghost possession, Multiple Personality Disorder

'빙의'는 '떠도는 영혼이 다른 사람의 몸에 옮겨 붙는' 미신적 현상을 뜻한다. '귀신'이나 '영혼'이 다른 사람의 몸에 깃들어 그 사람을 조종한다는 '빙의' 현상을 믿는 사람이 많다 보니 잘못된 믿음을 이용한 빗나간 상술이나 범죄가 종종 발생하고 있다. 일부 범죄적 무속인들이 정신질환이나 불행 등을 해결하기 위해 자신을 찾아온 사람들의 심리를 이용하여 죽은 조상의 영혼이나 나쁜 귀신이 '빙의'했기 때문에 좋지 않은 일이 생기는 것이라며 귀신을 쫓아 주는 대가로 거액의 돈을 뜯는 수법을 사용한다.

2007년 3월, 충북지방경찰청 여성청소년계에 체포된 5명의 여성 사기단은 재벌 아들과의 교제를 미끼로 여중생들에게 접근해 마음을 뺏고 혼란을 조장한 뒤 서로의 영혼이 바뀌는 '빙의' 현상이 일어나 피해자가 살인을 저질렀다고 믿게 만들고는 부모들에게서 수억 원의 돈을 뜯어내는 것으로도 모자라 해당 여중생들에게 성매매까지 시킨 사실이 드러나 충격을 주기도 했다.

또한 '다중인격장애'에 대한 관심이 나날이 높아지고 있다. '다중인격장애'가 널리 알려지기 시작한 것은 1957년에 출간된 소설 《이브의 세 얼굴(The Three Faces of Eve)》과 뒤이은 동명의 영화가 크게 흥행한 이후이다. 계속해서 다중인격장애에 대한 대중적 관심과 학계에서의 논쟁이 이어지다 급기야 1985년에 미국 정신의학회의 정신질환 진단 기준인 'DSM(Diagnostic and Statistical Manual of Mental disorders)'에 정식으로 이름을 올리게 되었다.

이후 다중인격장애를 주제로 한 서적의 출간과 영화 및 드라마의 제작 건수가 급격히 증가했다. 더 흥미로운 것은 이에 비례하여 정신과 의사들의 다중인격장애 진단 건수 역시 급격하게 증가했다는 것이다. 1999년에는 워싱턴주에서 자신이 치료하던 환자인 빌 그린(Bill Green)에게 강간당한 정신과 의사 메리 산티니니(Mary Santinini)가 그린에 대한 강간상해 유죄 판결에 반대하면서 "다중인격장애를 앓고 있는 그린이 자신을 강간할 때에는 '타이론(Tyron)'이라는 다른 인격이 지배하고 있었다."고 공개적으로 항의해 주대법원이 재심을 결정한 웃지 못할 사건이 발생하기도 했다. 당시까지 미국에서는 24개의 주 만이 다중인격장애를 형사책임이 면책되는 '심신 상실(insanity)'의 사유로 인정하고 있었는데, 워싱턴주는 이를 인정하지 않았다.

이러한 다중인격장애가 실제로 존재하느냐에 대해서는 정신의학자들 사이에서도 의견이 갈린다. 미국 존스 홉킨스 의대 '정신의학 및 행동과학과' 과장인 폴 맥휴(Paul McHugh) 교수는 다중인격장애가 '의사에 의해 만들어진 질환'이라며 그 존재 자체를 인정하지 않았다. 주로 어린 시절 끔찍한 성폭행 등 충격적인 트라우마를 겪은 이들이 그 기억을 분리(해리, dissociate)시킴으로써 자신을 지키려는 무의식적인 욕구를 가지며 불안, 히스테리 등의 증상을 호소하게 되고, 그 증상의 원인을 찾고 치료하는 과정에서 환자와 주위 사람 혹은 의사 간의 상호작용으로 억눌린 욕구를 드러내는 다른 '인격(alter)'들을 만들어 내게 된다는 것이다. 그는 일부 의사들이 이러한 증상에 대해 최면요법 등을 통해 그 인격들을 사라지게 하면 문제가 해결될 것이라고 '잘못' 믿게 되는 현상은 잘못되었다고 지적했다.

맥휴 교수는 이러한 접근이 일시적으로 문제가 해결된 것처럼 보일 수는 있지만 환자가 가지고 있는 복잡한 감정적 갈등과 트라우마적 경험들의 영향 등 문제의 원인을 무시한 채, 오히려 문제의 본질을 감추기 위해 '위장된' 표면적 증상에 매달림으로써 증상이 계속 재발되는 심각한 문제를 드러낸다고 경고했다. 그는 오히려 환자나 주위사람이 그러한 증상을 호소한다고 하더라도 이를 무시하고 불안, 히스테리, 간질 등 각각의 증상에 대한 처방과 함께 그러한 문제를 야기한 원인(어린 시절의 충격적 경험 등)을 찾아 환자 스스로 인정하고 극복하도록 돕는 것이 올바른 치료법이라고 주장했다.

반면 주로 최면요법을 사용하는 정신의학자들은 폭력, 우울, 불안 등의 문제를 가진 인격을 분리해 소멸시키는 치료의 효과성을 내세우며 다중인격장애의 존재를 인정하지 않는 것은 아집과 오만이라고 주장했다.

살인자를 꿈꾼
소년의 잔혹한 범행

잠자던 동생을 죽인 도끼 살인 사건

막내아들의 죽음, 큰아들의 실종

2001년 3월 5일 오전 7시 30분, 광주에서 야식집을 운영하던 부부는 밤
샘 영업으로 상당히 지쳐 있었다. 그들은 무거운 몸을 이끌고 두 아들이
곤히 자고 있을 아파트로 귀가했다. 하지만 그들을 기다리고 있었던 것
은 늘 귀여움을 독차지해 왔던 초등학교 4학년생 막내아들이 도끼에 찍
혀 피를 잔뜩 흘리며 안방 침대에 쓰러져 있는 광경이었다.

   아버지 양 씨는 놀란 가슴을 진정시킬 새도 없이 피가 뿜어져 나오는
목 부위를 수건으로 감싸고 막내아들을 안고 인근 병원으로 내달렸다.
하지만 병원 응급실에 도착했을 때 막내아들은 이미 숨을 거둔 상태였
다. 양씨 부부는 막내아들의 죽음으로 인한 충격에서 헤어나지 못했지
만 중학교 3학년생 큰아들이 보이지 않자 다시 한 번 충격에 휩싸였다.

어쩌면 막내아들을 살해한 범인이 큰아들을 해치거나 납치했을 수도 있었다. 부부는 떨리는 손으로 경찰서에 도움을 요청했다. 신고를 받고 초동수사에 돌입한 형사들은 양씨 부부에게 도무지 믿기지 않는 내용을 전달했다.

예고된 살인자 양 군

형사들은 큰아들 양 군을 동생을 죽인 범인으로 지목했다. 그들은 양 군의 컴퓨터를 분석하는 과정에서 그가 '좀비(zombie)'라는 명칭으로 미니홈페이지를 개설하여 운영 중이라는 사실을 확인했다. 그는 홈페이지의 자기 소개란에 '군대에 다녀와서 살인을 마음껏 즐기는 것이 앞으로의 계획'이라고 밝히고 있었다. 또한 좋아하는 것은 '파충류', '살육', '쾌락'이고, 싫어하는 것은 '정의', '법', '인간들'이라고 적어 두었다.

특히 사건이 발생하기 이틀 전인 3월 3일에는 자신의 홈페이지에 '가족과 정이 들면 안 된다. 살인이라는 것을 꼭 해 보고 싶다. 평범함에서 벗어나고 싶다. 할인점에서 도끼를 구입해 날을 갈아 침대 밑에 숨겨 두었다'라는 글을 일기 형식으로 올려 놓았고, 사건 전날인 4일 오후에는 살인 계획의 결행을 알리는 듯한 내용의 이메일을 친구들에게 발송했다. 양 군은 이미 오래전부터 살인을 저지를 것이라고 예고하고 있었던 것이다.

더구나 그는 학교에서 보관하는 신상 기록의 장래 희망란에 '살인업자'라고 적기도 했다. 그로 인해 담임선생님이 그의 부모에게 정신과 치료를 제안했다는 사실도 밝혀졌다. 그는 이미 주변 사람에게 '끔찍한 일을 저지를 가능성이 있는 아이', '심각한 문제가 있는 아이'라는 평가를 받고 있는 우려 대상이었다.

그에 대해 잘 알고 있는 선생님들과 친구들은 그가 일본에서 제작한 살과 피가 튀는 잔혹한 컴퓨터 게임인 〈이스이터널〉과 〈영웅전설〉을 비롯해 국내에서 제작한 네트워크 게임인 〈조선협객전〉, 엽기 사이트인 '바이오해저드', '귀신사랑' 등에 지나치게 심취해 있었다고 진술했다. 늘 게임에 대한 이야기만 하고, 게임 아이템 구입에만 열을 올렸으며 가상과 현실의 구별이 모호해서 현실 감각을 상실한 '게임 중독', '인터넷 중독' 상태였다는 것이다.

이러한 사실들이 알려지자 그는 '시한폭탄' 혹은 '살인 기계'의 상태에 있는 매우 위험한 존재라는 우려가 제기되었다. 더욱이 동생을 살해한 범행 도구인 도끼가 현장에서 발견되지 않아 그가 제2, 제3의 범행을 저지르기 위해 어딘가를 배회하고 있을지도 모른다는 불안감이 수사진과 주변 이웃들에게 번져 나갔다.

경찰서에서는 전 인력을 동원해 역과 터미널, PC방, 골목길, 학교 주변 등 그가 갈 만한 장소를 이 잡듯이 뒤지기 시작했다. 또한 인근 시·도는 물론 전국 경찰서에 사건 개요와 그에 대한 수배 내용을 전파하면서 공조를 요청했다.

그의 채팅 친구가 있다는 대구에는 직접 수사대를 급파했다. 형사들은 결국 그날 밤 9시, 사건 발생 13시간 반 만에 한 유흥가 골목을 서성거리는 양 군을 검거할 수 있었다. 양 군은 전혀 당황하는 기색 없이 순순히 형사의 체포에 응했다. 그는 살인은 매우 오래전부터 계획한 일이었고, 40~50명을 살해하는 것이 목표였다고 말했다. 그 목표를 이루지 못해 아쉽다고 차분하게 진술하는 모습은 담당 형사를 아연실색하게 만들었다.

양 군이 밝힌 당일 행적은 이렇다. 자신이 계획한 연쇄살인의 제1차 대상이었던 동생이 자고 있는 모습을 확인한 그는 미리 준비한 날 선 도끼로 동생의 목을 내리쳤고, 피를 흘리며 숨겨 가는 동생에게 "편안히 잘 자라."라고 인사했다. 그리고 피가 튄 옷을 갈아입은 뒤 도끼를 가방에 챙겨 들고 집을 나섰다.

자신을 알아보는 사람이 없는 곳으로 가 마음 놓고 살인을 하려 한 양 군은 버스터미널로 가는 길에서 만난 친구에게 동생을 죽였다고 말한 뒤 전북 고창으로 가는 버스에 몸을 실었다. 그리고 버스에서 내린 양 군은 길을 걷다가 40대 아저씨의 오토바이를 얻어 탔고, 아저씨가 잠시 길에서 소변을 보는 사이 뒤에서 도끼로 내리쳐 살해할 마음을 먹었으나 다른 사람이 지나가는 바람에 실행에 옮기지 못했다.

이후 마땅한 살해 대상을 찾지 못한 그는 다시 버스를 타고 광주로 돌아와 길거리를 돌아다니다가 인적이 없는 골목길에서 등을 보이고 서 있는 남자를 발견하고는 도끼를 꺼내 들고 다가갔다. 하지만 목표까지 몇 발짝 남겨 둔 곳에서 앞에 세워져 있던 큰 거울에 도끼를 든 자신의 모습이 비춰지자 순간 겁이 나 살해 욕구가 사라져 버렸다. 이후 주변을 배회하던 양 군은 자신을 찾기 위해 일대를 수색하던 형사에게 발견되어 검거되었다.

과연 '게임 중독'이 문제일까

양 군의 범행은 곧 '청소년의 게임 중독'과 그 폐해에 대한 사회적 논란을 불러일으켰고, 이는 폭력적·선정적인 내용을 담은 게임류의 등급

심의가 까다로워지는 계기가 되었다. 하지만 양 군의 범행을 '게임 중독' 탓으로만 돌리는 것은 무책임한 편의주의적 해석이 될 수 있고, 좀 더 본질적인 문제에 눈을 감게 만드는 부작용을 낳을 수도 있다.

양 군의 경우 게임 중독과 엽기 코드 심취에 이르게 된 성장 과정과 가정 환경상의 문제를 짚고 넘어가지 않을 수 없다. 또한 여러 차례 다양한 경로를 통해 성격과 심리, 행동상의 문제를 드러냈고, 더욱이 많은 사람이 그에 대한 문제를 감지했음에도 아무런 조치를 취하지 않고 방치한 가정과 학교, 사회에 책임을 묻지 않을 수 없다.

양 군의 재판 과정과 결과는 소년법 적용으로 공개되지 않았다. 현재는 어딘가에서 사회생활을 하고 있을 것이다.

'어린 살인자'가 발생하는 원인

2005년 한 해 동안 18세 이하 어린이가 저지른 살인 사건은 미국에서 944건(FBI Uniform Crime Reports, 2006), 우리나라에서 20건(대검찰청 범죄 분석, 2006)이었다. 각각 전체 살인 사건의 5.5%와 1%를 차지할 정도로 심각한 수준이다. 다만 미국은 12세 이하 '어린 아이 살인범'이 11명이나 되는 반면 우리나라는 14세 미만 살인자는 없고 14세 1명, 15세 2명으로 아직은 상대적으로 나은 상황이다.

그렇다면 우리 사회에서 '어린 살인자'가 발생하는 이유는 무엇일까. 입시에만 목을 매는 교육 당국과 학교, 먹여 주고 재워 주고 용돈을 주는 것이 부모의 가장 중요한 도리라고 믿고 있는 사회 풍토 속에서 끓어오르는 욕구와 애정에 대한 갈구를 해소하지 못한 아이들을 반겨 주는 곳이라고는 사이버 공간과 PC방, 게임방, 술집, 유해화학물질이 제공하는 환상과 환각의 세계뿐이라고 해도 과언이 아니다.

대화가 단절되고 건전한 놀이 문화와 자연스러운 인성 교육의 기회를 박탈당한 아이들 중에 특히 더 성격적 문제가 심각하고 부정적 자극에 노출된 아이들이 살인이라는 극단적 출구를 선택하면 누구나 아무런 준비와 예고 없이, 전혀 상관도 없이 어처구니없는 피해자가 될 수도 있다는 것을 명심해야 한다.

널리 알려진 잘못된 속설과 달리 '빈곤'이나 '결손가정' 등 가정의 경제적 혹은 외형적 모습이 '어린 살인범'을 만드는 원인은 아니다. 2005년에 우리나라에서 발생한 18세 이하 '어린이 살인범'(20명)의 40%(8명)는 '중류 이상' 가정 출신이고, 70%(14명)는 친부모와 함께 살고 있었다. 어린이 살인범 중 부모가 없는 고아는 1명에 불과했다. 가정의 절대적인 경제 수준이나 부모 모두와 함께 사느냐, 친부모냐의 여부는 어린이 살인자가 발생하는 결정 요인이 아니라는 것이다.

이러한 '외형'보다는 함께 사는 어른(그가 누구이든)이 아이에 대해 얼마나 사랑과 관심을 쏟고 진심 어린 대화를 하며, 규칙 준수와 타인에 대한 배려의 중요성을 강조하고 체득시켜 주느냐, 긍정적인 태도와 희망을 보여 주고 실천하느냐 아니면 폭력적이고 위협적인 분위기를 조성하거나 학대 혹은 방치하느냐가 결정적인 영향을 끼치는 원인이라고 할 수 있다.

그렇다면 국가별 형사미성년자 연령은 어떻게 될까. 장난삼아 세 살 어린이의 장난감을 뺏었는데 화가 난 어린이가 휘두른 포크에 눈이 찔렸다면, 그 어린이를 상해죄로 고소할 수 있을까? 과연 몇 살 때부터 범죄 행위에 대해 책임을 물을 수 있을까?

각 국가별로 형사책임을 물을 수 없는 어린이(형사미성년자)의 나이를 법으로 규정하고 있다. 우리나라는 독일, 프랑스, 일본, 중국과 같이 14세, 터키는 11세, 영국은 10세, 스코트랜드는 8세 미만에 대해서는 어떤 범죄를 저질러도 형사처분을 하지 못하도록 규정하고 있다. 미국은 주마다 다른데, 플로리다 등 37개 주에서는 형사미성년자 규정을 두지 않아 아무리 나이가 어려도 범죄를 저지르면 처벌하는 반면, 오클라호마주는 7세, 콜로라도주는 10세, 캘리포니아주는 14세 등 나머지 14개 주는 형사미성년자 규정을 두고 있다.

형사미성년자 규정에 대해서는 최근 범죄의 연소화와 흉포화를 근거로 그 연령을 낮추자는 견해와 미성숙한 어린이와 청소년의 특성을 감안하여 그 연령을 높이거나 소년범죄에 대한 특칙을 강화해서 형사처분 대신 교화와 선도 위주의 보호 처분을 확대하자는 주장이 대립하고 있다.

우리나라에서는 그동안 소년법에 12~13세 소년이 범죄를 저지르면 이들을 '촉법소년'으로 보고 소년원 수용 교육이나 수강 명령, 보호관찰 등 '보호처분'을 부과할 수 있도록 정하고 있었으나 11세 이하 초등학생의 범죄가 늘어나고 있는데, 이들에 대해 아무런 조치도 취할 수 없다는 지적이 강하게 제기되어 최근 '촉법소년'의 연령을 10세로 낮추는 소년법 개정이 이루어졌다.

다중인격장애 살인
'케네스 비안치' 사건

1977년 가을부터 1978년 겨울까지 미국 LA 외곽 언덕배기에서 옷이 벗겨진 여성의 시신 10구가 발견되었다. 경찰 감식 및 법의관의 부검 결과, 피해자들은 모두 강간을 당한 뒤 목이 졸려 살해되었다. 범행 수법이 똑같은 '동일범에 의한 연쇄살인'이었다.

1979년 1월 11일, LA로부터 약 2,000km 떨어져 있는 워싱턴주 벨링햄에서 맨딕과 와일더의 시신이 발견되었다. 옷은 입혀져 있었지만 경찰 감식 결과, 두 여성 모두 강간당한 뒤 목이 졸려 살해당했다는 사실이 확인되었다. 현장에서는 범인이 남긴 발자국과 지문 등의 증거가 발견되었다.

다음 날 아침, 범죄 장소였던 빈집의 관리를 맡고 있던 경비 용역원 중한 명인 케네스 비안치(Kenneth Bianchi)가 경찰에 체포되었다. 그는 얼마 전 LA에서 이사를 온 28세 청년이었다. 벨링햄 경찰은 이 사실을 LA

경찰에 통보했고, 곧 LA 경찰 수사진이 벨링햄으로 날아왔다. 하지만 비안치는 횡설수설하며 LA 연쇄살인에 대해 전혀 알지 못하는 듯한 모습을 보였다. 벨링햄 살인 사건에 대한 조사에서도 같은 태도를 취하던 비안치는 경찰이 족적과 지문 등 증거를 들이대자 사실은 자신이 종종 기억을 잃는 기억상실증(amnesia) 환자이며, 그 당시에도 기억을 잃어 무슨 일이 일어났는지 모른다고 진술했다.

비안치의 변호를 맡은 브렛(Dean Brett)은 스탠퍼드 대학교의 범죄 심리학 교수이자 정신과 의사인 도날드 룬드(Donald Lunde)와 최면 요법 전문가로 유명한 몬태나 대학교의 범죄심리학 교수 존 왓킨스(John Watkins)에게 비안치에 대한 정신감정을 요청했다. 곧 최면 신문(hypnotic interview)이 실시되었다. 신문 도중 그에게서 자신이 '케네스 비안치'가 아니라 '스티브'라고 주장하는 '다른 인격'이 등장하더니 비안치가 아닌 자신(스티브)이 벨링햄에서 맨딕과 와일더를 살해했고, LA에서 10명의 여성을 살해했다고 주장했다.

그로 인해 브렛은 1979년 3월 30일에 열린 공판에서 '다중인격장애로 인한 심신 상실 상태에서 행한 범죄이므로 무죄'라는 주장을 제기했다. 검찰은 비안치 측 전문가 증인인 범죄심리학자들의 진단 내용에 대해 반박하기 위해 내로라하는 범죄심리학자와 정신과 의사들을 감정 증인으로 위촉했다. 그야말로 사상 최초, 전대미문의 '범죄심리학 대전'이 벌어진 것이다.

곧 비안치에 대한 가족력 조사, 최면 신문, 비안치의 정신세계 속에 존재하는 각 인격에 대한 심리검사 등 복잡하고 다양한 검사와 조사가 행해졌다. 전문가들은 전형적인 '다중인격장애'라는 의견과 무죄 판결을 받기 위해 치밀하게 준비된 '철저한 거짓말'이라는 의견으로 나뉘었다. 특히 다중인격장애 환자 48명에 대한 진단 및 치료 경력을 가진 이 분야 최고 전문가 앨리슨(Ralph Allison) 박사는 2개월에 걸친 심층 면담과 최면, 심리 검사 결과를 정리한 124쪽 분량의 보고서를 통해 비안치 안에 '케네스'와 '스티브', '빌리'라는 세 인격이 존재하며 살인을 저지른 '스티브'는 정신분열증과 편집증을 앓고 있는 매우 폭력적인 성향으로, 비안치의 아버지가 사망한 13세 때 형성되었다는 주장을 펼쳤다.

하지만 비안치에 대한 최면 신문 과정을 CCTV로 모니터링하던 LA 경찰청 프랭크 살레르노 형사는 비안치가 '스티브'로 변해 범행 과정을 이야기하던 중 자신을 '내가(I)'가 아닌 '그가(He)'로 표현하는 실수를 저지르는 찰나를 포착했다. 의문을 품은 살레르노 형사는 곧장 추가 보강 수사를 실시했고, 조사 결과 '스티브'는 비안치가 과거에 심리학자를 사칭하기 위해 도용한 심리학과 대학원생의 실제 이름이라는 것이 밝혀졌다. 또한 비안치가 처음에는 '스티브'의 존재에 대해서만 주장하다가 경찰이 고용한 범죄심리학자 오언(Orne) 박사가 일반적인 다중인격장애 환자는 2명이 아닌 3명 이상의 인격을 가지고 있다고 이야기하자 '빌리'의 존재를 급조했다는 사실도 드러났다.

어렸을 때부터 '습관적 거짓말쟁이'였던 비안치는 머리가 좋고 욕심은 많았으나 노력하는 것을 싫어해 편법으로 일관된 삶을 살았고, 절도 전과를 가지고 있었다. 그는 지역 전문대학 경찰행정학과 진학에는 성공했으나 한 학기도 마치지 못하고 그만둔 뒤 경비원을 포함한 이런저런 비정규 노동 직종에 종사했다. 하지만 어떤 직장에서도 오래 남아 있지 못했다. 그로 인해 항상 욕구 불만에 차 있던 비안치는 경찰관 복장과 신분증 등을 위조해 사용하며 공범인 사촌 '안젤로 부오노(Angelo Buono)'와 함께 여성들을 유인해 강간하고 살해하는 연쇄살인을 저지른 것이다.

치밀한 경찰 수사와 경찰 측 범죄심리 전문가의 전략을 통해 성공할 뻔했던 비안치의 '다중인격장애' 흉내는 실패로 돌아갔다. 그는 결국 검사의 '유죄 인정 협상(Plea Bargain)'에 동의했고, 공범인 부오노의 범행에 대한 증언과 연쇄살인에 대한 자백, 정신질환인 것처럼 꾸며댔던 사실을 인정한 데 대한 대가로 부오노와 함께 '사형'이 아닌 '종신형'을 선고받았다.

7장

드러나지 않은 진실, 주한미군 살인 사건

사건 15 동두천 주한미군 범죄 희생자 윤금이 살인 사건

사건 16 이태원 살인 사건

해외 사례 미군 병사의 아프가니스탄 16명 학살 사건

외국 군대가 국방 지원 등을 위해 주둔하고 있는 경우, 포괄적인 안보 협정의 일부로 해당 외국군에 소속된 사람들에게 권리와 특전을 부여하기 위해 포함하는 협정을 '주둔군지위협정(SOFA)'이라고 한다. 전 세계 가장 많은 나라에 군대를 파견하고 있는 미국이 주로 체결하지만 영국, 프랑스, 독일, 이탈리아, 러시아 등의 유럽 국가와 호주를 비롯하여 우리나라도 외국에 군대를 파견하고 주재국과 SOFA를 체결하고 있다.

SOFA는 주로 법적인 문제를 관장하는데, 주둔군에 소속된 사람들과 장비 및 물품 등에 대한 내용을 담고 있다. 즉 출입국, 세금, 우편 및 주재국 국민의 채용 등을 포괄한다. 이 내용 중에 특히 문제가 되는 것은 민법과 형법상의 관할권 문제이다. 민법상의 문제는 물적 피해에 대한 배상을 어떻게 할 것인가의 문제를 규율하고, 형법상의 문제는 범죄 사건의 관할권을 다룬다. 주로 주둔군 소속 사람들 간에 일어난 범죄나 공무수행 중에 발생한 범죄는 주둔군에 수사권과 재판권이 있는 반면, 그 외 범죄는 주재국에 수사권과 재판권이 있는 것이 상례이다. 그런데 우리나라 등 일부 국가에서 주둔군 소속 사람이 주재국 국민을 대상으로 범죄를 저질러도 주둔군에서 사법관할권을 갖도록 불평등한 조약을 맺는 사례가 발생해 논란과 분쟁이 야기되기도 한다.

특히 주둔군의 규모가 큰 국가에서 SOFA를 둘러싼 정치적 문제가 발생하곤 한다. 2002년에 우리나라에서 발생한 효순·미선 양 사망 사건이 가장 대표적인 사례이다. 경기도 의정부에서 도보로 귀가하던 두 여중생이 훈련을 마치고 귀대하던 미군 장갑차에 치어 사망했다.

당시 사건은 SOFA 규정에 따라 미군 재판부에서 다뤘고, 단순한 사고로 판단해 장갑차를 운전한 병사에게는 면죄부를 주고 피해 유가족에게는 민사상 손해배상 결정만 내렸다. 이에 분노한 시민들은 전국 주요 도시에서 SOFA 규정과 미군 재판부의 결정을 비판하고, 책임 있는 미군 병사들을 한국 법정에 세울 것을 요구하는 시위를 벌였다.

2004년, 루마니아 수도 부카레스트에서도 이와 유사한 사건이 발생했다. 한 해병대원이 음주운전을 하다 루마니아의 유명 가수 테오 피터(Teo Peter)가 타고 있던 택시를 들이받았고, 결국 테오 피터는 그 자리에서 사망했다. 이 사건 역시 미군 법정에서 고의나 중과실이 없다며 무죄 판결을 내렸다. 판결 결과에 격분한 시민들은 루마니아 전역에서 항의 시위를 벌였다. 결국 루마니아 주재 미국 대사관이 테오 피터의 예술적 업적을 기리는 기념비를 세워 주겠다고 제안해 시위를 진정시켰다.

사건 15

미군에 희생된
꽃다운 청춘의 절규

동두천 주한미군 범죄 희생자 윤금이 살인 사건

지옥문이 열리다

경기도 동두천시 보산동에 위치한 김성출의 집은 여러 개의 쪽방이 있는 허름한 판잣집이었다. 그곳에는 인근 미군 부대 주변에서 일하는 아가씨들이 세 들어 살고 있었다. 다들 어려운 삶을 꾸려 나가는 처지인지라 서로 돕고 의지하며 조용히, 평범하게 살아가고 있었다. 하지만 1992년 10월 28일 오후 4시 반, 집주인 김성출이 만 하루가 넘도록 밖으로 나오지 않는 '문간방 아가씨'의 방문을 연 순간, 말로 표현할 수 없는 처참한 광경이 눈앞에 펼쳐졌다.

부모의 병원비를 구하기 위해, 동생들의 학비를 마련하기 위해, 가족의 빚을 갚기 위해 객지에서 미군들에게 술과 웃음을 팔며 외롭고 힘들게 살아가는 아가씨들이었기 때문에 몸이 아프면 특히 더 서럽다는 것

192

을 잘 아는 김성출은 밖에서 아무리 이름을 불러도 대답이 없는 아가씨의 방문을 열었다. 가장 먼저 김성출을 반긴 것은 코를 찌르는 악취였다. 그의 두 눈에는 곧바로 의미를 파악할 수 없는 괴이한 광경이 비춰졌다. 집기는 마구 어지럽혀 있었고, 바닥에는 사람처럼 보이는 물체가 하얀색 가루에 뒤덮여 있었다. 그리고 그 밑에는 검붉은 액체가 군데군데 엉긴 채 말라붙어 넓게 깔려 있었다.

이러한 상황을 목격한 적은 물론, 상상조차 한 적 없었던 김성출은 큰 충격에 휩싸여 털썩 주저앉고 말았다. 정확히 어떤 일이 일어났는지는 모르겠지만, 문간방 아가씨에게 뭔가 끔찍한 일이 일어난 것은 분명해 보였다. 순간 머릿속이 하얗게 변했다. 아무것도 하지 못하고 멍하니 앉아 있던 김성출은 놀란 가슴을 진정시키고 얼른 전화기를 찾아 횡설수설하며 겨우 신고를 마쳤다.

현장에 도착한 경찰관들 역시 경악했다. 하얀 가루를 뒤집어쓰고 있는 여성은 실오라기 하나 걸치지 않은 나체 상태였다. 얼굴은 알아보기 힘들 정도로 난타당해 터지고 붓고 찢어져 있었다. 바닥에 말라붙은 검붉은 액체는 피가 분명해 보였다.

더 끔찍한 것은 이미 사망한 지 여러 시간이 지나 보이는 고인의 시신이 끔찍하게 유린되고 훼손당해 있었다는 사실이다. 시신의 성기에는 유리 음료수 병이 박혀 있었고, 항문에는 철제 우산대가 깊이 꽂혀 있었다. 이후에 실시된 시신 부검 과정에서는 더욱 경악할 만한 일이 벌어졌다. 시신의 성기 밖으로 삐져나온 음료수 병 안 쪽에 맥주병 2개가 더 들어가 있었던 것이다. 부검의 역시 경악을 금치 못했다. 지옥이 있다면 바로 이런 모습이 아닐까? 그날 오후 김성출이 연 것은 '지옥문'이었던 것이다.

그녀에게 허락되지 않았던 행복

지옥 같은 고통을 겪고 생을 마감한 피해자 윤금이(당시 26세)는 꽃다운 나이에 또래 여성들이 누리고 있는 평범한 행복을 포기하고 고달프게 살아가던 가여운 젊은이였다. 시골 농촌 마을에서 5남 1녀 중 외동딸로 태어나 가족의 사랑과 귀여움을 한 몸에 받고 자랐지만 아버지가 지독한 가난 끝에 얻은 병환으로 사망한 열일곱 살 때부터 그녀의 인생은 빗나가기 시작했다.

돈을 벌기 위해 도시로 떠나 온 윤금이는 공장을 전전하며 죽어라 고생했다. 하지만 그녀의 손에 쥐어지는 돈은 너무나 적었다. 그때 누군가 그녀에게 악마의 손길을 뻗었다. 당장의 삶에 힘겨워하던 윤금이는 결국 큰돈을 벌 수 있다는 꼬임에 빠져 유흥업소에 취직하게 되었다.

그렇게 평택과 안정리 등 미군 부대 인근 유흥업소에서 일을 하던 윤금이는 이것이 자신이 원하던 삶이 아니라는 것을 깨닫고 새로운 삶을 일구겠다고 마음먹었다. 그리고 사건이 발생하기 얼마 전인 1992년 10월 초에 월세 4만 원짜리 문간방을 얻어 동두천으로 거처를 옮겼다. 윤금이는 꽃도 팔고 구걸 행위도 하면서 가능하면 술과 웃음, 몸을 팔지 않으려고 무진 애를 썼다. 하지만 세상은 그리 녹록지 않았다. 결국 윤금이는 먹고 살기 위해 주말이면 다시 미군 클럽에 나가 미군들과 함께 술을 마시고, 춤을 추고, 대화 상대가 되어 주는 '양색시' 생활을 하게 되었다.

그 어려운 생활 속에서도 윤금이는 사건 발생 16일 전이었던 자신의 생일날 정성껏 음식을 만들어 이웃들에게 나눠 주며 행복한 미소를 짓기도 했다. 어느 누구에게도 피해를 끼쳐 본 적 없고, 또래 친구들처럼 영화도 보고 차도 마시고 여유롭게 수다를 떠는 '사치'를 누려 본 적이 단 한 번도 없던 윤금이는 1992년 10월 28일 새벽, 안타깝고 처참하게 생을 마감했다.

사망 이틀 후인 10월 30일, 시골에서 청천벽력 같은 소식을 접하고 달려온 가족들이 보는 가운데 시신은 화장 절차를 거쳐 영면에 들어갔다.

수사, 범인 검거

현장 감식을 통해 명백한 살인 사건임을 확인한 의정부경찰서는 가용 경찰력을 총 동원해 현장 인근에 대한 수색을 실시했다. 또한 형사 40명을 급파해 피해자 주변 인물과 현장 인근에 대한 탐문 수사 및 주변 우범자 등의 용의선상을 파악하는 데 주력했다.

소위 '기지촌'이라 불리는 미군 부대 인근 지역의 특성과 피해자 윤금이의 직업을 감안하여 미국 범죄수사대 역시 수사관을 파견해 한국 경찰과 공조수사를 진행했다. 사건 전날 밤 고인의 행적을 탐문하던 형사들은 윤금이가 술에 잔뜩 취한 채 백인 미군 병사의 도움을 받아 귀가했다는 사실을 알아냈다. 귀가를 하던 길에 집 근처에 있는 가게에 들러 삶은 계란 등을 사 먹은 사실도 확인했다.

형사들은 곧바로 해당 미군의 신원 확인 작업에 들어갔다. 한편 시신을 부검하던 중 자궁 안에서 발견된 맥주병에서 또렷한 지문이 발견되었다. 피해자의 지문이 아니었기 때문에 용의자만 나타난다면 그 사람이 범인인지, 그렇지 않은지 확인하는 것은 문제가 되지 않았다.

사건 발생 3일째인 10월 31일, 목격자들의 진술과 제보를 토대로 사건 전날 만취한 윤금이와 함께 귀가한 미군 병사가 주한미군 제2사단 제20보병연대 5대대 본부중대 소속인 케네스 마클(Kenneth Markle, 20세) 이병이라는 사실을 확인했다. 형사들은 곧바로 케네스 마클을 체포하고, 그가 소지하고 있던 피 묻은 셔츠를 증거물로 압수했다. 케네스 마클의 지문은 시신의 자궁 안에서 발견된 맥주병에 찍힌 지문과 정확하게 일치했다. 살해한 사람과 맥주병을 꽂아 넣은 사람이 다른 사람이 아니라면, 사건은 해결된 것이라고 봐도 무방했다.

또 한 번 눈물 흘리게 한 한미 주둔군지위협정(SOFA)

하지만 한 가지 변수가 있었다. 검거된 피의자가 '보통 사람'이 아닌 '미군 병사'라는 점이었다. 일제강점기 때 독립하면서 미군정청의 통치를 받고, 6·25전쟁과 이후 분단 상태에서 미군의 주둔을 필요로 했던 우리나라는 미국과 주둔 미군의 법적 지위 및 미군 기지와 시설의 권리 등을 보장해 주는 '주둔군지위협정(Status Of Forces Agreement, SOFA)'을 체결했다.

그 내용 중에는 한국 경찰이 범죄 혐의로 체포한 미군 병사나 군속의 신병을 즉시 미군 측에 인도해야 한다는 조항이 포함되어 있었다. 구속이 필요한 경우 구금 장소는 '미군 시설 내'로 한정하고 있어 이번 사건처럼 한국인 여성을 무참하게 살해한 중대한 흉악 범죄 사건의 피의자임에도 한국 경찰이 구속 수사를 통해 집중적으로 조사할 수 없는 문제가 도사리고 있었다.

미군 헌병대는 의정부경찰서에 피의자 케네스 마클의 신병 인도를 요청했고, 한국 경찰은 그를 넘겨줄 수밖에 없었다. 한국 경찰은 케네스 마클에 대한 조사가 필요할 때마다 미군 부대를 방문해 복잡한 출입 절차를 거친 후에 제한된 시간 동안, 미군 관계자 입회하에 조사를 실시해야만 했다.

사건 보도를 접하고 범행의 참혹성에 경악한 시민들은 용의자를 검거하고도 우리 경찰서 유치장에 구속해 철저하게 수사하지 못하는 현실에 분노했다. 늘 외세에 짓밟히고 당하고만 살아 온 '민족의 한'이 자극받은 것이다. 일부에서는 미군이 용의자 케네스 마클 이병을 본국으로 송환해 버릴 것이라는 우려를 표하기도 했다.

11월 3일, 동두천 시민들과 사회단체들은 한국 정부의 적극적인 자세와 미군의 피의자 사병 인도를 요청하는 성명서를 발표했고, 동두천 시내 택시 운전사들은 '미군 승차 거부 운동'을 공개적으로 펼쳐 나갔다. 11월 4일에는 '동두천 지역 대책위원회'가 결성되었고, 11월 5일에는 총 50여 개의 사회단체가 모여 '주한미군의 윤금이 살인 사건 공동대책위원회(공대위)'를 결성했다. 공대위는 피의자 케네스 마클의 구속 및 엄중한 처벌과 미국 정부의 공식 사과를 요구하는 성명서를 발표하고 미군 2사단에 제출했다.

이후 동두천 거리에서는 시민들의 규탄대회와 시위가 끊이지 않았고, 시위의 물결은 동두천을 넘어 서울과 전국 각지로 번져 나갔다. 불공정한 한미 주둔군지위협정의 개정을 요구하는 목소리도 커지기 시작했다.

반성 없는 범인, 커져만 가는 국민들의 분노

사건 발생 4개월 만인 1993년 2월 17일, 서울형사지방법원 대법정에서 케네스 마클 이병에 대한 첫 공판이 열렸다. 이후 3월 10일 2차 공판, 3월 24일 3차 공판에 이어 4월 14일 선고공판이 열렸다. 재판부는 피고인 케네스 마클에 대해 검찰의 구형량을 그대로 인정하여 무기징역을 선고했다. 공판이 열릴 때마다 재판장은 방청객에게 "재판부를 믿고 지켜봐 달라."는 당부를 해야 할 정도로 법정 안과 밖은 규탄과 항의의 목소리로 소란스러웠다.

특히 매번 미군 헌병들에 의해 호위된 채 법정에 출두하는 피고인 케네스 마클이 자신의 죄를 인정하고 뉘우치기는커녕, 모든 증거와 목격 진술을 부인하며 책임을 회피하는 태도를 보이자 방청객과 시민들의 분노는 더욱 커져만 갔다. 케네스 마클 이병은 '램버트' 상병이 진범이라고 주장했다. 그 순간 법정 소란은 극에 달했다. 그 말이 사실이라면 미국 측이 진범을 감추고 있음을 의심할 수밖에 없었다. 또한 범인이 2명일 수도 있다는 가설을 세울 수도 있었다. 케네스 마클이 거짓 진술을 한 것이라면 인면수심 범죄자의 무책임한 능멸적 언행에 국민들은 더욱더 분노할 것이 분명했다.

하지만 수사 초기에 램버트 상병은 관련성이 없는 것으로 결정 내려져 그에 대한 추가 조사는 이루어지지 않았다. 케네스 마클에 따르면 자신은 의무병으로서 우연히 술에 만취해 비틀거리는 윤금이를 만나 부축해 집까지 데려다 주었는데, 평소 그녀와 알고 지내며 몇 차례 관계를 맺었던 램버트 상병이 이를 목격하고 쫓아와 자신에게 결투를 신청했다는 것이다. 그는 그 와중에 윤금이가 자신에게 병을 휘두르며 폭행을 하기에 병을 빼앗아 이마를 몇 차례 때린 뒤 부대로 돌아왔기 때문에 그 후에 벌어진 일들은 알지 못하고, 만약 누군가가 범행을 저질렀다면 램버트 상병의 짓일 것이라고 주장했다.

하지만 그는 왜 자신의 지문이 또렷이 묻은 맥주병이 피해자 시신의 자궁 안에서 발견됐는지에 대해서는 설명하지 못했다. 지금이라면 아마 언론에서 케네스 마클이 죄책감을 느끼지 못하고 반성할 줄 모르며 공감 능력이 없는 '사이코패스'라고 규정했을 것이다.

끊임없는 케네스 마클의 악행

케네스 마클은 무기징역을 선고받고 즉각 항소했다. 케네스 마클에 대한 엄중한 처벌과 미국의 공개 사과, 한미주둔군지위협정 개정 등을 요구하는 성명 발표와 집회, 시위가 계속되었다. 1심 판결 후 5개월 만인 9월 24일, 항소심 1차 공판이 열렸다.

하지만 항소심 재판이 이루어지기 한 달 전인 1993년 8월, 미국 정부는 윤금이의 유가족에게 7,100만 원의 민사상 배상금을 지급했고, 이 사실은 한국 법정에서의 항소심 재판에 영향을 미치게 되었다. 합의 및 공탁금 관행과 제도를 두고 있는 우리 형사소송 절차는 피해자와 가해자가 합의를 하거나 가해자가 충분한 금액을 법원에 공탁하면 그 정상을 참작해 감형을 해 주었기 때문이다.

항소심 공판에서도 시종일관 병으로 피해자의 이마를 때리는 '폭행' 행위만을 인정하고 살인과 시신 모욕 및 훼손 행위에 대해서는 비논리적이고 비합리적인 부인으로 일관해 온 케네스 마클은 책임을 인정하거나 반성하는 태도를 보이지 않았음에도 불구하고 무기징역이었던 원심보다 낮은 징역 15년으로 감형받았다. 항소심 판결 후 즉각 상고하지 않고 결과를 받아들이려 했던 검찰은 국민들의 항의가 거세지자 대법원에 상고했지만 대법원 역시 1994년 4월 29일, 징역 15년을 확정하는 판결을 내렸다. 이로써 모든 재판 절차가 종료되었다.

자신이 미군의 보호에서 벗어나 한국 교도소로 이감될 것임을 알게 된 케네스 마클은 미국 대법원에 한국 교도소에 수감될 경우 생명이 위태로울 수 있다며 미군이 자신을 한국 정부로 '신병 인도'하는 조치를 금지해 달라는 청원을 제출했다. 하지만 그동안 한국 시민들과 단체들이 규탄 집회와 성명서 발표, 시위를 벌이는 것은 물론, 빌 클린턴 미국 대통령에게 공개서한까지 보내 '정의 구현'을 요구했다는 사실을 잘 알고 있던 미국 대법원은 케네스 마클의 '마지막 꼼수'를 기각했다.

그동안 미군 부대 내에서 미군의 보호하에 있으면서 불구속 상태나 다름없이 재판을 받아 오던 케네스 마클은 결국 대법원 확정 판결이 내려진 지 18일 만이자 사건이 발생한 지 1년 6개월 만인 1994년 5월 17일에 대한민국 정부로 신병이 인도되어 '천안소년교도소'에 마련된 외국인용 감방에 수감되었다.

케네스 마클은 천안소년교도소에 수감된 지 1년 만인 1995년 5월 5일 어린이날, 감방 동료인 미국인 재소자 더프 리차드와 함께 교도관들에게 욕설을 퍼붓고 유리병을 집어던져 아크릴 창을 깨뜨렸다. 그리고 소화기를 집어 들고는 교도관들을 향해 닥치는 대로 분사했다. 할리우드 B급 영화에서나 볼 수 있는 '교도소 난동'을 실제로 저지른 것이다. 두 미국인은 이 난동 행위에 대해 공무집행 방해 및 공용 물건 손상 행위로 기소되어 징역 8개월을 추가로 선고받게 되었다.

윤금이가 남긴 유산
주한미군범죄근절운동본부와 SOFA 개정

윤금이의 살인 사건을 계기로 각계각층의 단체로 구성되었던 '주한미군의 윤금이 살인 사건 공동대책위원회'는 미군 범죄 피해자 인권보호와 SOFA 개정을 위한 상설 조직으로 개편되어 1993년 10월 26일, '주한미군범죄근절운동본부'로 재탄생되었다.

윤금이 살인 사건 이후에도 미군 범죄는 끊이지 않고 발생했지만 그때마다 주둔군지위협정(SOFA)으로 인해 우리 경찰은 미군 피의자를 제대로 수사하지 못했고, 기소 및 재판 과정에서도 주권국으로서의 당당한 형사관할권 행사를 하지 못했다.

그러다 결국 2000년 2월, 미군을 상대하는 이태원의 유흥업소에서 또다시 한국인 여성 종업원이 미군에게 참혹하게 피살당하는 '제2의 윤금이 사건'이 발생하자 주한미군범죄근절운동본부가 중심이 된 SOFA 개정 운동이 전개되었다. 한미 양국은 적극적인 개정 협상을 벌인 끝에 2001년 4월, 미군 범죄 피의자를 '기소 시점에 한국 정부로 신병 인도'한다는 내용을 포함한 개정이 이루어졌다.

비록 만족스럽거나 충분하지는 않지만 분명 진일보한 한미 관계요, 대한민국의 주권이 완전한 독립을 향해 성큼 나아간 진전이라고 할 수 있다. 그 공은 오롯이 윤금이의 것이라 할 수 있다. 26년이라는 시간을 고통과 한숨 속에서 지내다 참혹하게 삶을 마감했지만, 그녀의 희생은 그녀를 한 번도 돌보지 않았던 조국 대한민국의 발전을 위한 디딤돌이 되었다.

사건 16

피해자는 있는데
살인자는 없다

이태원 살인 사건

한밤의 광란, 대한민국을 유린한 미군 병사들

2013년 3월 2일 밤 11시 53분, 서울경찰청 112센터에 다급한 신고 전화
가 접수되었다. 서울 용산구 이태원에 있는 해밀턴 호텔 앞에서 외국인
이 시민들을 향해 공기총을 쏘고 있다는 내용이었다.

곧 인근 파출소에서 출동한 경찰과 승용차에 탄 외국인 총기 난동자
들이 대치하는 상황이 발생했다. 경찰관이 검문을 시도하자 그들은 차
로 경찰관과 시민들을 밀치고 도주하기 시작했다. 이 광경을 목격한 택
시기사 최 씨는 본능적으로 길거리에 서 있던 임성욱 순경을 태우고 범
인들의 뒤를 쫓았다. 추적을 계속한 택시는 범인들을 막다른 골목으로
몰아넣었다.

임 순경이 차에서 내려 도주 차량의 운전석으로 다가가 시동을 끄고

차에서 내릴 것을 요구했지만 범인은 오히려 가속페달을 밟으며 전진과 후진을 반복했다. 결국 임 순경은 차에 치였고, 그 순간에도 차량 문을 붙잡은 손을 놓지 않아 다리가 바퀴에 깔리고 말았다.

온몸을 휘감는 고통에도 불구하고 임 순경은 총을 뽑아 경고를 한 뒤 공중을 향해 공포탄을 쐈다. 그러나 차량의 살인적 굉음과 움직임은 멈추지 않았다. 임 순경은 바퀴를 향해 실탄을 발사했다. 하지만 그들은 그런 위협 정도는 우습다는 듯 갑자기 후진을 하더니 골목을 막아선 택시 옆을 지나 도주해 버렸다.

차 번호판 조회를 통해 소유주가 미8군 소속 병사라는 사실을 확인한 경찰은 미군 측에 신원 확인 및 수사 협조를 요청했다. 곧 미군 측으로부터 관련 병사 한 명이 어깨에 총상을 입고 입원하여 치료 중이라는 연락이 왔다. 또 다른 미군 병사의 신원 역시 확인되었다.

그들이 이태원 거리에서 쏜 것은 실제 총이 아닌 플라스틱 총알이 발사되는 이른바 '비비탄 총'이었다. 곧 경찰 수사가 시작되었지만, 그들은 범행 일체를 인정하면서도 누가 운전을 했는지, 경찰관을 차로 치어 다치게 한 사람이 누구인지에 대해서는 서로 상대방을 지목하며 엇갈린 진술을 했다. 마치 1997년에 발생한 '이태원 살인 사건'을 미리 학습하고 그대로 따라한 것은 아닌지 의심이 들 정도였다.

대학생 조중필에게 닥친 비극

16년 전에도 이태원에서 끔찍한 일이 벌어졌다. 1997년 4월 3일 밤, 여자 친구를 집에 바래다주던 대학생 조중필은 용변이 급해 눈에 띄는 햄버거 가게로 들어가 화장실로 직행했다. 아무도 없는 화장실에서 일을 보고 돌아서는 순간, 2명의 젊은 남자가 화장실 문을 열고 들어섰다. 덩치가 큰 한 명은 한국 사람처럼 보였고, 키가 작은 나머지 한 명은 서양 사람이었다. 잠시 후, 이들은 황급히 화장실에서 나와 같은 건물 4층에 있는 술집 화장실로 달려가 옷에 묻은 피를 닦아 냈다.

조중필은 칼로 9군데를 찔린 채 피를 흘리며 화장실 바닥에 쓰러져 있었다. 신고를 받고 출동한 경찰과 응급구조대가 그를 살리기 위해 노력했지만 이미 너무 많은 피를 흘린 상태라 어쩔 도리가 없었다. 소식을 접한 조중필의 가족은 엄청난 충격과 공황에 빠질 수밖에 없었다.

도대체 왜 이런 일이 발생한 것일까? 범인(들)은 도대체 누구일까? 시내 한복판에서 벌어진 이 충격적인 사건은 곧 언론과 방송에 대대적으로 보도되었고, 이태원이라는 지역의 특성과 목격자들의 진술을 토대로 '미군'이 관련되었을 가능성이 대두되었다.

CID가 검거한 아더 패터슨과 또 한 명의 범인 에드워드 리

다음 날인 4월 4일, 미8군 수사대 CID는 익명의 제보를 받았다. 전날 밤 이태원 햄버거 집에서 발생한 살인 사건의 범인이 미군 군속의 아들인 아더 패터슨(당시 18세)이라는 내용이었다. 즉각 제보 내용에 대한 사실 확인 작업을 실시한 미군 수사대는 평소 아더 패터슨이 자신의 칼(휴대용 잭 나이프)을 친구들에게 자랑했고, 다혈질에 공격적이고 폭력적인 성격의 소유자라는 주변 지인들의 진술을 확보했다.

또한 아더 패터슨은 사건이 발생한 그날 햄버거 가게 건물에 있는 술집에서 파티를 즐겼고, 11시가 넘은 시간에 2명의 친구와 햄버거 가게로 이동해 대화를 나누다가 칼을 꺼내 햄버거를 자르며 "이 칼로 사람을 죽일 수도 있어."라고 말했다는 사실도 파악하였다.

미8군 수사대에서는 미군이 저지른 범행이 아니라는 것을 조속히 밝혀 '제2의 윤금이 사건'으로 번지는 것을 막아야 할 필요가 있었다. 미군 CID는 바로 아더 패터슨을 체포해 신문했고, 그 과정에서 혐의 사실을 상당 부분 확인했다. 그는 4월 6일, 한국 경찰에 인계되었다. 이 장면 역시 언론과 방송에 대대적으로 보도되었다.

아더 패터슨이 한국 경찰에 인도되는 장면은 계속해서 보도되었다. 미국 출장에서 돌아온 한국계 미국인 '미스터 리(Lee)' 역시 텔레비전을 통해 사건에 대해 알게 되었다. 그런데 화면에 비친 얼굴을 자세히 보니 범인으로 잡힌 아더 패터슨은 자신의 아들과 자주 어울려 다니던 친구였다. 그러고 보니 방에 틀어박혀 나오지 않고 고개를 숙인 채 무언가 고민에 빠져 있는 듯한 아들 에드워드 리의 태도가 영 마음에 걸렸다. 그는 아들을 불러 강도 높게 추궁했고, 아들로부터 아더 패터슨과 함께 사건 현장에 있었다는 자백을 받아 냈다. 곧고 강직한 성격의 미스터 리는 곧바로 변호사를 불러 상의한 뒤 4월 8일, 아들과 함께 검찰에 출두해 에드워드 리로 하여금 자수하게 했다.

이렇게 체포된 아더 패터슨과 에드워드 리의 성향은 완전히 달랐다. 미국인 아더 패터슨은 키가 작았고, 평소에 칼을 소지하고 다니며 폭력적인 성격을 드러냈다. 반면 한국계 미국인 에드워드 리는 큰 키와 건장한 체격에 조금은 어울리지 않게 온순하고 수동적인 성격이었다. 그는 평소에 칼을 소지하거나 사용해 본 적도 없었다.

일반적인 사건이라면, 이 정도면 진실은 밝혀진 것과 다름없었다. 공범의 책임 정도에 따른 처벌의 경중과 정상참작, 가중처벌의 사유를 찾아 양형에 반영하는 문제만 남아 있었다. 참고로 1989년에 강도 범행을 저지르던 중 다른 공범이 피해자를 살해하는 바람에 강도치사죄로 유죄 판결을 받은 신창원은 사람을 해칠 의도도 없었고 시도도 하지 않았지만 그저 현장에 함께 있었다는 이유만으로 무기징역을 선고받았다.

법의학의 한계와 검사의 오판이 부른 패착

한국 형사사법 관행에는 참으로 이해하기 힘든 '관행'이 존재한다. 그것은 바로 피고인의 '자백'을 거의 필수요소처럼 요구한다는 것이다. 사건 모습이 그대로 담긴 CCTV 화면이나 현장을 모두 지켜본 목격자 등 결정적인 증거가 갖추어진 경우를 제외하고는 범행을 자백하면 유죄, 끝까지 범행을 부인하면 무죄가 되는 예가 많다. 즉 참회하고 반성하며 사건 전모를 밝히는 '착한 범죄자'는 유죄, 끝까지 버티는 '나쁜 범죄자'는 무죄 혹은 약한 처벌을 받을 가능성이 높은 모순이 발생하는 것이다.

목격 진술과 물적 증거 등을 충실히 확보해 그 '증거의 종합성(totality of evidences)'으로 '합리적 의심'의 여지가 최소화되면 과감하게 유죄 판결을 내리는 '판사의 전문성'을 찾기 어렵다. 자신에게 골치 아픈 판단을 하게 만들지 말고, 피고인이 스스로 자백하고 범행 전모를 밝혀 쉽게 판결하게 해 달라는 태도이다. 그러다 보니 경찰이나 검찰도 증거와 정황, 진술을 종합적·체계적으로 구축하고 설득력 있게 법정에서 제시해 유죄 판결을 이끌어 내려 하기보다 피의자의 자백을 이끌어 내는 데 온 힘을 기울였다.

이번 사건에서 이 문제점이 극대화되었다. 아더 패터슨이 자신의 범행을 강력하게 부인하며, 에드워드 리에게 모든 죄를 덮어씌우는 진술을 한 것이다. 영어로 직접 신문을 하지 못해 제대로 추궁하지 못한 검사는 미국인들에 대한 범죄를 '미국 방식'으로 입증해 실력을 인정받겠다는 생각에 불타올랐다.

검사는 시신을 부검한 법의학자의 견해를 물었다. 법의학자는 큰 키의 피해자 조중필의 뒷목에 '위에서 아래로 내려 찌른' 치명적 손상이 있는 것으로 보아 범인은 '키가 큰' 사람일 것이라는 소견을 내놓았다. 이로써 검사는 두 눈을 부릅뜨고 강력하게 범행을 부인하는 아더 패터슨을 제쳐 두고, 성격이 유약하고 죄책감과 두려움에 떨고 있는 에드워드 리를 집중 공략할 절호의 기회를 맞았다. 결국, 검사는 에드워드 리를 살인죄로, 아더 패터슨을 불법무기 소지와 증거 인멸죄로 기소했다.

그런데 왜 검사는 피해자가 다른 부위를 공격당한 뒤 허리를 숙이거나 무릎이 꿇린 상태에서 키 작은 범인에게 찔렸을 가능성은 생각하지 못한 걸까? 결국 에드워드 리는 대법원에서 '증거 불충분'으로 무죄 판결을 받았다. 아더 패터슨은 가벼운 불법 무기 소지 및 증거 인멸에 대해 유죄 판결을 받았지만, 곧 특별사면을 받아 풀려났다.

피해자 조중필의 유가족은 충격과 분노에 휩싸였다. '동일 사건에 대해 동일한 사람을 두 번 기소할 수 없다'는 '일사부재리의 원칙'에 따라 더 이상 에드워드 리에 대한 책임을 물을 수 없게 되었다. 하지만 아더 패터슨은 살인죄로 기소된 적이 없기 때문에 재수사를 통해 기소할 수 있었다. 검찰도 이를 염두에 두고 아더 패터슨에 대해 '출국 금지' 조치를 취해 둔 상태였다. 그런데 아더 패터슨의 출국 금지 기간이 만료되기 전에 검찰이 출국 금지 연장 조치를 취하지 않는 실수를 범해 그 사이 아더 패터슨은 미국으로 출국해 버렸다.

아더 패터슨을 처벌할 수 있을까

조중필의 유가족은 검찰의 무능력과 무신경을 질타하며 국가를 상대로 손해배상 청구 소송을 제기하고, 아더 패터슨에 대한 '범죄인 인도 요청'을 할 것을 검찰에 강력하게 압박했다. 하지만 검찰은 이런저런 핑계를 대며 이에 응하지 않았다.

그러던 중 2009년에 개봉한 영화 '이태원 살인 사건'이 사건의 실체를 극적으로 조명했고, SBS '그것이 알고 싶다'에서도 이 사건을 여러 차례 다루었다. 이후 분노한 여론의 압박이 강해지자 검찰은 2009년 12월 15일, 법무부에 아더 패터슨에 대한 '범죄인 인도 요청'을 청구했다. 그로부터 2년 뒤인 2011년 6월, 아더 패터슨은 다른 범죄 혐의로 미국 경찰에 체포된 뒤 한국에서 '범죄인 인도 요청'을 받은 대상자라는 사실이 확인되었다. 캘리포니아 법원은 아더 패터슨의 보석 신청을 기각했고, 한국으로의 송환 여부에 대한 심리가 열릴 것이라고 밝혔다.

한국 검찰은 공소시효가 완료되기 전인 2011년 12월 22일에 아더 패터슨을 살인 혐의로 기소했다. 미국 LA 연방법원은 2012년 10월, 아더 패터슨을 한국으로 송환할 것을 결정했다. 그러자 아더 패터슨은 곧바로 이에 불복해 캘리포니아 연방법원에 '인신 보호 청원'을 하며 자신을 한국으로 보내면 '한국 사법부가 국민 감정에 편승해 편파적인 판결을 내리고 사형에 처할 것'이라고 주장했다.

과연, 아더 패터슨은 한국으로 송환될 수 있을까? 만약 송환된다면 한국 검찰은 아더 패터슨의 죄를 과학적·논리적으로 입증할 수 있을까? 조중필의 원혼과 유가족의 핏발 서린 눈이 한국 검찰을 주시하고 있다.

일사부재리의 원칙
Double Jeopardy

'확정 판결이 내려진 범죄 사건에 대해서는 두 번 다시 심리 혹은 재판을 하지 않는다'는 형사법상의 원칙을 '일사부재리(一事不再理)'라고 한다. 이는 로마 시민법에서 유래된 것으로써 대부분의 국가에서 채택하고 있다. 우리나라의 경우, 헌법 제13조와 형사소송법 제326조에 규정되어 있다. 일사부재리는 국가가 무죄 판결을 받은 범죄 혐의자에 대해 여러 차례 반복 기소함으로써 그 권리를 침해하고 괴롭히는 행위를 봉쇄하기 위해 도입한 제도이다.

영미 법계 국가에서는 이를 '이중 위험(Double Jeopardy) 금지'라고 부른다. 우리나라에서 발생한 치과의사 모녀 피살 사건, 그룹 '듀스' 김성재 피살 사건 등 대법원에서 무죄 확정 판결이 내려진 사건에 대해서는 새로운 증거가 발견되거나 피고인이 스스로 범행을 자백한다 하더라도 다시 기소할 수 없다. 따라서 범죄 사건의 기소는 '두 번의 기회'가 없는 '오직 단 한 번만 할 수 있는' 행위이기 때문에 신중하게 이루어져야 한다.

그런데 우리나라에서는 수사권과 기소권을 독점한 검사의 권한이 막강하고, 법정에서 모든 증거가 공개되고 피의자 및 참고인 신문이 이루어지는 '공판 중심주의'가 제대로 지켜지지 않고 있다. 또한 경찰의 수사 결과, 관련자 진술 등 검사가 확보한 모든 증거를 판사에게 공판 전에 제출해 공개하는 '증거 개시' 제도를 채택하지 않고 있고, 상대적으로 경험이 적어 검사에 비해 열세의 위치에 있는 1심 판사들은 어차피 항소 및 상고에 의해 2심, 3심에서 다시 심도 깊게 다루어질 것이라고 생각하기 쉬워 대부분 검사의 승리로 끝난다.

통계를 봐도 우리나라 1심 형사 법원의 유죄 판결률은 2009년 99.63%, 2010년 99.51%, 2011년 99.37%로 실로 '경이적'이라고 할 수 있다. 이렇게 '짜고 치는' 쉬운 기소와 재판만 하다가 증거와 논리가 충분히 준비되지 않은 상태에서 기소해 1심에서 유죄 판결을 받은 뒤, 피고인이 실력 있는 변호사들과 함께 전력을 다해 반격해 오는 항소심에서 판결이 뒤집어지는 경우들이 발생하는 것이다. 항소심 심리와 판결에서 심각한 법률적 오류가 발견되지 않으면 대법원은 그 결과를 추인해 줘야 한다. 이런 경우가 발생하면, '증거를 더 모으고 논리를 보강할 테니 재판을 다시 해 달라'고 할 수 없는 것이 '일사부재리' 효과이다.

'이태원 살인 사건'은 우리 국민이 아무 이유 없이 우리나라의 법과 사회를 무시하는 외국 범죄자에 의해 희생된 끔찍한 사건이다. 눈앞에 범인을 두고도 무죄 판결로 이어지게 만든 검찰의 오판과 오류, 무능은 결코 용서할 수 없다. 하지만 더 큰 문제는 이런 검찰의 오판과 오류와 무능을 조장하고 허용하는 잘못된 사법제도와 관행이다. 즉 승부 조작과 편파 진행 등이 횡행하는 국내 경기 풍토에서 100전 100승하는 팀이 국제대회에 나가면 망신을 당하는 경우와 같다. 수사 및 기소, 재판 제도의 정상화가 시급하다.

미군 병사의
아프가니스탄 주민 16명 학살 사건

2012년 3월 11일 새벽, 남부 아프가니스탄에 있는 알코자이 마을과 나지반 마을이 아비규환에 빠졌다. 갑자기 나타난 괴한이 집집을 돌아다니며 사격을 가해 16명을 살해한 충격적인 사건이 발생했기 때문이다. 피해자는 대부분 여성과 어린이였다. 일부 시신은 불태워지기도 했다. 생존자들은 미군 병사가 범인이라고 주장했다. 분노한 마을 주민들은 다음 날 아침부터 미군을 규탄하는 시위를 시작했고, 이는 곧 아프가니스탄 전역으로 확대되었다.

이에 미군은 모든 작전과 훈련을 중단할 수밖에 없었다. 주민들은 미군 수사대가 사건 현장에 접근하는 것을 허용하지 않았다. 그로 인해 미군 수사대는 사건 발생 3주일이 지나서야 주민들에게 철저한 수사를 통해 범인을 검거하겠다고 약속한 뒤 겨우 현장에 진입해 수사를 시작할 수 있었다. 하지만 유가족과 주민들은 미군이 다른 사건에서 그랬던 것처럼 범인의 편에 설 것이라는 의심의 끈을 놓지 않았다.

미군 수사대에 의해 검거된 범인은 39세의 로버트 베일즈(Robert Bales) 중사였다. 그는 미군 법정에서 사건 당일 밤 부대를 빠져나온 사실이나 마을에서 불이 난 것을 본 것과 부대로 돌아왔을 때 자신의 주머니에 성냥이 들어 있는 것을 발견한 것 외에는 아무것도 기억나지 않는다고 진술했다. 또한 살인과 시신 방화 혐의에 대해서도 기억이 나지 않는다고 답했다.

하지만 비디오 링크로 연결된 생존 목격자들은 베일즈가 차분히 한 명씩 조준 사격해 살해하던 모습과 어린이들이 영어로 "우린 어린이에요. 살려 주세요."라며 간절하게 애원하는데도 아랑곳하지 않고 침착하게 살해하던 모습을 명확하게 묘사했다. 미국 군법은 범인이 범행을 인정하고 구체적인 자백을 하면 사형이 아닌 종신형을 선고하도록 되어 있었다. 베일즈는 생존 목격자들의 구체적인 진술을 듣고 난 뒤 '유죄'를 받아들이고 자백하겠다며 태연하게 당시의 상황을 진술했다.

그는 사건 당일 새벽에 9mm 권총과 M-4 소총, 유탄발사기로 중무장하고 부대를 떠나 알코자이 마을로 가서 살인을 자행한 뒤 태연히 부대로 돌아왔다. 그는 자고 있던 동료 병사를 깨워 자신의 범행을 자랑하듯 떠벌렸지만, 동료 병사는 그의 말을 믿지 않고 다시 잠자리에 들었다. 그러자 베일즈는 다시 부대를 떠나 나지반 마을로 가 또다시 살인 행각을 벌였다.

판사는 그의 진술을 듣고 난 뒤 이를 자백으로 받아들일 것인지를 결정하기로 했다. 판사는 베일즈에게 범행 동기를 물었지만 그는 이렇게 대답했다.

"나 스스로에게 수백만 번 물어봤지만, 내가 왜 그런 끔찍한 범행을 저질렀는지 그 이유를 찾을 수 없었습니다."

2013년 6월, 미국 군사법원은 베일즈의 '자백'을 인정함으로써 사형선고가 내려질 가능성을 배제해 버렸고, 아프가니스탄 국민들은 분노했다. 베일즈에 대한 배심원의 판결은 2013년 8월에 내려질 예정으로, 가석방이 가능한 종신형 또는 가석방이 불가능한 종신형 중에서 결정될 것이다. 미국 군사법원은 1961년 이후 사형을 집행하지 않고 있으며, 현재 사형선고를 받은 5명의 수형자가 사형 집행을 기다리고 있는 상황이다.

8 장

죽어서도 가시지 않을 억울함,
살인 누명

종종 범인이 아닌 무고한 사람이 살인 등 강력 범죄의 누명을 쓰는 일이 발생하곤 한다. 그런 사건의 대부분은 스스로 자백하거나 목격자가 잘못 지목을 하는 경우이다. 진범을 찾아 기소할 만한 물적 증거가 제대로 갖춰지지 않았기 때문에 가장 의심을 받을 만한 (하지만 진범이 아닌) 피의자에게 수사가 집중되고, 그가 범행을 했다고 자백하게 하거나 목격자가 그를 지목한 이후 정황 증거가 보강되는 수순을 밟는다.

이런 경우에는 일단 형사 등 수사진에게 '반드시 사건을 조기에 해결해야 한다'는 강박의식과 피의자를 의심할 만한 상당한 정황이 함께 형성된다. 여기에 피의자의 나이와 지능, 장애 여부, 강압 행위의 작용, 조사 시간과 분위기 등의 환경적 요인이 함께 어우러져 상식적으로 이해하기 어려운 '허위 자백'이 발생하게 된다.

허위 자백은 이루어지는 상황과 조건에 따라 세 가지 유형, 즉 '자발적 허위 자백', '강압적 허위 자백', '내면화된 허위 자백'으로 나뉜다. '자발적 허위 자백'은 형사나 수사관의 강압이나 유도 없이 그야말로 '자발적'으로 행하는 자백으로, 자신의 가족이나 상관 등 '진범'을 보호하기 위해 행하는 경우가 가장 많다. 때로는 '세상의 관심을 받기 위해' 잘 알려진 사건의 범인이라고 허위 자백을 하는 경우도 있다.

'강압적 허위 자백'은 육체적 고통이나 심리적 스트레스로부터 벗어나고 싶다는 강한 욕구를 느끼는 상황이 조성되거나 자백의 대가로 주어지는 선처나 호의 등을 크게 기대하는 여건이 마련될 때 나타난다. 때로는 해당 사건에 적용되는 혐의보다 형량이 가벼운 다른 혐의를 받아들이는 형태로 허위 자백이 이루어지기도 한다.

마지막으로 '내면화된 허위 자백'은 수사관의 설득력 강한 조사 기법에 의해 피의자가 실제로는 범하지 않은 범행을 자신이 행한 것으로 믿고 허위로 자백하는 경우이다.

이미 범죄가 발생하고 범인이 도주 및 증거 인멸을 한 이후 단서와 증거를 찾아 용의자를 파악해 나가는 범죄 수사는 결코 쉽지 않다. 그러다 보니 의심이 갈 만한 요소를 가장 많이 갖춘 유력한 용의자에게서 자백을 받아 내는 가장 쉬운 방법에 의존하게 되기 쉽다.

하지만 이런 자백 중심의 수사 방식은 쉽고 빠르다는 장점이 있는 반면, 다른 가능성이나 용의선을 포기하고 특정 용의자에게로 수사가 집중되어 진범을 검거할 기회를 잃어버리고 허위 자백으로 이어질 수 있는 위험성이 크게 내포되어 있다. 따라서 이런 허위 자백에 의한 누명을 방지하기 위해 변호인의 조력을 받을 권리 등 헌법과 형사소송법 및 범죄 수사 규칙 등에 규정된 피의자의 권리가 보장되고 지켜져야 한다.

아울러 시간이 걸리고 어려움이 수반되더라도 과학수사를 통한 증거 수집을 원칙으로 선입견이나 예단 없이 수사가 이루어지는 절차와 관행이 확립되어야 한다.

살인 누명을 쓴 경찰관의
억울한 옥살이

애인 살인범으로 몰린 A순경의 살인 누명 사건

여관에서 시신으로 발견된 18세 B양

1992년 11월 29일 오전 10시 15분, 오전 순찰 근무를 마친 서울 모 경찰서 파출소 소속 A순경(당시 26세)은 밤을 함께 보낸 어린 애인이 잠자고 있을 여관으로 달려갔다. 1년 반 동안 교제하며 사랑을 키우고 결혼할 마음까지 먹었지만 그의 부모는 B양이 카페 종업원이라는 이유로 결혼을 반대했다.

근무를 위해 오전 7시에 여관을 나서기 전에 결혼 문제로 B양과 심하게 다툰 것이 내내 마음에 걸렸던 A순경은 서둘러 달려가 사랑스러운 애인을 다독여 주고 싶었다. 그런데 그녀가 기다리고 있을 203호는 굳게 잠겨 있었다. 아무리 소리쳐 부르고 문을 두드려도 B양은 문을 열어 주지 않았다. 밖으로 텔레비전 소리가 새어 나오는 것으로 보아 B양은 아직 안에 있는 것이 확실했다. A순경은 여관 주인에게서 비상 열쇠를 받아 와 문을 열었다. 그 순간, A순경은 뭔가 상황이 좋지 않다는 것을 감지했다.

B양은 옷을 모두 벗고 하체만 이불로 덮은 채 침대에 반듯하게 누워 있었다. 그 모습이 예사롭지 않았다. 눈을 감은 상태에서 조금의 움직임도 없었고, 게다가 숨을 쉬지 않았다. A순경은 경찰관이라는 직업도 잊고 B양의 이름을 외치며 몸을 마구 흔들어댔다. 하지만 B양은 아무 반응을 보이지 않았다. 사람이 아닌 물체 같았다. 귀를 가슴에 대 봐도 심장 소리가 들리지 않고, 손을 코에 대 보아도 숨결이 느껴지지 않았다.

혼란스러움에 한참을 울부짖던 그는 시간이 조금 흐른 뒤에야 정신을 차리고 경찰서에 신고해야겠다는 생각을 했다. 그는 전화기가 있는 안내실로 내려가 경찰서에 전화를 걸어 간략히 상황을 설명하며 "자살한 것 같다."는 의견을 제시했다.

곧 경찰서에서 경찰관들이 달려와 현장을 봉쇄하고 시신을 처음으로 발견한 A순경과 여관 주인, 종업원 등 목격자들의 신원을 확인했다. 오후 1시 15분, 형사과장과 강력계장을 포함한 16명의 형사가 현장에 도착해 본격적인 수사가 시작되었다. 상황 파악과 수사 방향 수립을 마친 형사과장은 감식반에게 정밀 현장 감식을 지시했고, 오후 2시 30분부터 5시 20분까지 치밀한 현장 감식이 이루어졌다.

경찰들의 초동수사와 현장 감식

실오라기 하나 걸치지 않은 피해자의 겉옷은 모두 화장실 욕조에 담겨 있었고 속옷은 침대 옆 탁자 위에, 양말은 바닥에 놓여 있었다. 피해자의 가방과 지갑 역시 욕조 안에 잠겨 있었는데, 가방 속에 있던 내용물은 모두 쏟아져 나와 있었고 지갑은 텅 비어 있었다. 감식요원들은 침대와 휴지통, 욕실 등에서 총 115점의 모발과 체모를 발견했고, 전화기와 재떨이, 물 컵, 비닐봉지 등에서 총 5개의 지문을 확인하는 데 성공했다.

시신의 코와 입에는 휴지로 보이는 하얀 물체가 잔뜩 들어가 있었다. 감식요원들은 분석을 위해 조심히 수거했고, 시신의 신체 부위 여러 곳에서 DNA 감정을 위한 체액도 채취했다. 또한 수건과 열쇠, 껌 포장지, 빗, 침대 위와 휴지통에 던져진 휴지 뭉치, 욕실에 버려진 담배꽁초 등 총 42점의 추가 증거물을 수거해 국립과학수사연구소로 보내 감정을 의뢰했다.

시신의 상태는 이미 사후강직이 이루어져 있었다. 등 쪽에 시반이 뚜렷하게 형성된 것으로 보아 누운 자리에서 사망한 이후 위치 변동이 이루어지지 않은 것으로 추정되었다. 육안으로 관찰되는 뚜렷한 상처는 발견되지 않았다. 이 모든 현장 감식 과정과 수거된 증거물에 대해 사진 촬영이 이루어졌다. 그런데 현장 사진에는 나무 자를 옆에 놓고 촬영해 그 길이를 알 수 있는, 침대 시트 위에 흔적을 남긴 운동화 자국, 즉 족적이 있었으나 증거물 목록에는 포함되지 않았다. 그다지 의미가 없다고 판단한 것이다. 사건 당시 A순경은 경찰 단화를 신고 있었다.

형사과장은 수사회의를 통해 형사들의 의견을 수렴한 뒤 최초 발견자인 A순경의 진술과 시신 상태, 현장 상황이 일치한다고 보고 부검 결과를 통해 정확한 사인이 밝혀질 때까지 잠정적으로 남자 친구 부모의 결혼 반대로 자신의 처지를 비관하여 약물을 복용해 자살한 것으로 초동수사 의견을 정리해 '변사 사건 발생 보고'를 했다.

하나둘 나타나는 정황, A순경의 자백

한편, 오후 3시경 현장에 도착한 서울경찰청 감식반은 시신에 대한 정밀 검안을 실시했다. 그런데 A순경의 진술과 달리 약물중독사에서 흔히 나타나는 소견은 전혀 보이지 않은 반면, 왼쪽 얼굴에 타박 흔적으로 보이는 미세한 흔적과 목 부분에 확연하게 보이는 압박흔, 얼굴과 눈 부위에 확연한 울혈이 확인되었다. 미세한 구타 흔적과 함께 전형적인 '경부압박 질식사'의 정황이 확인된 것이다.

사망 시간 추정을 위한 관찰과 분석도 행해졌는데, 시반 형성 및 사후강직의 정도, 각막의 혼탁 정도 및 직장온도 등을 종합해 '법의학 교과서'에 따라 '사망한 지 10~12시간 경과'라는 결론이 내려졌다. 즉 새벽 3시부터 5시 반 사이, A순경이 출근하지 않고 피해자 B양과 함께 여관방에 있었던 시간에 사망한 것으로 추정한 것이다.

서울경찰청 감식반은 이러한 내용을 담당 경찰서에 통보했다. 사건 발생 하루 만인 11월 30일, A순경은 같은 경찰서 동료들에 의해 체포되었다. 형사들의 강도 높은 추궁과 회유가 이어졌다. 범행을 극구 부인하던 A순경은 모든 정황이 자신에게 불리하다는 사실을 거듭 지적받자 심경의 변화를 일으켰다.

A순경이 흔들리는 모습을 보이자 형사들은 거절할 수 없는 제안을 내놓았다. '살인이 아닌 폭행치사죄를 적용하고 자수 감경 등 최대한 선처가 이루어질 수 있도록 하여 집행유예를 받도록 해 줄 테니 자백하라'는 내용이었다. 결국 A순경은 그 제안을 받아들였다. 그 뒤 A순경과 형사들의 협력으로 사건 현장과 시신 상태, 시체 검안 결과 및 두 사람 간의 관계 등을 반영한 '폭행치사 시나리오'가 만들어졌다.

그 내용은 이러했다. A순경 부모의 반대로 결혼을 할 수 없게 되자 B양은 자주 화를 내고 무리하게 결혼을 종용했다. 그런 그녀가 부담스러워 거리를 두고 있던 A순경은 11월 28일 저녁에 B양으로부터 만나자는 연락을 받고 야간 근무가 끝난 29일 새벽 3시경에 서울대 앞 공중전화에서 B양을 만나 인근 여관으로 갔다. 성관계를 가진 뒤 대화를 하던 중에 B양이 다시 결혼을 종용하자 A순경은 부모의 반대 등 어려운 사정을 설명했다. 그러자 B양이 마구 욕설을 하며 A순경을 모독하는 발언을 퍼부었다. 순간 격분한 A순경은 B양을 침대 밑으로 밀어 떨어뜨린 뒤 가슴 위에 올라타 양 무릎으로 B양의 팔을 눌러 반항하지 못하게 한 뒤 얼굴을 때리고 목을 졸랐고, 그 과정에서 B양이 숨졌다.

A순경은 현장검증에서도 이 내용을 그대로 재연했고, 형사들은 그가 피해자의 위치나 행동을 잘못 재연하면 바로잡아 주기도 했다. 누가 봐도 A순경이 확실한 범인이었다.

구속된 A순경, 사라진 수표가 남긴 의문

12월 2일, 국립과학수사연구소의 부검 결과가 회신되었다. 사인은 '경부압박(목조름)에 의한 질식사', '기구 폐쇄(코와 입 막음)로 인한 기전 동반'이었다. 경찰서는 사건의 중요성과 피의자가 소속 경찰관임을 감안하여 A순경의 신병과 사건 일체를 서울경찰청으로 이첩했다.

12월 4일, 경찰의 사망 추정 시간에 대한 문의를 받은 국과수는 사후 강직의 정도로 보아 새벽 3시 10분에서 5시 10분 사이, 직장온도 측정 결과로 보아 새벽 3시 30분 전후 그리고 위 내용물 소화 상태로 보아 마지막 음식물 섭취 후 2시간 이내, 즉 새벽 4시 30분 전후라고 밝혔다. 이는 서울경찰청 감식반의 추정과 일치했다. 다시 말해 A순경이 오전 7시에 출근을 하기 전 피해자 B양과 함께 있던 시간에 B양이 누군가에게 목이 졸려 살해당했다는 결론이었다.

현장에서 수거된 증거물에서 나온 지문과 혈액형 및 DNA는 대부분 A순경과 B양의 것이었지만 일부 지문은 감정이 불가능한 상태였고, 두 사람과 혈액형이 다른 모발 2점이 발견되었다. 하지만 불특정인이 드나드는 여관임을 감안해 제3자의 것으로 보이는 감식 불능 지문과 모발은 증거물에서 배제되었다.

12월 4일, 서울경찰청이 신청하고 서울지검에서 청구한 A순경에 대한 구속영장이 발부되었다. 그리고 구속 일주일 만인 12월 11일, A순경은 폭행치사 피의자로 검찰에 송치되었다. 그런데 A순경은 검찰에 송치된 후부터 다시 심경의 변화를 일으켜 범행을 강력하게 부인하기 시작했다.

국과수 부검 소견인 사망 추정 시간과 A순경의 알리바이 외에 뚜렷한 물증이 없었던 검찰과 경찰은 피해자 B양의 지갑이 텅 비어 있었고, 누가 묻지도 않았는데 A순경이 "B양이 일하던 카페 주인으로부터 사건 전날 받아 온 10만 원짜리 수표 4장이 없어졌다."라고 진술한 것에 주목하고 수표에 대한 추적 수사를 시작했다.

얼마 지나지 않아 B양의 지갑에서 사라진 수표 중 2장이 은행으로 돌아 왔다. 그 뒷면에는 남○○의 주민등록번호와 집 주소가 배서되어 있었다. 하지만 경찰의 조사 과정에서 남○○은 그 수표를 본 적도, 사용한 적도 없다고 진술했고, 사건 당시 알리바이도 확인되어 용의선상에서 제외되었다. 그렇다면 어떻게 남○○의 정확한 신상 정보가 숨진 B

양의 지갑에서 사라진 수표 뒷면에 적혀 있었던 것일까. 그 점은 결국 의문으로 남게 되었다.

살인 유죄, 징역 12년 그리고 의외의 반전

검찰은 범행을 부인하며 수사에 협조하지 않는 A순경의 죄목을 '폭행치사'에서 '살인'으로 변경해 기소했다. 시신 부검 결과도 '폭행하던 중에 의도하지 않게 사망'했다고 주장한 경찰 수사 결과와 달리 '고의로 목을 졸라 살해'한 것으로 볼 수 있다고 명시되었다.

그로 인해 검찰은 1993년 5월 27일에 열린 1심 재판에서 A순경에게 무기징역을 구형했고, 재판부는 유죄 판결과 함께 징역 12년을 선고했다. A순경은 9월 28일에 항소했지만 고등법원에 의해 '이유 없다'며 기각되었다. 대법원의 상고심, 최종 재판만 남아 있는 상황이었다.

사건 발생 후 1년이 지난 1993년 12월 2일, 전혀 예상하지 못한 일이 발생했다. 같은 경찰서 형사들에게 노상강도 혐의로 체포된 서 군(당시 19세)이 여죄 수사 중에 '1992년 11월 29일 ○○여관 여성 살인 사건'을 자신이 저질렀다고 자백한 것이다. 서 군은 목을 조른 방법과 위치, 피해자 입과 코에 휴지를 넣고 틀어막아 소리를 지르지 못하게 한 것 등 '범인만 알 수 있는 내용'을 진술했다. 특히 B양 지갑에서 사라진 수표 2장 뒷면에 배서된 남○○는 자신의 친구라고 진술했고, 남○○에 대한 조사에서도 이러한 사실이 확인되었다. 또한 현장 감식 당시 사진에 찍혔던 운동화 족적 역시 서 군의 것으로 확인되었다.

서 군은 사건 당일 오전 7시~8시 사이에 여관 주변을 배회하며 범행 대상을 물색하다가 우연히 바닥에 떨어진 203호 열쇠를 주워 문을 열고 들어갔다가 B양 혼자 옷을 벗고 침대에서 자고 있는 것을 발견했다. 들키지 않고 돈만 훔쳐서 자리를 뜨려고 한 서 군은 탁자 위에 있던 옷과 핸드백을 들고 욕실로 가 내용물을 모두 쏟아낸 뒤 지갑에서 수표와 현금을 꺼내 달아나려 했다. 그런데 그때 잠에서 깬 B양이 누구냐고 묻자 당황하여 운동화를 신은 채 침대로 뛰어 올라가 B양의 입과 코를 막았다. B양은 계속 강하게 저항했고, 경찰에 잡힐까봐 두려웠던 서 군은 B양의 목을 강하게 눌러 정신을 잃게 한 뒤 정신을 차린 뒤에도 소리를 지르지 못하도록 코와 입에 휴지를 쑤셔 넣고 도망쳤다.

이후 B양이 사망했고 A순경이 범인으로 검거되었다는 소식을 들은 서 군은 심한 죄책감에 시달리다 노상강도 혐의로 경찰에 검거된 뒤 이러한 사실을 털어놓은 것이다. 서 군의 진술이 상당히 신뢰할 만하다고 판단한 대법원은 1993년 12월 16일, A순경에 대한 '구속 취소' 결정을 내려 석방한 뒤 1994년 1월 28일에 '무죄' 취지로 사건을 고등법원으로 파기 환송했다.

만약 서 군의 자백 진술이 없었다면 A순경은 결코 누명을 벗지 못했을 것이다. 사건 당시 수집된 모발과 체액 등의 증거물은 하나도 보관되어 있지 않기 때문이다. 살인죄를 포함해 모든 범죄에 '공소시효'를 두고 있는 우리나라는 증거물을 '영구 보존'할 필요가 없다고 판단해 여전히 제대로 된 증거물 보관 시설을 갖추고 있지 않다.

최종 무죄 판결을 받은 A순경은 '살인범'이라는 누명을 벗고 경찰에 복직했다. 의심할 만한 충분한 정황들, 즉 침대 시트 위에서 발견된 운동화 족적, 피해자의 지갑에서 사라진 수표, 그 수표에 배서된 인물 등이 있었음에도 불구하고 제대로 조사를 하지 않아 자신의 동료에게 씻기 힘든 누명과 치욕을 안겼던 형사들은 A순경에게 뒤늦은 유감과 사과의 뜻을 표했다.

도마 위에 오른 법의학, 사망 추정 시간

A순경에게 살인 혐의를 씌우고 유죄 판결을 내리게 한 결정적인 증거는 과학수사, 즉 '사망 추정 시간'이었다. 서울경찰청 감식반의 시체 검안 및 국립과학수사연구소의 부검 결과, B양의 사망 추정 시간은 새벽 3시~5시 반 사이였다. 그 시간은 A순경과 B양이 함께한 시간이었기 때문에 A순경을 범인으로 추정하는 것은 매우 자연스러웠다.

하지만 사후강직, 시반, 각막의 혼탁 정도, 직장온도 및 위 내용물 소화 상태 등으로 추정하는 '사망 시간'에는 너무 많은 변수와 오차가 작용한다. 법의학 교과서에 나와 있는 내용은 모두 과거 사례들에서 추출된 '통계'일 뿐 이론의 여지가 없는 '일반적 사실'이 아니다. 수사 방향 설정 등에 '참고'할 수는 있지만 유무죄의 '증거'로 삼아서는 안 된다.

하지만 A순경에게 치욕과 절망의 올가미를 씌웠던 사망 추정 시간은 그로부터 1년 뒤인 1995년 6월 12일에 발생한 '치과의사 모녀 살인사건'에서 똑같은 방법으로 피해자들의 남편이자 아버지인 이도행 씨를 옭아맸다. 또한 2009년 제주 여교사 살인 사건과 2010년 김길태의 여중생 살인 사건에서는 부검을 수행한 의사들이 사망 추정 시간을 시신 발견 직전으로 발표하며 '피해자가 납치된 후 며칠은 살아 있었을 가능성이 있다'는 무분별한 주장을 언론에 공개해 유가족들의 마음을 아프게 하고 경찰을 곤경에 빠뜨리기도 했다. 다른 증거와 정황들은 모두 피해자가 납치된 직후 사망했음을 시사하고 있었다. 경찰은 2011년 1월에 발생한 '의사 만삭 부인 살해 혐의 사건' 등 비교적 최근에서야 '편리하지만 위험한' 사망 추정 시간을 증거로 채택하는 것을 포기했다.

법의학 및 법과학 분야에서는 시신을 기증받아 여러 조건하에서 시간 경과에 따른 변화와 부패 과정을 실험하는 연구(예를 들면 미국 테네시주 소재 '시체 농장 Body Farm'), 시신에 알을 낳는 곤충의 종류와 상태 등을 통해 사후 경과 시간을 측정하는 법곤충학 등 더욱 신뢰성 있는 '사망 추정 시간' 설정 기법 개발에 많은 노력을 기울이고 있다.

기막힌 살인 누명을 쓴
억울한 3인조

속초 H콘도 살인 암매장 사건

2인조 강도의 뜻밖의 진술

2001년 11월 3일, 강원도 고성경찰서에 20대 남성 황 씨와 이 씨가 강도 혐의로 체포되었다. 그들은 각각 다른 장소에서 형사들의 취조를 받았다. 그런데 시종일관 불안한 모습을 보이면서도 다른 범죄자들과 달리 순순히 범행을 자백하는 황 씨의 태도는 취조하던 형사에게 의구심을 불러일으켰다.

'뭔가 더 큰 범죄를 감추기 위해 강도 혐의를 순순히 털어놓는 것'이라고 판단한 형사는 잠시 취조를 중단하고 공범 이 씨를 추궁하던 형사를 불러 대화를 나누었다. 서로 조사 중에 파악한 정보를 교환하고 이후 취조 전략을 논의하면서 일부러 심각한 모습을 연출해 공범 황 씨와 이 씨의 불안감을 고조시킨 두 형사는 다시 각자가 맡은 강도 용의자에게로 돌아왔다. 전보다 더 불안한 모습을 보이는 황 씨를 향해 형사는 의외의 질문을 던졌다.

"너 사람 죽였다면서?"

황 씨는 지나칠 정도로 격하게 반응했다.

"누가 그래요? 난 죽이지 않았어요."

형사는 황 씨에게 바짝 다가가며 "이 씨가 벌써 다 털어놨어. 버텨 봐야 소용없으니까 이제 그만 모두 털어놓지 그래?"라고 떠보았다. 그러자 황 씨는 뜻밖의 반응을 보였다.

"제가 아니고 이 씨가 죽인 거예요. 자기가 죽여 놓고 왜 나한테 덮어씌워? 난 정말 억울해요."

혹시나 해서 던져 본 미끼에 예상치 않은 월척이 걸린 셈이었다. 형사는 황 씨에게 좀 더 구체적인 진술을 요구했다. 하지만 웬일인지 그는 더 이상의 진술을 거부했다. 형사의 집요한 추궁과 회유가 계속되었고, 결국 황 씨는 "속초에 있는 H콘도에서 강도 살인을 하고 그 시신을 바닷가 묘지 옆에 암매장했습니다. 더 자세한 내용은 이 씨가 알고 있습니다."라고 말했다.

이에 형사는 황 씨가 말이 다소 어눌하고 단순해 보이긴 했지만 사리 분별에는 문제가 없다고 판단하고, 이 씨와 황 씨를 계속해서 분리시킨 상태에서 상대방을 믿지 못하고 혼자 책임을 다 뒤집어쓰기 싫어 상대방의 범행을 진술하는 심리, 즉 '죄수의 딜레마(prisoner's dilemma)' 상황을 이용하기로 했다.

공범 이 씨의 살인 범행 인정

11월 6일, 형사는 황 씨의 진술서를 들고 이 씨를 찾아갔다. 형사에게 설명을 들은 이 씨는 펄쩍 뛰며 살인 범행을 부인했다. 하지만 형사는 이렇게 설득했다.

"네가 황 씨 범행 사실을 진술하지 않으면 너 혼자 살인 주모자로 몰려 중형을 면치 못할 거야. 생각해 봐. 강도 사건을 함께 저지른 한 사람은 순순히 추가 살인 범행을 자백하고 뉘우치면서 '자기는 단순히 시키는 대로 도왔을 뿐입니다.'라고 말하는데, 나머지 한 사람은 전혀 반성하지도 않고 범행을 전면 부인하고 있어. 네가 판사라면 누구 말을 더 믿을 것 같아?"

이미 여러 차례 범죄를 저질러 전과가 있고 수사와 기소, 재판 경험을 통해 죄인의 결백 주장이 잘 받아들여지지 않는다는 것을 알고 있던 이 씨는 고민에 빠지지 않을 수 없었다. 고개를 숙이고 아무 말도 하지 못하고 있는 이 씨에게 형사는 이렇게 말했다.

"어차피 범인이라고 지목된 마당에 자수, 자백을 통해 감형을 받아서 형벌을 최대한 줄이는 게 어때?"

이 말에 솔깃해진 이 씨는 '이대로 황 씨에게 당할 수 없어. 절대 혼자 뒤집어쓰지 않겠어.'라고 생각하고 황 씨가 털어놓은 개략적인 범죄 사실에 구체성을 더해 이야기를 만들어 나갔다. 그 과정에서 앞뒤가 맞지 않거나 주변 정황과 어울리지 않는 내용은 형사의 지적에 의해 고쳐지기도 했다. 현실적으로 진술 내용이 이루어지려면 범인은 2명이 아닌 3명이 되어야 한다는 형사의 지적에 이 씨는 같은 동네에 사는 방 씨를 거론했다. 그로 인해 방 씨 역시 긴급 체포되었다.

사건의 재구성, 거짓말처럼 나타난 시신

이 씨의 진술 내용을 정리하면 이렇다. 4개월 전인 6월 어느 날 새벽 2시경, 동네 친구이면서 강절도 공범 관계인 이 씨, 황 씨, 방 씨는 평소에 봐 둔 H콘도에 가서 투숙객을 상대로 강도 살인을 해 유흥비를 마련하자고 모의하고 실행에 옮겼다.

적절한 대상을 물색하던 세 사람은 혼자 콘도로 들어가는 40대 남성을 발견하고 그의 뒤를 쫓아갔다. 그러고는 벨을 누른 뒤 콘도 직원이라고 속여 객실로 들어가 마구 달려들어 폭행하고 준비한 흉기로 찔러 저항하지 못하게 했다. 그때 방 안에서 성인 여성이 나오자 옆에 있던 소화기로 내리쳐 실신시켰다. 현금 13만 원을 손에 쥔 그들은 남성을 강제로 5층 옥상으로 끌고 가 아래로 밀어 떨어뜨려 살해한 뒤 재빨리 건물 밖으로 빠져나와 시신을 차에 싣고 인근에 있는 묘지 옆 공터에 암매장했다. 이후 다시 콘도로 돌아온 세 사람은 여전히 실신해 있는 여성을 차에 실은 뒤 인근에 있는 병원 앞에 내려놓고 도주했다.

피의자들이 자백을 할 때까지 범행 장면을 목격하고 신고를 한 사람이 없었기 때문에 그동안 이 사건은 전혀 알려지지 않았다. 고성경찰서는 구체적인 진술을 확인한 뒤 피의자들을 데리고 H콘도로 가 범행 전 과정을 재연하게 했다. 그 과정을 통해 확신을 갖게 된 경찰은 관할 지방검찰청 검사에게 수사 보고를 한 뒤 수사 지휘를 요청했다. 검사 역시 경찰의 수사 보고를 받아들여 3명의 피의자를 '살인 및 시체유기' 혐의로 입건하고 구속한 뒤 그대로 수사를 진행하라고 지시했다. 다만 피의자들이 범행을 저질렀다고 진술한 2001년 6월에는 그들 모두 교도소에 수감되어 있었다는 사실을 확인한 검찰은 범행 시기를 이들이 출소한 후인 7월로 정정했다.

이제 본격적으로 '물증'을 찾는 작업이 시작되었다. 지난 7월에 발생한 사건이라면 4개월 가까이 시간이 흘러 범행 장소인 콘도에서 피해자의 혈흔이나 지문, 피의자들의 흔적이 발견될 가능성은 거의 없었다. 조사 결과, 실제로 아무런 흔적이 발견되지 않았다. 아직 피해자의 신원조차 확인되지 않은 상태였다. 콘도 측에서는 투숙객이 실종되거나 사고가 발생한 기록이 없다고 밝혔다. 실신한 여성 피해자를 내려 줬다는 병원에서도 마찬가지였다. 결국, 콘도 옥상에서 떨어뜨려 살해했다는 남성 피해자의 시신을 찾는 것이 물증을 확보할 유일한 방법이었다.

경찰은 중장비를 동원해 피의자들이 지목한 묘지 부근을 파내려 갔다. 하지만 장소를 확대해 가며 발굴을 시도했음에도 불구하고 시신은 발견되지 않았다. 경찰과 작업 인력들은 지칠 대로 지친 상태였다. 그렇게 시신 발굴을 거의 포기하려 할 때쯤인 11월 18일, 마침내 마대 자루에 담긴 성인 남성의 백골화된 시신이 발견되었다. 시신은 가을·겨울용 등산복을 입은 상태였다. 살은 모두 부패되어 없어졌지만 뼈는 손상되지 않고 온전히 보존되어 있었다. 경찰들은 이로써 피의자들의 자백을 보강할 확실한 물증이 확보된 것이라 확신했다.

번복된 진술, 2심 재판의 반전

재판이 시작되자 피고인들은 전과 달리 범행을 완강하게 부인했다. 자신들은 전혀 살인을 한 적이 없고, 경찰과 검찰의 강압 수사에 이은 회유에 못 이겨 거짓 자백을 했다고 주장했다. 하지만 1심 재판부는 검찰의 주장을 그대로 받아들였다. 수사 과정에서 그들의 진술에 따라 시신을 발굴한 결과, 정말 시신이 발견되었다는 사실이 크게 작용했다. 우연의 일치라고 하기에는 너무도 기가 막히다는 것이 판사의 생각이었다. 그로 인해 피고인 모두 강도 살인 및 시체 유기 혐의로 유죄를 선고받고, 형량은 가담 정도에 따라 주범 이 씨에게는 무기징역이, 황 씨에게는 징역 20년이, 방 씨에게는 징역 7년이 선고되었다.

하지만 피의자 이 씨의 지능이 일반인 수준에 미치지 못하고, 방 씨는 지체장애인이라는 사실이 제기되면서 최초 자백 습득 과정에서의 공정성과 신뢰성 문제가 대두되어 항소심에서의 반전 가능성을 열어 두었다. 피고인의 가족들은 백방으로 수소문해 '유능한 변호사'를 찾았고 결국 '치과의사 모녀 살인 사건'에서 피고인의 무죄를 이끌어 낸 김형태 변호사가 사건을 맡았다. 김 변호사 팀은 사건을 처음부터 다시 분석하며 진술과 정황, 증거들을 비교하기 시작했다. 그런데 상황이 좋지 않았다. 경찰과 검찰이 아직 신원이 확인되지도 않은 피해자의 유골을 보관할 곳이 없다는 이유로 화장하고, 유골이 담겨 있던 마대 자루와 입혀져 있던 옷을 모두 불태워 증거가 모두 사라져 버린 것이다.

2003년 1월에 열린 항소심은 서울고등법원 형사 5부의 심리로 진행되었다. 진술의 신빙성과 정황 증거의 증거 능력, 시신 등 물적 증거의 증명력을 놓고 피고 측과 검찰의 치열한 공방전이 전개되었다. 검찰의 주도로 싱겁게 끝난 1심 재판과는 전혀 다른 양상이었다.

시신과 옷, 마대 자루가 소각·소멸된 것 외에도 검찰 측 증거의 많은 부분이 의문의 대상으로 떠오르며 탄핵되었다. 우선 자백 진술 내용 중 '범행 시기'의 타당성 문제가 제기되었다. 피고인들의 진술에 따르면 남성은 시신이 발견되기 4개월 전인 2001년 7월에 살해되었다. 하지만 국립과학연구소와 서울대학교, 고려대학교 소속 법의학 전문가들은 "적어도 시신 발견 1년 전부터 부패가 진행되었을 것"이라는 공통적인 소견을 제기했다. 또한 피고인들의 진술에 따르면 남성은 여름인 7월에 사망했는데, 그가 입고 있던 등산복은 가을 · 겨울용이었다.

무엇보다도 살해 방법에 있어서의 의문점이 강하게 제기되었다. 5층 건물에서 추락해 사망한 시신의 유골에서 골절 흔적이 전혀 발견되지 않았다. 더구나 피해자의 신원이 확인되지 않아 실제 피해자가 범행 장소로 지목된 H콘도에 투숙했는지의 여부가 확실하지 않았다. 콘도 측에서는 이미 범행 발생 당시 실종된 투숙객이 없다는 입장을 밝힌 상태였다. 동반 투숙객이었던 여성의 존재 역시 오리무중이었다.

재판부는 검찰이 제기한 공소 사실은 "전혀 실체가 없고 믿을 수 없는 소설 같은 이야기"라며 피고인 전원에게 '무죄'를 선고했다. 2003년 5월에 검찰이 제기한 상고는 '이유가 없다'며 기각되었다.

수사와 기소 전문성의 부족이 낳은 사법 피해

피고인들은 1년여 만에 누명을 벗었지만 경찰의 무리한 수사와 검찰의 비합리적인 기소를 통해 회복하기 어려운 상처를 입었다. 그들은 범죄 전과를 가지고 있거나 지능이 낮은, 스스로를 보호할 능력이 없는 사회적 약자였다. 그런 약자들을 상대로 이러한 일이 벌어졌다는 것은 심각한 일이 아닐 수 없다. 또한 우연히 발견된 유골은 신원 확인이나 유가족에 대한 시신 인도가 이루어지지 못하고 화장되어 사라지고 말았다.

이 사건은 검찰의 힘과 권위에 기대 무리한 수사를 행한 경찰과 경찰과 같은 '수사기관'의 입장에 서서 독립적 · 객관적으로 사건을 검토하지 않은 검찰의 문제점을 여실히 드러냈다. 이는 '범죄 수사와 기소의 전문성·독립성이 보장되지 못한 현실'이 낳은 제도적 문제라 할 수 있다.

죄수의 딜레마
Prisoner's Dilemma

죄수의 딜레마는 1950년에 경제학자 메릴 플로드(Merril Flood)와 멜빈 드레셔(Melvin Dresher)가 수립한 '게임 이론'으로, 협력하는 것이 최선인 상황에서 서로를 믿지 못해 협력하지 않고 각자의 이익만을 챙기려 하는 심리를 설명하고 있다. 1992년에 알버트 터커(Albert W. Tucker)가 이러한 게임 이론을 유죄 인정 협상을 벌이는 공범에게 적용해 '죄수의 딜레마(Prisoner's Dilemma)'라고 이름 붙였다.

사유지 무단 침입으로 두 사람이 검거되었다고 가정하자. 이때 A가 공범의 폭행치사 범행을 진술했는데, B가 범행을 부인한다면 범행을 진술한 A는 목격 증인이 되어 무죄 방면되는 반면, 범행을 부인한 B는 징역 10년을 선고받는다. 만약 A와 B가 모두 범행을 인정하면 정상을 참작해 두 사람 모두 징역 5년을 선고받고, 두 사람 모두 범행을 부인하면 증거가 부족해 무단 침입 혐의만 인정되어 징역 6개월을 선고받게 된다. 이 경우, A와 B 두 사람 모두 범행을 부인하는 것이 유리하다.

하지만 서로를 믿지 못하고 의심할 경우 자신이 범행을 부인하면 혼자만 무거운 벌을 받게 될지도 모른다는 두려움과 불안을 느끼게 된다. 따라서 결국 A와 B는 모두 자백해 결국 5년씩 복역하게 된다. '죄수의 딜레마'는 대부분의 죄수는 상대방의 결과는 고려하지 않고 자신의 이익만을 고려하기 때문에 모두가 범행을 부인해 서로 6개월을 복역하는(두 사람 모두에게 발생할 수 있는 최선의 결과) 것보다 더 나쁜 결과(징역 5년)를 선택한다는 뜻이다.

일반적인 '죄수의 딜레마' 상황

	공범 B 범행 부인, 묵비권 (공범에게 협조)	공범 B 공범 A의 범행 진술 (공범을 배신)
공범 A 범행 부인, 묵비권 (공범에게 협조)	공범 A, B 모두 6개월 선고	공범 A : 징역 10년 선고 공범 B : 목격 증인이 되어 무죄
공범 A 공범 B의 범행 진술 (공범을 배신)	공범 A : 목격 증인이 되어 무죄 공범 B : 징역 10년 선고	공범 A, B 모두 징역 5년 선고

미국의 결백 입증 프로젝트
(Innocence Project)

예시바대학 배리 셰크(Barry Scheck) 교수는 '명확한 과학적 증거 없이 억울하게 유죄 판결을 받은 사람들의 누명을 벗겨 주자'는 취지로 결백 인증 프로젝트를 실시했다. 결백이 입증된 수감자는 매년 꾸준하게 증가했다. 2001년에 23명에 이르며 최고치에 도달한 이래 2012년 12월까지 총 301명의 수감자가 이 프로젝트에 의해 자유의 몸이 되었다. 이들 중 대부분은 이미 10년 이상 억울하게 자신들의 젊은 시간과 자유를 박탈당한 상태였다.

가장 최근에 이 프로젝트로 인해 자유를 되찾은 사람은 2011년 8월 19일, 18년간 억울한 옥살이를 한 끝에 석방이 결정된 3명의 공범 데미안 에콜스(Damien Echols), 제이슨 발드윈(Jason Baldwin), 제시 미스켈리(Jessie Misskelley)였다. 언론에 의해 '서부 멤피스 삼총사(West Memphis Three)'라 불렸던 이들은 10대 청소년이었던 1993년에 동네에서 발생한 '3명의 남자 어린이 피살 사건'의 범인으로 체포되어 12시간에 걸친 경찰 신문 끝에 범행을 자백하고 사형 혹은 종신형을 선고받고 복역 중이었다. 하지만 그들은 경찰 신문 때와 달리 법정에서 결백을 호소하며 눈물을 쏟았다. 그러나 살해당한 3명의 불쌍한 피해 어린이와 겹쳐 보인 그들의 눈물은 '악어의 눈물'로 해석되어 받아들여지지 않았다. 하지만 이들의 부모는 끝까지 포기하지 않았고 '결백 입증 프로젝트'에 도움을 요청했다. 그 결과, 수차례에 걸쳐 현장 증거물에 대한 DNA 분석을 실시한 끝에 18년 만에 무죄를 입증해 낸 것이다.

어떤 나라에서든지 자백이나 목격 진술에 의존해 엉뚱한 사람에게 유죄 판결을 내릴 가능성이 늘 존재한다. 그들에게 유일한 희망은 DNA 등 과학적 증거일 가능성이 크다.

아직 우리나라에는 억울한 누명을 쓰고 중형을 받아 복역 중인 사람들을 구제해 주는 사업이나 제도가 마련되어 있지 않다. 이보다 더 심각한 문제는 우리나라는 미국이나 유럽 등 선진국과 달리 살인죄를 포함해 모든 범죄에 '공소시효'를 두고 있어 증거물을 '영구 보존'하지 않고 있다는 것이다. 여전히 제대로 된 증거물 보관 시설을 갖추고 있지 못한 상황이다. 그로 인해 억울함을 호소하는 재소자가 누명을 쓴 것인지 그렇지 않은지의 여부를 밝히고 싶어도 증거가 남아 있지 않아 어려움이 따른다.

9장

9 / 장

범죄라는 이름의 습관, 도둑의 비애

베카리아 등 고전주의 범죄학자들은 '인간은 원래 욕구와 욕망으로 가득한 이기적인 존재이기 때문에 처벌이라는 심리적 억제 장치가 없다면 누구나 범죄를 저지를 것'이라고 생각했다. 반면 롬브로조나 가로팔로 같은 생물학적 실증주의 범죄학자들은 '범죄자는 태어날 때부터 일반 사람과 다른 특성을 가지고 태어난다'고 생각했다. 즉 '범죄자형 인간'이 따로 있다는 것이다. 한편, 뒤르켐이나 머튼 같은 사회학자들은 '사회의 안정성이나 가치 체계의 균등성 등 사회적 조건에 따라 범죄의 양과 질이 결정'된다고 생각했다.

어떤 시각이 옳고 그른지를 판단하는 것보다 이와 같은 주장들이 범죄 현상의 부분적 측면들을 설명해 준다고 보는 것이 타당할 것이다. 즉 절도나 사기 등 합리적 계산하에 저질러지는 범죄의 경우에는 '고전주의 범죄학'이 가장 적절한 설명을 해 줄 것이고, 연쇄살인이나 어린이 대상 성폭행 등 일부 이해하지 못할 범죄는 생물학적 '실증주의 범죄학'이 적절하게 설명해 줄 것이다. 반면, 법과 정책 제도 등 사회적인 범죄 예방 대책을 강구할 때는 '사회학적 범죄학'이 중요한 시사점을 제공해 줄 것이다.

그런데 기존의 범죄학적 접근과 달리 '누구나 일탈이나 범법을 할 수 있고, 처음 범법을 했을 때 사회가 어떤 대응을 하느냐에 따라 범죄자가 되기도 하고 그렇지 않기도 한다'는 '낙인 이론' 역시 중요하다. 많은 사람이 청소년 범죄자가 선도되지 못하고 성인 범죄자로 이어지거나 초범이 교화되지 않고 상습범이 되는 현상은 '전과' 등 '사회적 낙인'을 찍기 때문이라고 주장한다. 하지만 낙인 이론이 모든 상습범이 만들어지는 과정을 설명해 주지는 않는다.

카메론의 '상점 절도범 연구'에서 경찰에게 체포당한 초범자들은 이후 재범을 하지 않은 반면, 방치한 초범자들은 재범을 하는 현상을 포착했다. 이는 오히려 체포 등의 '낙인'이 경각심을 일깨워 재범을 막는다는 것을 뜻한다.

상습범들의 삶을 추적해 보면, 그들이 어린 시절부터 성장 과정을 통해 범죄적 동기와 범죄적 방법, 기술을 학습한다는 공통점을 발견할 수 있다. 범죄적 동기란 정상적이고 일반적인 일상으로부터 만족이나 쾌감을 얻지 못하고 일탈 행위 등 자극이 큰 활동으로부터 흥분이나 만족, 쾌감을 얻는 것을 말한다. 가족이나 또래 혹은 선배 등으로부터 이러한 범죄적 동기를 배울 경우, 더 이상 자기 나이에 어울리는 일상적 생활이나 놀이에는 만족하지 못하게 된다.

범죄적 방법이나 기술 역시 마찬가지이다. 범죄적 혹은 일탈적 하위문화를 가진 지인들로부터 범죄적 방법이나 기술을 하나씩 배우고 습득해 가는 과정을 거치게 될 경우 상습 범죄자, 전문 범죄꾼으로 성장하게 될 가능성이 높다.

성인이 되어 이미 범죄의 습벽이 깊이 자리 잡힌 상습범을 교화하기란 결코 쉬운 일이 아니다. 꾸준하고 장기적이며 체계적인 치료와 교육, 행동 교정이 필요하다. 범죄적 습벽이 형성된 시간만큼 그리고 그 강도와 빈도만큼 치료와 교육이 이루어진다면 참으로 이상적이겠지만 실제 여건은 그렇지 못하다. 가능한 한 빠른 시간 안에 제한된 재원 안에서 이루어져야 하기 때문에 그들의 범죄 습벽을 고치기는 쉽지 않다. 그러다 보니 재범을 할 경우, 주로 상습범 가중처벌 등 형량 강화라는 장치로 재범을 억제하려 한다.

하지만 이미 중독 상태에 이를 정도로 범죄적 동기와 범죄적 수단에 습성화가 된 상습범의 경우 처벌의 두려움이 제동장치로 작동하는 시간은 그리 길지 않다.

끝내 고치지 못한 도벽

권력자를 울리고 서민을 웃긴 조세형 사건

고관대작의 집만 터는 '대도'

사람들과 세상 위에 군림하는 권력자들이 도덕적이지 않을 때 힘없는 서민은 아프고 슬프고 답답하고 힘들다. 그럴 땐 누구라도, 심지어 범죄자라 하더라도 이들 부자들과 권력자들을 혼내 주고 골려 주길 바라는 것이 민심이다. 썩어 빠진 귀족과 부자들의 재산을 훔쳐 가난한 사람들에게 나눠 준 도둑 괴도 루팡이 최고의 스타였던 프랑스나 숲 속 산적떼의 대장 로빈후드가 민중의 영웅이었던 영국이 그랬다. 힘센 도둑 임꺽정과 요술쟁이 강도 홍길동이 도탄에 빠진 백성의 속을 후련하게 만들어 준 조선도 마찬가지였다.

이러한 것은 비단 머나먼 나라의 옛날이야기만이 아니다. 서슬 퍼런 군사독재의 권위 앞에서 말 한마디 제대로 하지 못하던 1970~80년대

대한민국 역시 권력의 찌꺼기 탐관오리들, 이들과 결탁해 땅 짚고 헤엄 치듯 돈을 긁어모으던 졸부들의 천국이었다. 그로 인해 민심은 이들의 곳간을 터는 귀신같은 도둑이 나타나길 바랐다.

바로 그때 현대판 홍길동, 한국의 괴도 루팡이 나타났다는 소문이 돌기 시작했다. 고관대작과 거부들 저택의 높디높은 담과 철조망, 맹견들과 경비원, 비밀 금고의 두터운 이중 삼중 보안 장치를 무용지물로 만들며 거액의 현금과 외화, 희귀한 보석들을 훔친 뒤 그중 일부를 가난한 사람들에게 나눠 주는 '대도'가 나타났다는 이야기가 입에서 입을 통해 퍼져 나갔다.

언론에서도 연일 '대도' 이야기를 다루었다. 피해자들뿐 아니라 돈 많고 힘센 '대도의 잠재적 목표'들은 분노했다. 당시 치안을 책임지던 내무장관과 치안본부장은 이 발칙한 '대도'를 속히 잡아 내라는 높은 사람들의 채근에 시달려 다른 업무를 하지 못할 지경에 이르렀다.

전국 경찰서에는 비상령이 하달되었고, 형사들과 파출소 순경들은 '대도'가 체포될 때까지는 집에 들어가지도 말라는 상부의 불호령에 시달렸다. 밤이면 모든 경찰관과 방범대원이 부잣집 담벼락 밑과 동네 어귀에서 순찰하고 잠복했다.

그러던 1982년 11월, 드디어 대도가 경찰에 의해 검거되었다. 대도의 정체는 절도전과 11범의 조세형이었다. 그는 고아 출신으로 어려서부터 먹고 살기 위해 도둑질을 시작해 열여섯 살 때부터 교도소를 들락거린 전문 '범죄꾼'이었다.

엄청난 장물, 나타나지 않는 피해자

'대도' 조세형의 검거는 당대 최고의 화젯거리였다. 시민들은 앞에서는 '공권력을 조롱하며 사회를 혼란에 빠뜨린 악질 범죄자'의 검거에 안도의 박수를 보냈지만, 뒤에서는 '한국의 괴도 루팡', '현대판 홍길동'이라고 치켜세우며 전설의 막이 내려진 것을 아쉬워했다.

사람들이 가장 관심을 가진 것은 조세형이 훔친 현금의 액수와 희귀한 귀금속의 실체 그리고 집안에 그런 거액의 현금과 보물을 숨겨 두고 생활하는 고관대작들의 정체였다. 그중에서도 가장 세간의 이목을 집중시킨 것은 존재 자체가 의문의 대상이었던 소위 '물방울 다이아몬드'의 소유주였다.

하지만 조세형에게서 압수된 모든 현금과 수표, 외화, 귀금속 등을 도난당했다는 피해자는 나타나지 않았다. 조세형이 기억을 더듬어 자신이 침입했던 집들을 지목해도 집주인들은 도난당한 적이 없다고 손사래 치는 괴이한 모습이 계속해서 연출되었다. 그들은 도난당한 금품을 회수하는 것보다 '탐관오리', '부패한 졸부'라는 세간의 손가락질과 뒤따를 세무 조사를 더 두려워했던 것이다

대도의 탈주 그리고 징역 15년, 보호감호 10년

열여섯 살 소년 시절부터 훔치고 도망 다니고, 체포되고 처벌받는 생활을 반복하던 조세형은 늘 고개 숙인 채 주눅 들어 있는 '좀도둑'이었다. 하지만 모든 언론과 방송에서 '대도'라며 추켜세우고 피해자들이 오히려 죄인처럼 숨는 모습을 보이자 마치 의적이라도 된 듯 평생 처음으로 자신감과 만족감을 느꼈다.

조세형은 가족도, 직업도, 마음 붙일 곳도 없었다. 잃을 것이 없었기 때문에 두려운 것도 없었을 뿐더러 '대도'라는 새로운 신분에 만족하며 수사와 기소, 재판 과정 내내 큰소리를 쳤다. 그는 반성하는 태도를 보이지 않아 1심 재판에서 중형 판결을 받았다. 그러자 조세형은 자신이 저지른 죄보다 무거운 형벌이 내려졌다며 억울해 하다가 항소심 재판 중이던 1983년 4월, 수감 생활을 하고 있던 법원 구치감에서 탈주했다.

2012년에 대구 동부경찰서 유치장에서 15cm 너비의 배식구를 통해 탈주한 최갑복 사건이 한동안 회자되었지만, 당시 조세형의 탈주는 그 야말로 세상을 발칵 뒤집어 놓은 대사건이었다. 최갑복이 경찰의 삼엄한 포위망을 뚫고 안동까지 도주했다가 주민의 신고로 5박 6일 만에 검거되었듯이 조세형 역시 115시간, 5박 6일 만에 주민의 신고로 경찰의 추격을 받게 되었다. 지붕을 건너고 담을 넘어 경찰을 따돌리며 계속해서 도주를 하던 조세형은 결국 어느 가정집 욕실에서 경찰관과 맞닥뜨리게 되었고, 경찰관의 권총에 피격당한 뒤 검거되었다.

비록 세상을 뒤흔들어 놓고 재판 도중에 구치감에서 탈주를 하긴 했지만, 여전히 조세형은 '도둑'이었다. 하지만 그에게 내려진 형벌은 징역 15년, 게다가 형기를 다 마친 뒤 다시 교도소보다 더 가혹하다는 청송보호감호소에서의 보호감호 10년이 추가되었다. 지금은 위헌 판결을 받고 폐지된 '사회보호법' 탓이었다.

웬만한 살인범도 징역 7~8년 이상 선고받는 일이 흔하지 않은 우리 사법 관행을 감안한다면, 절도범 조세형에게는 가히 청천벽력이나 다름없는 판결이었다. 읍소도 해 보고 간청도 해 보고 울부짖어 보기도 했지만 판결을 되돌릴 수는 없었다.

사람들은 조세형이 세상에 나오면 절도 행각을 하면서 누구 집에서 무엇을 보고 무엇을 훔쳤는지 떠벌릴 것을 두려워한 권력층이 '입막음'을 하려고 중형을 내렸다고 수군거렸다.

'범죄 예방 전도사'로 변신한 도둑

억울함과 막막함으로 도무지 마음을 잡지 못한 채 수감 생활을 하던 조세형은 투옥된 지 7년 만인 1990년, 종교에 귀의하면서 현실을 받아들이고 미래에 대한 희망을 품었다. 그는 성경을 읽고 또 읽어 거의 외우다시피 했다. 8년을 하루 같이 간절하게 예배와 기도를 하는 모습은 교정사목을 담당하던 종교인뿐 아니라 동료 수감자들과 교도관들마저 감동시켰다.

15년의 형기를 모두 마치고 보호감호가 시작된 1998년 4월, 조세형은 더 이상 사회로부터 격리될 필요가 없다며 '보호감호처분 재심'을 청구하였다. 보호감호처분 재심 사건 1심 공판에서는 "조세형에게는 절도의 습벽이 몸에 깊이 배어 있고 그동안 수감 생활 중에 보여 준 종교적 태도는 출소하기 위한 술책일 수도 있기 때문에 여전히 재범 가능성이 높다."는 검찰의 주장이 받아들여져 패소하였다.

하지만 이후 열린 항소심에서는 조세형의 '종교적 귀의는 진실하며, 15년의 수감 생활로 인해 몸이 쇠약해졌고, 이제는 50대에 이르러 재범 가능성이 낮다'는 주장에 힘이 실려 원심은 파기되고 보호감호 처분은 중단되었다. 그로 인해 1998년 11월 26일, '대도' 조세형이 드디어 세상에 다시 나오게 되었다. 그는 '종교의 힘으로 다시 태어난' 초유의 모범 사례로 인정받아 전국 각지의 교회에서 앞다퉈 '신앙 간증' 강사로 초빙

하는 유명인사가 되었다.

'개과천선한 대도' 조세형을 찾는 곳은 종교 단체만이 아니었다. 각종 청소년 단체와 학교 등 교육과 선도를 목적으로 하는 기관은 모두 조세형을 강사로 모시고 싶어 했다. 급기야 국내 최대의 보안회사에서 조세형을 '고문'으로 모셔 가기에 이르렀다. 그들은 조세형에게 과거 남의 집을 털고 훔치던 기술과 수법을 역으로 방범과 보안에 활용해 달라고 제안했다. '상전벽해'가 따로 없었다. 늘 손가락질을 받고 도망 다니던 '죄인' 조세형이 존경과 우러름을 받는 '출세한' 유명인사가 된 것이다. 희대의 도둑에서 최고의 경찰이자 탐정으로 탈바꿈한 프랑스의 전설적 영웅 '비독(Vidouq)'이 환생한 듯했다.

세상의 환대에 고무된 조세형은 무슨 일이든지 생각하는 대로 다 이룰 수 있을 것 같았다. 우선 자신과 같은 전과자들을 종교로 인도하고 이들에게 직장을 알선해 주어 사회 복귀를 돕는 선교 사업부터 시작했다. 그가 세운 '늘빛 선교회'에 전과자들이 구름처럼 몰려들었다. 당연히 돈이 필요했고, 처음에는 독지가들의 도움과 자신이 받은 고문료와 강의료 등 활동 수입으로 충당했지만 시간이 갈수록 역부족이었다.

'하늘은 스스로 돕는 자를 돕는다.'라는 말이 있다. 어두운 과거를 떨쳐 버리고 밝은 세상에서 새로운 삶을 살아가고자 거듭 노력하던 조세형에게 천사가 나타났다. 1999년 3월, '샘프리'라는 브랜드의 자동차 룸미러와 액세서리를 만드는 탄탄한 중소기업 사장 이은경(당시 39세)과 우연히 만난 조세형은 그녀에게 호감을 느꼈다. 둘은 결국 교제를 한 끝에 조세형이 56세가 되던 2000년 2월에 아들을 낳고, 5월에 만인의 축복 속에서 결혼식을 올렸다. 그야말로 세상의 모든 복과 행운을 독차지한 사람 같았다. 어려서부터 도둑질과 교도소 생활 외에는 해 본 것이 없는 조세형에게 영화 같은 '인생 역전'이 찾아온 것이다.

'범죄자는 타고 난다', '범죄의 길에 들어서면 다시는 빠져나오기 힘들다'는 인식이 지배하던 우리 사회는 그동안 전과자를 백안시하고 그들에게 따뜻한 손길과 사회 복귀를 위한 기회를 주지 않았다. 하지만 조세형은 전과자에 대한 사회적 인습과 인식을 바꿔 나가고 있었다. 범죄학의 '낙인 이론'이 주장하듯, 범죄 전과자에게도 기회만 제공하면 얼마든지 모범적인 사회인으로 거듭날 수 있다는 증거를 보여 준 것이다.

배신, 배신, 또 배신

15년간의 수감 생활을 마치고 출소한 지 2년, 아들을 얻은 지 9개월, 결혼식을 올린 지 반년 만이던 2000년 11월, 조세형은 선교 활동을 위해 일본으로 출국했다. 그런데 얼마 뒤 일본에서 황당한 소식이 전해졌다. 조세형이 대낮에 도쿄 주택가의 빈집에 들어가 금품을 털다가 이웃 주민의 신고를 받고 출동한 일본 경찰이 쏜 총에 맞고 검거되었다는 것이다.

조세형은 처음에는 묵비권을 행사하며 자신의 신분을 밝히지 않으려고 애쓰다가 나중에는 "일본의 주택가 보안 시스템을 점검해 보려 했다."는 어설픈 변명을 내세웠다고 한다. 결국 그는 일본 법정에서 주거 침입 절도죄로 3년 6개월 형을 선고받는 굴욕을 당하게 되었다.

그로 인해 조세형의 가족과 지인들은 큰 충격을 받았고, 한국 사회와 언론 역시 적지 않게 당황했다. 하지만 여전히 많은 사람이 외국에서 벌어진 일이라 뭔가 사연이 있을 것이라 생각하고, 그가 다시 '도둑의 길'로 들어섰다는 사실을 믿지 않았다.

일본 교도소에서의 모범적인 수형 생활과 한국 지인들의 탄원 등으로 감형을 받은 조세형은 2004년 3월에 출소한 뒤 남몰래 귀국해 집안에 틀어박혀 칩거하였다. 하지만 1년 만인 2005년 3월 24일, 67세가 된 조세형은 또다시 서울 마포구 서교동에 있는 한 치과의사의 집에 들어가 시계 등 160여만 원 상당의 금품을 훔치다가 신고를 받고 출동한 경찰과 대치하던 끝에 경찰이 쏜 공포탄 소리에 놀라 붙잡히고 말았다. 결국 그는 다시 교도소에서 3년을 복역하고 71세 고희가 된 2008년에 출소했다.

또한 2년 뒤인 2010년 5월에 4인조 금은방 강도가 훔친 1억 원 상당의 귀금속을 팔아 주고 1천만 원을 수수료로 챙긴 장물아비 노릇을 하다가 검거되어 징역 2년을 선고받았다. 그 후 1년 4개월 동안 수감 생활을 하던 그는 2011년 9월, 추석 연휴를 눈앞에 두고 특별 감형을 받아 출소했다. 하지만 교도소 문 앞 10미터를 채 걸어 나오기도 전에 대기하고 있던 형사들에게 체포되었다. 2009년에 부천에서 발생한 강도 사건의 범인으로 검거된 민 씨 등 2명이 조세형을 공범으로 지목했기 때문이다.

그로 인해 다시 검거된 조세형은 경찰과 검찰의 조사 과정에서 결백을 입증하는 증거를 제시하는 대신, 지난 30여 년 간의 '대도' 경력을 장황하게 늘어놓았다. 자신은 '절도'는 할지언정 사람을 협박하거나 해치는 '강도' 짓은 절대 하지 않는다는 것이었다. 일본 경찰에게 총을 맞아 부상을 입은 이래 오른쪽 팔이 좋지 않은 상황이었기 때문에 강도 범행을 저지르기 어려워 보였다. 결국 조세형은 2009년 강도 범행에 대해서는 무죄 판결을 받았다.

그것이 끝이 아니었다. 2013년 4월 3일, 서울 서초동의 한 빌라에 유리창을 깨고 들어가 외제 시계와 반지, 목걸이 등 3,000만 원 상당의 귀금속을 훔친 혐의로 실형을 선고받았다. 그동안 노숙자 선교회에서 선교 활동을 해 온 것으로 알려졌지만, 좀도둑 행각으로 다시 철창신세를 지게 된 것이다.

전과자에 대한 냉대는 사회적인 부메랑

평생 도둑질만 하며 살아 온 '대도' 조세형에게 제공된 새로운 기회는 '사회가 범죄 전과자에게 내미는 따뜻한 손길이 범죄 습벽마저 고칠 수 있을지를 가늠하는 시험대'였다고 말하는 사람이 있다. 조세형이 결국 범죄의 길로 다시 들어섰으니 전과자에게는 포용과 배려보다 감시와 경계, 의심이 제격인 것일까?

조세형의 사례를 일반화하거나 대표로 제시하는 것은 불공정하다. 성실하고 정직하게 살아 본 적 없는 조세형에게 어느 날 갑자기 교회 전도사, 유명 경비 회사 고문의 역할이 주어졌다고 해서 갑자기 책임 있는 모범적 사회인으로 변신하길 기대한다는 것 자체가 모순이고 무리이다. 차라리 보호 관찰관이나 사회적 멘토가 전담해서 한 단계씩 정상적인 사회생활로 인도해 나가는 노력이 필요했다.

우리 사회가 범죄 전과자를 냉대하고 무시하고 포기한다면, 사회에서 설 자리를 찾지 못한 그들은 또다른 범죄를 저지를 확률이 크다. 최악의 경우에는 전과자를 냉대하는 사회가 밉다며 마구 흉기를 휘두르는 묻지마 살인범이나 유영철, 김대두, 온보현, 지존파 같은 연쇄 살인 괴물이 되어 부메랑처럼 우리 사회 한 구석을 무너뜨려 버릴 수도 있다.

캐나다에는 범죄자가 교도소에서 출소하면 이웃에 있는 다섯 가구가 돌아가며 집에 방문해 그가 제대로 사회에 복귀할 수 있도록 도움을 주는 프로그램이 있다. 또한 영국에는 교도소 수감 생활 때부터 자원봉사자가 아버지, 어머니가 되어 자주 면회를 하고, 그가 바른 생각을 할 수 있도록 선도해 주는 것은 물론 출소 후에도 멘토가 되어 주는 프로그램이 있다. 이러한 사례는 우리나라도 참고할 필요가 있다.

범죄로부터 우리 가족과 이웃을 보호하는 가장 효과적인 방법 중 하나는 재범률을 낮추는 것이다. 재범률을 낮추는 가장 효과적인 방법은 범죄 전과자들이 범죄 대신 이웃의 따뜻한 신뢰와 배려 속에 사회 안에서 자기 자리를 찾는 것임을 잊어서는 안 된다. 그런 면에서 조세형은 다시 범죄의 길로 들어선 배신 행위를 통해 우리 사회에 큰 빚을 졌고, 우리 사회는 그에게 제대로 된 단계적 사회 복귀 대책을 제공하지 않은 채무가 있다.

"무전 유죄, 유전 무죄"를 외친
탈주범의 절규

탈주범 지강헌 일당의 인질범 사건

556만 원 절도, 징역 7년 보호감호 10년

가난한 집에서 태어나 초등학교만 졸업하고 거리로 나선 지강헌은 배운 게 도둑질밖에 없었다. 도둑질을 하다 경찰에 붙잡혀 처벌을 받고 난 뒤 어떻게든 바르게 살아 보려 노력했지만 기술도, 자격도 없다 보니 변변한 직업을 가질 수 없었다. 그의 주변에는 그런 그를 바른 길로 이끌어 줄 사람도 없었다.

그래도 그는 꿈을 가지고 있었다. 어린 시절부터 막연하게 '시인'이되고 싶었던 지강헌은 교도소에 수감되어 있을 때 시간만 났다 하면 책을 읽었고, 시상이 떠오르면 습작을 했다. 그런 지강헌의 운명을 바꾼것은 1980년에 제정된 '사회보호법'이었다. 상습 범죄자 등 불순한 사회악으로부터 선량한 국민과 사회를 보호하자는 취지로 만들어진 이

법은 '유사한 죄로 2회 이상 실형을 받고 그 형기의 합계가 3년 이상인 자가 다시 유사한 죄를 저질렀을 경우' 등 상습성이 인정될 때 장기간 보호감호 처분을 내릴 수 있도록 규정하고 있었다. 당시는 서슬 퍼런 군사독재 시절이었다. 지강헌 역시 삼청교육대와 사회보호법 등 범죄자와 불량배들에 대한 철퇴에 대해 익히 들어 알고 있었지만, 정작 자신이 그 대상이 되리라고는 상상도 하지 못했다.

1988년, 온 나라가 올림픽 개최의 감격과 흥분에 휩싸여 있던 그때, 남의 집에 들어가 556만 원을 절취한 뒤 도주하다 붙잡힌 지강헌에게 내려진 형량은 징역 7년에 보호감호 10년, 도합 17년이었다. 17년이라니! 눈앞이 캄캄하고 앞길이 막막했다. 그 당시에는 지강헌처럼 '사회보호법의 날벼락'을 맞은 재범자가 많았다.

100억 원대를 횡령한 전 대통령의 동생 전경환, 징역 7년

지강헌 등 당시 사회보호법 적용을 받은 범죄자들의 절망감을 더욱 증폭시킨 것은 1988년에 터진 '전두환 전 대통령의 동생 전경환 부패 사건'이었다. 전경환은 형이 대통령이던 시절에 막강한 권력을 휘둘렀다. 그의 뇌물 수수, 각종 인사 개입, 횡령 등 범죄 행각에 대한 풍문과 폭로, 비판이 거세게 일자 전두환의 자리를 이어받은 노태우 대통령은 새 정권의 부담을 덜기 위해 그를 사법 처리했다.

전경환은 공식적으로 그가 총재로 있던 새마을운동협회의 공금 73억 6천만 원을 횡령하고, 새마을 신문사의 수익금에 대한 10억 원의 탈세, 4억 1,700만 원을 수수하고 저지른 불법 이권 개입 등 7가지 죄목으로 기소되었다. 항간에는 전경환의 횡령 액수가 600억 원에 육박한다는 이야기가 떠돌았다. 그런데 천문학적인 액수의 횡령과 탈세, 뇌물 수수 등의 중대 범죄를 저지른 전경환에게 내려진 형량은 징역 7년, 벌금 22억 원, 추징금 9억 원이 전부였다. 이마저도 곧 감형과 사면이 이루어지리라는 예상이 지배적이었다. 실제로 전경환은 수감된 지 3년 만인 1991년 6월에 가석방되었고, 이듬해 1월, 대통령 특사로 사면 복권되었다.

이 사건은 철권 독재 통치로 국민의 숨통을 조이던 전두환 군사정권이 권력을 이용해 자신과 측근, 가족들의 탐욕을 채우느라 국고를 축냈다는 세간의 의혹이 사실로 밝혀지는 신호탄이었다. 또한 아무리 큰 죄를 저질러도 권력이나 돈이 있으면 쉽게 풀려난다는 속설이 입증되면서 온 국민의 분노를 자아냈다.

죄수들의 집단 탈주, 프리즌 브레이크

1988년 10월 8일, 서울 영등포 교도소에 수감되어 있던 죄수 25명을 태운 법무부 호송 차량은 충남 공주 교도소로 이동하고 있었다. 그다지 특별할 것 없는 의례적인 재소자 이감이었다. 호송을 담당한 교도관들은 다른 날과 마찬가지로 이감 대상 재소자들의 인적 사항을 확인하고 수갑을 채웠다. 그리고 무기 소지 여부 확인 등 검색을 실시한 뒤 한 명씩 호송 차량에 탑승시키고, 시정 장치를 이중 삼중으로 확인했다.

하지만 교도관들이 짐작조차 하지 못한 것이 두 가지 있었다. 첫 번째는 서로에 대해 자세히 알지 못하는 재소자들 사이에 교감과 연대의식이 형성되어 있다는 것이었다. 그들 사이에는 전경환 부패 사건와 그에 따른 가벼운 형량이 공통의 화젯거리였다. 자신들은 그보다 훨씬 가벼운 범죄를 저질렀음에도 무거운 처벌을 받은 사실이 무척 억울했다.

두 번째는 형량에 덧붙여진 기나긴 보호감호 기간을 버텨 낼 자신이 없어 필사의 탈주를 준비해 온 재소자들이 있다는 사실이었다. 지강헌을 비롯해 탈주를 준비한 재소자들은 교도소 식당이나 작업장 등에서 주운 쇠붙이 등을 오랜 시간 갈고 손질해 머리카락 안에 감출 수 있을 정도로 가느다랗게 만들었다. 그리고 그것을 감방 안에 보관 중이던 간장 통과 콜라 병 안에 감춰 두고 공주 교도소로 이감될 날을 기다렸다.

순조롭게 도로를 달리던 호송 차량에서 갑작스럽게 소동이 일어났다. 지강헌과 일부 죄수가 몰래 숨겨 둔 도구로 교도관들이 눈치 채지 못하게 다른 죄수들의 수갑을 풀어 준 뒤 눈빛을 교환했다. 그들은 재빠르게 교도관을 공격하고 집단 탈주를 감행했다. 결박이 풀린 죄수들의 갑작스러운 공격에 호송 차량은 멈출 수밖에 없었고, 결국 이중 삼중의 출입문마저 열렸다.

그 순간, 자유와 감금의 갈림길이 열렸다. 25명 중 12명은 '위태롭고 불안한 자유'를 향해 탈주를 감행했고, 나머지 13명은 '안정되고 안전한 감금'을 택했다.

지강헌 일당 4인조의 인질극

호송 차량에서 탈주한 12명 중 7명은 추가 범죄를 저지르거나 룸살롱에서 술을 마시다 혹은 고향집을 찾던 중에 붙잡히거나 자수를 하면서 길지 않은 자유에 종지부를 찍었다. 조기에 체포되지 않은 5명 중 지강헌을 포함한 4명은 교도관에게서 탈취한 권총을 들고 서울 시내 가정집을 돌며 절도와 강도를 일삼다가 탈주 일주일 만인 10월 15일 밤 9시 40분경에 서대문구 북가좌동에 있는 고 씨 집에 침입하여 그의 가족을 인질로 삼았다.

지강헌 일당의 집단 강도 및 인질극에 동참하지 않은 김길호는 홀로 도주해 숨어 지내다가 탈주 1년 9개월 만인 1990년 7월 1일에 경찰에 검거되었다. 인질극을 벌인 4인조는 가장 나이가 많은 지강헌(당시 35세)을 중심으로 안광술(당시 22세), 강영일(당시 21세), 한의철(당시 20세)로 이루어져 있었다.

당시 방송과 신문 등을 통해 대대적으로 보도되면서 잘 알려져 있던 '흉악 탈주범'들이 집에 침입해 공포에 사로잡힌 고 씨 가족은 침착하게 순응하며 그들의 긴장을 완화시켰다. 그 덕에 지강헌 일당은 마음의 안정을 찾아 친척 집에 온 듯 편안하게 식사를 하고 대화를 나누고 밀린 잠을 잤다. 하지만 궁지에 몰린 그들이 언제 태도를 바꿀지 몰라 안심할 수 없었다. 가족들이 해를 입지는 않을까 불안과 두려움을 느낀 아버지 고 씨는 다음 날인 16일 새벽 4시, 자신을 감시하던 인질범이 잠에 빠져 감시가 소홀한 틈을 타 집 밖으로 탈출에 성공한 뒤 인근 파출소로 달려가 신고했다.

이미 최고도의 비상경계령이 내려져 대기 중이던 경찰 1천여 명이 곧바로 출동해 북가좌동 주택가 좁은 골목을 완전히 에워쌌다. 뒤늦게 아버지 고 씨가 사라진 것을 알게 된 일당들은 당황해 안절부절못했다. 새벽 4시 40분, 아버지를 제외한 고 씨 가족 전체를 인질로 삼은 지강헌 일당과 집을 완전히 에워싼 천여 명의 경찰 사이에 일촉즉발의 대치 상황이 시작되었다.

유전무죄 무전유죄

1988년, 당시만 해도 한국 경찰에는 '인질 협상' 전문가는 물론 매뉴얼도 없었다. 경험 많은 베테랑 형사와 계급 높은 고위 경찰 간부가 오직 상식과 감정에 의존해 지강헌 일당의 투항을 종용하기 위해 설득하고 호소하는 '일방적 협상 시도'가 이루어졌다. 하지만 지강헌 일당의 저항과 반발, 돌발 행동이 이어지는 위태로운 상황이 계속되었다.

이후 지강헌 일당은 테러리스트처럼 자신들이 주장하는 것을 국민들도 알아야 한다며 텔레비전으로 볼 수 있도록 생중계를 해 달라고 요구했다. 경찰은 그 요구를 수용했다. 그로 인해 사상 초유의 인질극 생중계가 진행되었다. 갑자기 '거물' 취급을 받게 된 지강헌 일당은 공명심과 과시욕이 고조된 가운데 탈주극을 벌이게 된 원인을 밝혔다. 그들은 억울함과 절망감이 뒤섞여 정제되지 않은 말을 계속해서 쏟아냈다.

그 가운데 지강헌이 자신의 삶에 대해 늘어놓은 독백, 특히 '시인'을 꿈꿨다는 이야기 등이 장안의 화제가 되었고, 강영일이 동생에게 전해 달라며 쓴 편지에 언급한 '유전무죄 무전유죄'라는 어구가 이 사건 전체를 대표하는 표현이 되면서 유행어가 되었다. '유전무죄 무전유죄'는 오늘날까지 돈 있고 힘 있는 사람은 죄를 저질러도 벌을 받지 않고 힘없고 돈 없는 사람은 작은 실수를 저질러도 벌을 받고 전과자가 되는 '공평하지도 정의롭지도 않은' 우리 사법 제도를 풍자하는 표현으로 널리 사용되고 있다.

비극의 광시곡, 비지스의 '홀리데이'

16일 정오경이 되었을 때, 지강헌은 강영일에게 "밖에 나가서 경찰이 약속한 도주용 승합차가 준비되어 있는지 확인해 보라."고 지시했다. 밖으로 나온 강영일이 승합차가 준비되어 있지 않은 사실을 확인하고 집 안으로 들어가려 할 때, 지강헌은 땅 바닥에 총을 쏘며 강영일에게 자수할 것을 권했다. 끝까지 함께하겠다며 자수하길 거부하던 강영일은 결국 지강헌의 뜻을 받아들여 자수했고, 4명의 일당 중 유일하게 살아남은 사람이 되었다.

인질극을 벌이는 동안 자신의 가족을 해치지 않은 지강헌 일당을 신뢰하고 그들에게 연민을 느꼈던 고 씨의 딸은 비극을 막기 위해 경찰의 강제 진압을 만류하며 시간을 끌었다. 그리고 인질범들을 설득하기 위해 최선을 다했지만 결국 비극을 막지는 못했다.

안광술과 한의철이 지강헌에게서 총을 가져가 차례로 자살한 것이다. 두 사람이 자살한 뒤 자포자기의 심정이 된 지강헌은 경찰에게 자신이 가장 좋아하는 미국 팝 그룹 비지스(Beegees)의 '홀리데이(Holiday)' 노래가 담긴 카세트테이프를 구해 달라고 요구했다. 경찰이 전달해 준 '홀리데이'를 크게 틀어 놓고 독백을 하던 지강헌은 깨진 유리창 조각을 들고 목을 그어 자살을 시도했다. 그 순간, 경찰특공대가 진입해 지강헌의 다리에 총을 쏴 자살을 저지했다. 하지만 무릎을 관통한 총알이 복부마저 관통해 과다출혈에 이은 쇼크에 빠지게 되었다. 지강헌은 대기 중이던 응급구조 차량에 태워져 종합병원 응급실로 실려 갔지만 결국 과다출혈로 세상을 떠났다.

당시 해당 병원에서 흉부외과 의사로 재직 중이었던 한 사람은 응급

수술을 실시했다면 살릴 수도 있는 상황이었지만 일반외과와 흉부외과 교수들이 서로 책임을 미루며 수술을 하지 않는 바람에 지강헌이 사망했다는 고백의 글을 자신의 블로그에 게재하기도 했다. 2006년에 개봉한 영화 '홀리데이'는 바로 이 사건을 배경으로 만들어졌다.

사회 정화의 일환으로 탄생한 사회보호법

1979년에 일어난 박정희 전 대통령 저격 사건 이후 생긴 권력 공백을 틈타 군사 쿠데타를 일으켜 집권한 전두환 중심의 '신군부'는 1980년 5월 광주항쟁 등으로 인해 국민적 저항에 직면하게 되었다. 신군부 세력은 이 위기를 타개하기 위해 비상계엄을 선포하고 '국가보위비상대책위원회(국보위)'를 설치해 초법적 철권통치 체제를 구축했고, 반정부 시위와 민주화 운동을 잠재우기 위해 '사회 정화'라는 명분을 내세웠다.

그해 7월, 불량배 일제 소탕 작전 내용을 담은 '삼청계획 5호'가 계엄사령부에 하달되었고, 8월에 계엄사령부의 지휘하에 군과 법무부, 내무부가 총동원되는 '계엄포고 13호'가 발표되었다. 곧 연인원 80만 명에 이르는 군인과 경찰이 동원되어 '불량배'들을 마구 잡아들였다. 그리고 그들을 군부대 내에 설치한 '삼청교육대'에 가둬 놓고 가혹한 훈련과 집단생활을 통해 '인간 개조'를 시도하였다. 그로 인해 1980년 8월 1일부터 1981년 1월 25일까지 총 6만 755명이 법원의 영장이나 구체적 증거 없이 '자의적이고 불법적인 체포와 감금, 고문, 강제 노역'에 시달리게 되었다.

당시 국보위가 발표한 삼청교육 대상 '불량배'의 기준은 '개전의 정이 없이 주민의 지탄을 받는 자, 불건전한 생활 영위자 중 현행범과 재범 우려자, 사회 풍토 문란 사범, 사회질서 저해 사범'이었다. 결정권자가 마음만 먹으면 누구든지 그 대상에 포함될 수 있는 다분히 주관적이고 추상적이며 애매한 기준이었다. 이후 그 당시 검거된 대상자 중 35.9%가 '불량배 소탕'이라는 명분과 달리 전과 사실이 전혀 없었던 것으로 드러나 자의적이고 무분별한 검거가 자행됐음이 확인되었다.

그중에는 중학생 17명을 포함한 학생 980명과 여성 319명도 포함되어 있었는데, 이들이 4주간 군대에서 받은 삼청교육 내용은 주로 고된 군사훈련이었다. 유격체조, 기초 장애물 극복, 땅에 착지하는 공수 접지 훈련 등이 실시되었다. 이 과정에서 구타와 육체적 고통을 가하는 얼차려가 빈번하게 이루어졌고, 특히 지시 불이행이나 태도 불량자 등에 대해서는 별도로 설치된 특수교육대에서 혹독한 훈련이 실시되었다.

4주간의 삼청교육을 마치고도 인간 개조가 이루어지지 않은 '미순화자'로 분류된 1만 16명은 전방 20개 사단에서 '근로봉사'를 하라는 명령이 내려졌다. 근로봉사 대상자들은 주로 도로 보수, 진지 구축, 자재 운반, 통신선 매설 작업 등에 투입되었는데, 순화교육 때와 마찬가지로 구타와 얼차려가 자행되었고, 태도 불량자들을 대상으로 한 별도의 특수교육대를 운용하기도 했다.

무분별한 '불량배' 검거와 삼청교육, 군부대 근로봉사 등의 불법성에 대한 지적과 비판이 거세지자 신군부 세력은 1980년 12월 18일, 상습 범죄자와 정신질환 등의 문제가 있는 범죄자를 형벌과 별도로 장기 구금(보호감호)하거나 강제 입원(치료감호)시킬 수 있는 '사회보호법'을 제정했다.

사회보호법이 제정된 이후, 4주간의 삼청교육과 뒤이은 전방 부대 근로봉사에도 불구하고 순화되지 않은 사람들은 사회보호법 부칙 규정을 적용하여 법원 판결 없이 '사회보호위원회'의 심사를 거쳐 1~5년 사이의 보호감호 처분을 내렸다. 한편 사회보호법은 '유사한 죄로 2회 이상 실형을 받고 그 형기의 합계가 3년 이상인 자가 다시 유사한 죄를 저질렀을 경우' 등 상습성이 인정될 때는 형량과 상관없이 추가로 장기간의 보호감호 처분을 내릴 수 있도록 규정하고 있었다. 이후 지강헌 등의 탈주 사건과 보호감호 중 사망자 속출 등 장기간 보호감호 처분에 따른 반발과 부작용이 발생하고 이에 대한 비판이 거세지자 1989년 사회보호법을 개정, 보호감호 기간은 7년을 넘지 못하도록 제한했다.

하지만 사회보호법상의 보호감호는 '사실상의 이중 처벌'로 위헌이라는 주장이 계속해서 제기되었다. 그로 인해 결국 2005년 8월 4일에 폐지되었다. 하지만 군사독재 정권의 사회 통제 수단으로 도입된 사회보호법의 폐해가 큰 반면, 정신적 문제나 범죄 습벽 등으로 인해 재범 가능성이 큰 범죄자로부터 잠재적 피해자나 사회를 보호할 필요성을 간과했다는 지적이 제기되었다. 그에 따라 치료 감호법이 제정되었고, 특정 성 범죄자 대상 전자발찌와 신상공개, 화학적 거세 등을 규정하는 법이 제정되었다. 그러나 여전히 출소자의 사회 복귀를 돕고 이들의 재범 방지를 위해 지원하고 감독하는 '사회 내 처우'의 대표 격인 보호관찰제도는 개선·발전되지 못해 만성적인 인력 부족과 예산 부족에 허덕이고 있다.

스스로 '종신형'을 요구한
도둑 러브모어 마니카

2012년 7월 30일, 아프리카 짐바브웨의 법정이 전례 없는 일로 술렁거렸다. 법정에 서 있는 사람은 '러브모어 마니카(Lovemore Manyika)'였다. 그는 지난 7월 5일에 한 가정집의 담을 넘고 화장실 창문을 통해 안으로 침입한 뒤 아이폰 2대 등의 전자기기와 미화 1,800불을 절취하고, 7월 10일에 고급 빌라 건물에 부착된 빗물 통로를 타고 3층으로 올라가 창문을 열고 침입해 32인치 플라즈마 텔레비전을 훔친 혐의로 체포되었다.

징역 3년과 피해자에게 미화 1,956불을 배상하라는 판결을 받은 그는 "차라리 감옥이 거리보다 낫다.", "거리에 있으면 또 절도를 할 수밖에 없다."며 종신형에 처해 달라고 요청했다.

어느 나라에나 상습 절도범이 있다. 그중에는 어린 시절부터 절도를 배우고 경험하여 절도 자체가 '삶의 일부'가 된 사람이 대부분이다. 그들은 절도 행위가 나쁘고 다른 사람들에게 피해를 끼친다는 것은 잘 알고 있으면서도, 세상이 불공평하기 때문에 가진 자들의 것을 나눠 갖는 것은 괜찮다는 식으로 합리화를 하며 살아간다.

반면, 그들에게 자신의 공간을 침입당하고 재산을 탈취당한 피해자들은 손해와 두려움, 공포 등 절도범이 탈취한 금품과는 비교도 안 될 고통에 시달리게 된다. 특히 절도범들의 주장과 달리 피해자는 가난한 서민인 경우가 많다.

아주 작은 것이라도 절도를 하는 어린이, 청소년을 보면 그냥 지나쳐서는 안 된다. 절도 습벽을 고칠 수 있는 체계적이고 전문적인 교육과 치료, 교화로 그들이 전문 상습 절도범이 되는 것을 막아야 한다.

10장

아물지 않는 상처, 사기 범죄

"도대체 왜 그 뻔한 사기 수법에 당하는 거야?"

특별한 피해를 겪어 보지 않은 사람은 이렇게 말하곤 한다. 하지만 다단계, 보이스피싱, 금융 사이트 파밍(farming) 등 모습을 달리하며 끊임없이 계속되는 사기 범죄가 많은 사람의 삶을 무너뜨리고 있다. 피해를 당한 사람 중에는 고학력 전문직 종사자도 있다. '피해자가 멍청해서' 당하는 것이 아니라는 말이다.

사기 범죄 피해를 입는 데는 매우 고전적인 심리적 장치, 즉 기대 심리, 자기 확신, 경쟁 심리, 신뢰의 근거, 급박성 등이 핵심적인 역할을 한다. 이에 대해 자세히 살펴보자.

첫째, 사기범들은 인간이라면 누구나 가지고 있는 '혹시', '행운', '남다른 기회'에 대한 기대 심리를 활용한다. 그 당시 언론 보도나 사회 상황 등을 살핀 뒤 사람들이 '기대 심리'를 가질 만한 대상과 이야기를 준비하여 상대방의 마음을 빼앗는다.

둘째, 사기범들은 '난 다른 사람들과 달라서 바보처럼 당하지 않아.' 라고 자기 확신을 하는 사람들의 마음을 이용한다. "확인해 봐.", "싫으면 말고.", "자신이 없구나."와 같이 자존심을 건드리는 말을 사용해 상대방의 심리를 흔들어 놓는다. 자기 확신에 빠진 사람들은 주변 지인에게 묻고 확인하는 과정을 생략하는 경향이 있어 범죄 피해를 입는 경우가 많다.

셋째, 사기범들은 "지금 결정하지 않으면 다른 사람에게 기회를 빼앗길지도 모릅니다."와 같은 말을 사용하여 경쟁 심리를 자극한다. 특히 경쟁자나 경쟁업체가 있는 대상은 더욱 사기를 당하기 쉽다.

넷째, 사기범들은 피해자가 믿을 수밖에 없는 '신뢰의 근거'를 들이민다. 국가기관, 언론이나 방송, 유명 학자의 말을 사용하기도 하고, 초기에 이자나 수익을 약속대로 제때 지급해 주는 방식을 사용하기도 한다.

마지막으로 사기범들은 "빨리 결정해야 합니다. 지금이 아니면 큰 이익을 놓치거나 손해를 볼 수 있습니다."라고 급박하게 재촉한다. 그로 인해 많은 사람이 합리적 판단을 하지 못하고 범죄 피해를 당하곤 한다.

대통령 등 권력자의 친인척을 빙자하거나 실제 친인척을 내세운 '권력형 사기'도 있다. 이는 앞서 소개한 모든 '사기 범죄의 심리' 기제들의 위력을 극대화시키는 힘이 있다. 그러다 보니 피해 규모도 크고 피해자의 수도 많아 한 번 발생하면 국가 경제가 휘청거릴 위험성이 있다. 권력형 사기 범죄를 막기 위해서는 무엇보다 권력에 대한 견제와 통제, 민주주의 확산을 통한 투명화로 사람들의 기대 심리를 없애야 한다.

사건 21

금융시장을 짓밟은 못된 손

장영자 · 이철희 부부 사기 사건

청천벽력, 사채시장 큰손의 구속

1982년 5월 4일, 언론과 방송은 일제히 검찰이 '장영자 · 이철희' 부부를 구속했다는 기사를 대서특필했다. 그로 인해 나라가 들썩였다. 이철희(당시 59세)는 육군사관학교 출신으로 중앙정보부 차장과 국회위원을 지낸 거물이었고, 그의 부인 장영자(당시 38세)는 당시 '나는 새도 떨어뜨린다'던 절대 권력자 전두환 대통령의 처삼촌 이규광의 처제였다.

이런 두 사람이 사채 시장을 휘저으며 큰돈을 굴리고 있으니, 여기저기에서 사람이 몰렸다. 어느 정도 돈이 있는 사람은 부부의 힘을 믿고 돈을 맡겼고, 당장 자금이 급한 기업인들은 우선 돈을 융통하고 어음을 써 주었다. 그들이 가진 힘과 배경만 믿고 돈거래를 한 수많은 기업인에게 그들의 구속 소식은 '재앙'과 다름없었다.

당시 검찰 수사에서 밝혀진 어음 유통 규모는 7,111억 원, 이 중 어음 사기에 해당하는 액수는 6,400억 원이었다. 시장은 패닉 상태에 빠졌다. 너도나도 어음을 들고 은행으로 달려가 만기가 도래한 경우 환금을, 아직 기한이 남은 경우는 할인을 해 달라고 요청했다. 이 일로 지급 능력이 없는 회사가 줄지어 부도를 내고 도산하는 사태가 발생했다.

　장영자와 이철희, 두 사람의 신분과 이름은 사업 자본이자 기술, 상품이었다. 그들은 자신들의 권력과 배경을 이용해 은행에서 거액의 편법 무담보 대출을 받아 자금 회전이 어려운 기업인들에게 빌려 주면서 '만일의 경우에 대비'한다는 명목으로, 결코 약속한 기일 내에는 유통시키지 않는다는 약속하에 대출액의 2~9배에 이르는 거액의 어음을 받았다. 그러고는 자신들을 철석같이 믿는 자산가들에게 이 어음을 할인해 파는 수법으로 앉은 자리에서 1,400여 억 원을 챙겼다.

　이들은 검찰 수사에서 "경제는 유통이다."라고 말하며 수사가 이루어지지 않았다면 어음이 계속 유통되면서 경제를 활성화시켰을 것이고, 적정한 시기에 자신들이 회수하면 아무 문제가 없었을 것이라 강변했다. 하지만 수사가 이루어진 것은 이미 어음 환금이 시도되면서 공영토건, 일신제강 등 이름 있는 중견 기업들이 도산하기 시작하며 문제가 발생했기 때문이었다.

지하경제가 집어삼킨 금융과 산업

그 당시 장영자·이철희 부부 사기 사건은 '건국 이래 최대 규모의 금융 사기 사건'으로 불렸다. 사기 액수도 천문학적이거니와 부부의 사기 행각 결과, 건실한 상장기업인 공영토건과 일신제강이 망해 버렸고, 라이프주택, 삼익주택, 해태제과 등 이름만 대도 아는 기업들이 큰 피해를 입었다. 그로 인해 이들 기업의 주거래 은행이었던 조흥은행과 상업은행의 행장들이 구속되는 등 금융권 역시 크게 흔들렸다. 2명의 '권력형 범죄자'가 운용한 '지하경제'가 공개된 시장의 산업과 금융을 집어삼켜 버렸다고 해도 과언이 아니었다.

그 파급 효과는 주식시장의 교란 및 대량 실직 등 일반 서민 경제에까지 미쳤다. 당시 9,400명의 소액주주가 전 재산을 들여 보유하고 있던 주식이 모두 종잇조각이 되는 말도 안 되는 사태가 벌어진 것이다. 생계 수단과 삶의 터전을 잃고 길바닥에 나앉은 사람이 부지기수였다. 시민들의 분노와 의혹은 대통령 영부인 등 권력의 핵심부로 향했다.

국가는 서둘러 사태를 진화하기 위해 검찰의 초기 축소 수사 의혹에 대한 책임을 묻고 법무부 장관을 두 번이나 경질시켰다. 또한 당시 여당인 민정당의 권정달 사무총장이 자리에서 물러났고, 전두환 대통령의 처삼촌 이규광을 비롯해 32명이 구속되었다. 장영자·이철희 부부는 사기 범죄의 법정 최고형인 징역 15년을 선고받았다. 하지만 이철희는 형기가 5년이 남은 1991년에 장영자는 형기가 6년이 남은 1992년에 가석방되었다.

그후 정신을 차리지 못한 이들 부부는 출소한 지 2년 만인 1994년에 또다시 140억 원대의 어음 사기 사건을 일으켰다. 그들은 결국 다시 구속되어 징역 4년 형을 선고받고 복역하다가 1998년에 8·15 특사로 풀려났다. 그로 인해 장영자에게 놀아난 서울은행장과 동화은행장, 두 은행의 상무이사 3명이 책임을 지고 자리에서 물러났다.

그들에게서는 '반성'이라는 단어를 찾아볼 수 없었다. 그들은 출소한

지 2년 만인 2000년 5월에 220억 원대의 소위 '구권화폐' 사기 행각을 벌여 또다시 구속되었다. 이번에는 자신의 아들까지 범행에 끌어들였다. 1심에서 징역 10년 형을 선고받은 장영자는 억울하다며 항소했고, 항소심을 담당한 서울고법 민일영 부장판사는 선고 전에 이례적으로 '장 씨는 이미 사기죄로 실형을 살고도 가석방이나 형 집행정지로 잠시 자유의 몸이 된 틈을 타 범죄를 저질렀다. 80평 호화 빌라에서 6~7명의 비서를 두고 캐딜락 등 고급 차를 타고 다니며 사기를 일삼은 장 씨에게 죄를 짓지 않고 올바로 살아 보겠다는 의지가 있는지 의심스럽다.'는 내용이 담긴 장문의 글을 읽어 주었다.

그럼에도 장영자는 끝내 반성의 모습을 보이지 않고 판결에 불복하여 상고를 제기했다. 하지만 대법원에서는 이를 기각하고 원심을 확정했다. 이들 부부에게 '처벌의 범죄 억제 효과'는 2년 정도만 작용하는 듯했다.

숙명여대 '메이퀸'의 뒤틀린 인생 역정

장영자는 숙명여자대학교 교육학과에 재학하던 시절 미모와 재능, 언변 등이 가장 뛰어난 학생인 '오월의 여왕, 메이퀸'에 선발된 재원이었다. 너무 일찍 많은 사람의 관심을 받은 영향 때문일까. 1966년 1월, 졸업을 한 달 앞두고 결혼을 한 장영자는 몇 년이 지나지 않아 이혼하고, 1977년에 돈 많은 사업가와 두 번째 결혼식을 올렸다. 하지만 두 번째 결혼 생활도 오래 지속되지 못하고 파경에 이르렀다. 장영자는 두 차례의 이혼을 통해 손에 쥐게 된 5억 원의 위자료를 주식과 부동산에 투자하여 큰돈을 벌었고, 그 뒤 사채시장에 뛰어들어 '큰손'이 되었다.

1981년, 장영자는 자신보다 스물한 살이나 많은 이철희 전 중앙정보부 차장과 세 번째 결혼식을 올렸다. 당시 경력 10년 차 교사 월급이 50만 원 정도였는데, 두 사람의 결혼식에는 1억 원 이상의 비용이 들어 장안의 화제가 되기도 했다.

두 사람의 인연은 1978년으로 거슬러 올라간다. 뛰어난 미모와 언변으로 사교계를 휘어잡은 장영자는 당시 박정희 대통령과 '특별한 관계'였다는 소문까지 돌 정도로 엄청난 영향력을 발휘했는데, 돌연 '문화재보호법' 위반으로 구속이 되었다. 그런데 그때 막강한 권력자였던 이철희의 도움으로 4개월 만에 집행유예 판결을 받고 풀려났다. 이로써 야망과 욕심에 사로잡혀 있던 미모의 젊은 이혼녀와 권력의 주변부로 물러나 앉은 늙은 남자 사이의 로맨스가 시작되었다. 하지만 대한민국 금융과 산업을 생각했을 때 결과적으로 그들의 만남은 '재앙'이었다.

아이러니하게도 이들 '추악한 부부' 사이의 정은 상당히 애틋했다. 이철희가 먼저 가석방으로 출소하고, 주범인 장영자가 뒤늦게 출소하는 일이 반복되었는데, 그때마다 이철희는 장영자가 수감되어 있는 교도소 인근에 방을 구해 묵으면서 옥바라지를 했고, 조기 출소를 요청하는 탄원서를 제출하곤 했다.

'권력형 가족 사기단'의 최후

장영자·이철희 부부는 수많은 서민의 삶과 가정을 파괴하고 짓밟았으며, 기업들을 도산하게 만들고, 은행과 금융권을 뒤흔든 초대형 금융 사기범이다. 그럼에도 불구하고 단 한 번도 제대로 참회하고 피해자들에게 진심으로 사죄한 적이 없다. 그들은 늘 자신들이 '권력 투쟁의 희생양'이라고 주장했고, 처벌하지 않고 그대로 두었더라면 부도를 막고 경제를 활성화시켰을 것이라고 큰소리쳤다.

그들은 사기를 친 돈으로 하루에 수천만 원(당시 화폐 가치)을 물 쓰듯 사용하며 초호화 생활을 했고, 가석방으로 출소하자마자 또 다른 사기 범죄 계획을 세우고 저질렀다. 그들의 범죄 행각에는 늘 대통령 등 '권력'과의 관계가 수단으로 내세워졌다.

결국 진정한 벌은 '하늘'이 내리는 것일까? 이철희는 말년에 노환에 시달렸고, 그들이 늘 자랑하던 유명 탤런트 사위는 암으로 사망했다. 한때 사기 범죄에 끌어들이기는 했지만 부부가 끔찍이 아낀 아들은 뺑소니 사고를 일으킨 뒤 해외를 전전하다 '대뇌 수축증'이라는 희귀병을 얻어 오랜 투병 생활을 해야 했다. 그 역시 유명 여성 연예인과 사실혼 관계를 유지하다가 아들까지 낳았지만 결국 '범죄자 집안'의 며느리가 되는 것에 부담을 느낀 여성이 결별을 선언하고 아이를 데리고 사라져 버렸다. 하지만 나중에 이 아이는 부친과 조부모에게 돌아왔다.

장영자·이철희 부부의 후예들

20여 년간 권력을 내세운 초대형 금융 사기 사건을 반복해서 저지르며 여러 차례 세상을 뒤흔든 장영자·이철희 부부는 대한민국 금융 사기범들의 '롤모델'이 되었다. 이들의 수법을 모방한 사기 범죄가 계속해서 기승을 부려 이 나라는 골머리를 앓아야 했다.

독재정권이 숨겨 둔 '비자금'을 세탁한다며 거액을 편취한 사건, 금융기관의 대출 알선을 빙자한 사기 사건은 모두 그들의 범죄를 모방한 경우이다. 수조 원을 편취한 '대한민국 역사상 최대 규모의 피라미드 사기범' 조희팔 등 다단계 사기범들 역시 장영자·이철희의 후예라고 할 수 있다. 2011년에 발생한 '부산 저축은행 사태'는 '현대판 장영자 사건'이라고 불렸다. 대형 금융 사건이 발생할 때마다 장영자와 이철희의 이름은 유행가 가사처럼 반복 재생되고 있다.

탐욕스러운 선수들의 썩은 스포츠 정신

프로축구 승부 조작 사건

고속도로 휴게소에서 발견된 골키퍼의 주검

2011년 5월 6일, 경부고속도로 하행선에 있는 만남의 광장 휴게소가 소란스러워졌다. 주차되어 있던 차량 안에서 젊은 남자의 시신이 발견된 것이다. 창문이 모두 닫힌 밀폐된 차 안에서 다 타 버린 번개탄이 발견되었다. 부검 결과, 사인은 일산화탄소 중독이었다. 약물 복용이나 강압, 외상 등 타인의 힘이 전혀 작용하지 않은 '자살'로 추정되는 상황이었다. 유서 등 별다른 흔적은 발견되지 않았다.

하지만 시신 옆에서 현금 100만 원이 들어 있는 봉투가 발견되면서 의혹이 제기되기 시작했다. 확인 결과, 망자는 최근 선발 출전이 잦아져 많은 사람의 기대를 한 몸에 받고 있는 인천유나이티드 프로축구단 백업 골키퍼 윤 선수로 밝혀졌다.

그의 죽음으로 항간에 떠돌던 '프로축구 승부 조작' 연관설이 대두되었다. 하지만 경찰 조사를 통해 그 100만 원은 퇴임한 전 단장을 위해 선수들이 마련한 이벤트 비용의 잔금이라는 사실이 밝혀졌고, 윤 선수의 승부 조작 혐의는 입증되지 않았다.

너무나 젊고, 밝고, 유망했던 선수였기에 원인과 이유, 동기를 알 수 없는 의문의 사망은 유가족과 동료 선수, 팬들에게 쉽게 아물지 않을 상처와 아픔을 남기고야 말았다.

승부 조작을 거부하던 윤 선수에게 조직폭력배들이 끊임없이 협박을 가했다는 주장이 제기되기도 했지만 그에 대해서는 확인된 것이 없었고, 유가족은 윤 선수의 사망이 자살이라는 경찰의 발표를 믿지 않고 재수사를 요구했다.

드러나는 혐의, 빙산의 일각

윤 선수의 사망과 프로축구 승부 조작의 관련성을 찾지 못했지만, 승부 조작에 대한 의혹과 소문은 더욱 커져만 갔다. 윤 선수가 사망한 지 보름 뒤인 5월 21일, 경남 창원지검 특수부에서 프로축구 선수들을 대상으로 승부 조작을 종용한 브로커 2명을 구속한 뒤 대전 시티즌 소속의 박상욱 선수와 광주 FC 소속 성경모 선수에 대한 구속영장을 법원에 청구했다. 승부 조작 브로커들은 두 선수에게 소속팀이 패배할 수 있도록 결정적인 실수를 저질러 달라고 요구하며 각각 1억 2천만 원과 1억 원을 건넨 것으로 확인되었다.

더 큰 문제는 이들 사이에서 인지도 높은 전 국가대표 선수가 조정자 역할을 하고 있었다는 사실이다. 상주 상무 피닉스 소속 김동현 선수가 선수들과 브로커 사이의 중간 고리 역할을 해 온 사실이 드러난 것인데, 외부 브로커가 특정 선수를 찾아 1회성 승부 조작 요구를 하는 형태가 아니라 전 국가대표 선수가 축구선수들과의 폭넓은 인간관계를 이용해 조직적이고 광범위한 승부 조작을 해 오고 있었던 것이다.

결국, 이 2명의 브로커와 2명의 선수는 그저 '빙산의 일각'에 불과할 수 있다는 말이었다. 5월 27일, 대전 시티즌 소속 선수 4명이 검찰에 추가로 체포되면서 '빙산'의 실체는 점점 더 수면 위로 드러났다.

승부 조작의 원인, 불법 도박

공정한 경쟁, 깨끗한 승부로 대표되는 스포츠에 추악한 승부 조작이 시도되는 이유는 '돈' 때문이다. 그중에서도 승부나 점수 차 등을 예상하여 베팅하고 그 결과에 따라 돈을 벌거나 잃는 '스포츠 도박'이 문제의 근원이라고 할 수 있다. '스포츠 토토' 등 국가에서 관리하거나 허용하는 스포츠 도박의 경우 과열되거나 불법 행위가 이루어지지 않도록 하기 위해 '1인당 구매 제한액'을 설정해 두고 있다. 하지만 타인의 명의를 도용해 다량 구입하는 것까지 막을 수는 없다.

더 큰 문제는 인터넷에 우후죽순처럼 생겨난 '불법 도박 사이트'이다. 불법이다 보니 아무 제재 없이 무제한으로 돈을 걸 수 있어 횡재를 하는 사람도 있지만 한순간에 패가망신하는 사람도 발생할 수 있는 위험이 도사리고 있다. 도박은 결과를 알 수 없는 모든 상황에서 이루어질 수 있는, 확률 게임에서 이긴 사람이 진 사람의 돈을 가져가는 '제로섬 게임'이다. 그런데 누군가 미리 그 결과를 알고 있다면, 그래서 동원 가능한 모든 돈을 이기는 쪽에 건다면 어떨까? 그렇다면 그 도박이 '공정한 확률 게임'이라고 믿고 지는 쪽에 돈을 건 사람들은 '진 것이 아니라 빼앗기고 탈취당한 것'이 된다.

절도나 사기는 자신이 피해자가 되었다는 사실을 알고 더 이상 피해를 입지 않을 방법을 생각하지만, 불법 도박의 경우는 '그저 운이 나빴다'고 자책할 뿐, 범죄 피해를 당했다는 사실조차 인식하지 못한다. 그러다 보니 선수나 심판, 감독 등 승패에 영향을 끼칠 수 있는 소수와 은밀하게 거래를 해 승부를 조작할 수만 있으면 '쥐도 새도 모르게' 거액을 챙길 수 있다고 생각한 범죄자들이 스포츠 승부 조작에 뛰어들고 있는 것이다.

승부 조작 가담 선수들의 심리

프로축구 승부 조작에 가담한 김동현 선수처럼 스스로 발 벗고 나서서 동료나 선후배들을 악의 구렁텅이로 끌어들이는 '주동자 혹은 적극적 가담자'는 극소수이다. 어려서부터 '정직한 땀의 결과'를 온몸으로 겪고 배우는 운동선수들에게 '공정한 경쟁'은 DNA처럼 삶 전체에 새겨지기 때문이다.

물론 유소년기 때부터 이미 본선 진출이 확정된 경우 본선에서 약한 팀을 만나기 위해 혹은 친한 감독 팀에게 선심을 베풀기 위해 일부러 지도록 지시하거나 유도하는 '범죄자적 지도자'로 인해 동심이 멍들고, '특별한 이유가 있다면' 승부는 조작될 수도 있는 것이라고 학습하는 선수들도 있다. 하지만 대부분의 선수는 감독과 코치의 지시에 따라 훈련하고, 주어진 위치에서 역할을 다해 팀에 공헌해야 한다는 생각에 몰두한다.

그런데 이들 중에서 경제적 어려움이나 팀 내 경쟁에서 밀려 미래에 대한 희망을 잃는 등의 문제가 있는 경우 혹은 이성이나 도박 등의 문제로 약점을 잡힌 경우 등 '취약한 상황'에 처해 있을 때 친한 동료나 무서운 조직폭력배들이 접근해 유혹하거나 협박하는 경우, '딱 한 번만'이라는 주문에 걸려 동참하게 되는 경우가 많다.

문제는 조직폭력배나 김동현 선수 같은 악질적이고 적극적인 범죄자들은 '한 번 걸려든 먹잇감'을 절대로 그냥 놔 주지 않는다는 것이다. 만약 협조를 거부하면 과거에 협조했던 사실을 팀이나 축구협회 혹은 수사 당국에 알리겠다고 협박한다. 그 덫에 걸려 상습 승부 조작의 치욕적인 경험을 반복할수록 해당 선수의 자괴감과 죄책감, 무력감은 커져만 간다.

물론, 인성에 문제가 있는 일부 선수는 비록 시작은 다른 사람의 요청이나 협박 때문이었다 하더라도 승부 조작을 통해 많은 돈을 벌고 '아무도 모르게 내가 승부를 결정한다'는 묘한 스릴감을 느끼며 적극 가담자로 바뀌기도 한다. 이들은 스스로 동료 선수들을 끌어들이고 가담시키는 적극성을 보이기도 한다.

정종관 선수의 자살

2011년 5월 30일, 누구보다 성실하고 최선을 다하는 모습으로 팬들에게 감동을 줬던 정종관 선수(전북 현대 모터스)가 자살했다. 윤 선수와 달리 '승부 조작 가담자로서 매우 부끄럽고 팀과 동료, 팬들에게 죄송하고 괴롭다'는 유서를 남겨 '승부 조작 때문에 자살'했다는 사실이 확인되었다.

그의 죽음으로 축구계는 물론, 대한민국 사회 전체가 충격에 빠졌다. 다음 날인 5월 31일, 한국프로축구연맹은 긴급 'K리그 승부 조작 방지 워크숍'을 열고 모든 프로축구 선수와 지도자, 구단 관계자들이 참여하는 자성의 시간을 가졌다. 축구계는 숙연한 마음으로 검찰 수사에 협조했고, 한국프로축구연맹은 선수들의 자진 신고를 촉구했다.

6월 17일, 한국프로축구연맹은 그동안 승부 조작에 가담한 사실이 확인된 10명의 선수에 대해 '영구 제명' 처분을 내렸다. '영구 제명'은 앞으로 영원히 선수 생활은 물론, 지도자를 포함해 프로축구와 관련된 어떤 일도 할 수 없는 조치이다. 평생 축구만 알고, 축구만 해 온 선수들 입장에서는 '직업적 사형선고'나 다름없었다.

하지만 이러한 조치가 불합리하다고 생각하는 사람은 많지 않았다. 대부분 '신성한 스포츠 정신'을 유린하고, 축구를 사랑하는 팬들의 가슴을 멍들게 한 승부 조작은 수많은 사람에게 금전적 피해를 끼친 직접적인 가해 행위인 동시에 결코 용서할 수 없는 범죄 행위라고 생각했다.

6월 17일, 1차로 영구 제명된 10명의 선수는 상주 상무 피닉스 소속 김동현, 광주 FC 소속 성경모, 대전 시티즌 소속 강구남, 곽창희, 김바우, 박상욱, 신준배, 양정민, 이명철, 이중원이었다. 그리고 승부 조작에 직접 가담하지는 않았지만 승부 조작 사실을 알고 스포츠 토토를 구입한 김정겸 선수는 '5년간 선수 자격 정지'라는 징계 조치가 내려졌다.

최성국 스캔들

청소년 대표를 거쳐 올림픽 대표와 대한민국 축구 국가대표 등 늘 최고의 위치에 있었던 최성국 선수가 승부 조작에 연루되었다는 소문이 축구계 내외에 돌기 시작했다. 현란한 드리블과 폭발적인 순간 스피드를 자랑하며 '한국의 마라도나'라고 불린 그가 좋지 않은 소문에 휩싸이자 한국프로축구연맹 워크숍에서 집중을 받지 않을 수 없었다. 최성국은 기자들의 질문에 당당하게 승부 조작 연루 사실을 부인했다.

"부끄러움이 있다면 이 자리에 있을 수 없습니다. 처음에는 웃어넘길 수 있었지만 계속 그런 말을 들으니 지치는 것이 사실입니다. 저는 그동안 정직하게 살았습니다."

하지만 한 달 후인 6월 28일, 최성국은 광주 상무 시절에 승부 조작에 참여했다며 자진 신고했다. 이후 검찰 수사를 통해 최성국은 승부 조작의 대가로 400만 원을 받고 다른 선수를 끌어들이기까지 한 것으로 드러났다. 그로 인해 창원지법 제4형사부는 2012년 2월 9일, 프로축구 승부 조작에 가담한 혐의로 기소된 최성국에게 징역 10개월에 집행유예 2년, 사회봉사 200시간을 선고했다.

이에 앞서 최성국은 2011년 8월 25일, 한국프로축구연맹의 제2차 승부 조작 징계 처분을 통해 '영구 제명' 처분을 받았다. 최성국을 포함하여 총 40명의 선수가 명단에 이름을 올렸다. 한국프로축구연맹은 승부 조작 가담 선수들을 자진 신고 여부와 죄질에 따라 A, B, C 세 등급으로 나누고 A등급 6명은 보호관찰 5년에 사회봉사 500시간, B등급 13명은 보호관찰 3년에 사회봉사 300시간, C등급 6명은 보호관찰 2년에 사회봉사 200시간을 부과했다.

FIFA(국제축구연맹)의 대응 그리고 가벼워진 선수들의 처벌

2013년 1월 9일, 월드컵 등 국제 축구 경기와 규정 등을 관장해 '축구계의 UN'으로 불리는 FIFA(국제축구연맹)가 "2011년 대한민국 프로축구에서 승부 조작 사건으로 영구 제명 조치를 받은 41명의 선수에 대한 징계를 전 세계로 확대한다."고 발표했다. 이로써 프로축구 승부 조작에 관여한 선수들은 대한민국은 물론, FIFA에 가입되어 있는 축구협회 소속 그 어떤 팀에서도 활동을 할 수 없게 되었다.

이러한 조치는 승부 조작에 관여한 사실이 없다며 공개적으로 주장하다가 수사와 재판을 통해 승부 조작에 가담한 사실이 밝혀져 축구 팬들을 분노하게 한 최성국 선수가 대한민국의 영구 제명 징계를 피해 루마니아 프로축구팀에 입단하려 한다는 소식이 알려지면서 여론의 분노를 불러일으킨 후에 내려진 조치라 더 큰 관심을 끌었다. 다만, 한국프로축구연맹과 마찬가지로 FIFA 역시 "승부 조작에 연루된 41명의 선수 중 유죄를 인정한 21명의 경우, 2~5년 사이의 보호관찰과 200~500시간의 사회봉사를 이행하면 (대한축구협회의 결정에 따라) 복귀할 수 있는 기회를 제공한다."고 밝혔다.

그런데 2013년 7월 11일, 한국프로축구연맹이 정기 이사회를 열어 승부 조작 가담으로 영구 제명과 2~5년 보호관찰 처분을 받은 선수 가운데 보호관찰 기간에 봉사활동을 50% 이상 성실히 수행하고 뉘우치는 빛이 뚜렷한 선수들의 보호관찰 기간을 절반 이상 경감해 주기로 했다. 이로써 최성국을 비롯한 몇몇 선수는 축구협회가 징계를 풀어 주면 그라운드에 복귀할 수 있게 되었다.

이러한 소식을 접한 축구팬들은 "어설픈 징계로 인해 범죄가 자꾸 발생하는 것이다.", "K리그에서 뛰지 못하니 해외 이적을 추진하다가 실패한 것이 반성이냐?", "승부 조작을 철저하게 없앤다고 하더니 결국은 관대한 처분을 내린 것 아니냐.", "승부 조작에 브로커 짓을 해도 경감해 주는 것이 말이 되느냐?" 등 비난의 목소리를 내고 있다.

승부 조작 방지 대책

프로축구 승부 조작에 이어 프로야구, 프로배구를 비롯한 각종 스포츠 분야 및 온라인 게임 등 e스포츠 분야에서 승부 조작이 행해지고 있다는 소문이 돌았다. 그로 인해 수사가 시작되었고, 그 결과 일부 선수가 승부 조작에 가담한 사실이 밝혀져 처벌을 받았다. 사회 일각에서는 이 정도에서 멈추지 말고, 아예 이 기회에 모든 스포츠 분야의 전 선수와 지도자, 심판 등을 대상으로 철저하게 수사를 실시하여 조직폭력배 연루 등 몸통과 뿌리를 완전히 뽑아야 한다고 주장했다. 하지만 수사 당국과 각종 스포츠 협회 등은 스포츠 산업의 근간 자체가 흔들리고 혼란을 초래할 것이 두려웠는지 승부 조작 수사와 조사를 마무리했다.

그리고 곧바로 승강제 도입(상위 리그 하위 팀을 하위 리그로 내리고, 하위 리그 상위 팀을 상위 리그로 올리는 제도), 비주전급 및 하위 리그 선수 처우 개선, 불법 도박 사이트 단속 강화, 스포츠 윤리 교육 확대 등의 승부 조작 방지 대책을 서둘러 발표했다.

스포츠 승부 조작 문제는 비단 우리나라에 국한된 문제가 아니다. 미국의 경우 1919년에 프로야구 MLB 월드시리즈에서 화이트삭스 팀 선수들이 거액을 받고 신시내티 레즈 팀에 져주었다는 혐의가 드러나 8명이 제명되는 등 큰 충격을 안긴 적이 있고, 이탈리아 프로축구 세리에A에서는 과거 여러 차례 승부 조작 스캔들로 몸살을 앓았음에도 불구하고 2012년 5월, 또다시 승부 조작이 행해져 19명의 선수가 체포되었다.

정치, 경제, 교육, 행정, 법조……. 과연 어느 분야가 깨끗하다고 당당하게 말할 수 있을까. 어떠한 비리 스캔들이 터졌을 때 축구계처럼 적극적으로 사실을 인정하고 수사에 협조해 가능한 모든 사실을 밝혀 낸 곳도 없다. 하지만 우리 미래의 주역인 아이들과 청소년들이 '자유롭고 공정한 경쟁', '땀은 결코 배반하지 않는다'는 평범하면서도 결코 흔들려서는 안 될 정의감을 배울 수 있는 마지막 보루는 스포츠이다. 스포츠만큼은 불법과 비리, 조작과 반칙으로부터 자유로운 '스포츠맨십'이 지켜지는 성역이기를 희망한다.

독일과 이탈리아에서
벌어진 프로축구 승부 조작 사건

세계에서 가장 법을 잘 지키고 성실하며, 까다로울 정도로 정직하다고 알려진 독일에서도 프로축구 승부 조작 사건이 발생했다. 그것도 세계인의 축제인 월드컵이 독일에서 개최되는 2006년에 즈음해서 말이다. 문제는 2005년 독일축구협회 소속 심판 4명의 '공익 제보(내부고발)'에서 시작되었다. 동료 심판인 호이저(Hoyzer)가 승부 조작을 시도하면서 다른 심판들을 매수하려고 하니 그의 심판 자격을 정지시키고 조사를 실시해 달라는 내용이었다.

독일축구협회는 이 사실을 경찰에 통보한 뒤 자체 조사에 들어갔고, 경찰은 제보 내용을 토대로 크로아티아 출신 삼형제 브로커에 대한 밀착 감시를 실시했다. 경찰의 수사와 협회의 조사 결과, 2004년 9월 22일 독일컵 경기에서 헤르타 베를린 팀이 3부 리그 소속 엔트락트 브라운쉬바이크 팀에게 2대 3으로 패배했을 때 3명의 선수가 결승 자책골을 포함해 고의 패배를 유도한 사실이 확인되는 등 여러 차례 승부 조작이 있었다는 것이 밝혀졌다. 결국 호이저 심판과 5명의 적극 가담자는 징역 29개월을 선고받고 독일축구협회에서 '영구 제명' 처분을 받았다.

이들은 처벌이 너무 무겁다며 항소했지만, 결국 기각되었다. 또 다른 심판 도미니크 마크스는 18개월 징역형과 '영구 제명' 처분을 받았다. 승부 조작 사실을 알면서도 바로 신고하지 않은 토르스텐 쿱 심판은 '불고지에 의한 방조'에 대해 3개월 자격정지 처분을 받았다. 승부 조작으로 인해 억울하게 탈락한 함부르크SV 팀에게는 2백만 유로(약 30억 원)의 보상금이 지급되었다.

독일축구협회는 승부 조작으로 판명된 경기는 모두 '재경기'를 치르기로 결정했고, 모든 경기의 심판과 선수, 기타 관계자들의 언행을 면밀하게 감시할 새로운 기법과 제도들을 도입하기로 결정했다.

하지만 각 경기 승패에 따라 엄청난 이권이 걸려 있는, 곧이어 열리게 된 독일 월드컵에 독일 심판들이 대거 투입될 수밖에 없고 유럽 도박 관계자들의 영향력이 미칠 우려가 있다는 지적이 제기되었다. 독일에서는 축구협회와 베켄바우어 회장, 경찰과 검찰은 물론, 내무부 장관과 총리까지 나서 단 한 점의 의혹이라도 있다면 적극적이고 전면적인 수사와 조사를 실시해 결코 승부 조작이 이루어지지 않도록 하겠다는 약속을 하고, 실제 의혹이 제기될 때마다 철저한 수사를 실시함으로써 의혹을 해소해 나갔다. 결국 2006 독일 월드컵은 큰 문제없이 마무리될 수 있었다.

2006년, 스페인과 함께 세계 최대의 프로축구 리그로 평가받고 있는 이탈리아 프로축구 세리에A와 2부 리그 세리에B에서도 승부 조작의 태풍이 몰아쳤다. 오랜 기간에 걸친 이탈리아 경찰의 비밀 수사 결과, 축구를 좋아하는 사람이라면 누구나 알고 있는 명문 구단인 유벤투스, 밀란, 피오렌티노, 라치오 및 레기나 팀의 감독, 관계자, 심판들이 연결된 '승부 조작 네트워크'가 드러난 것이다.

이탈리아 경찰은 첩보를 입수한 뒤 해당 팀 관계자들과 심판들의 전화 통화 내용을 감청했고, 그 결과 결정적인 증거들을 확보했다. 재판 과정에서 이탈리아축구협회 측 검사 스테파노 팔라치는 이 4개 구단을 모두 세리에A에서 퇴출시키되 가장 악질적인 승부 조작을 저지른 유벤투스는 가장 하위리그인 세리에C1으로 강등하고 2005년과 2006년 리그챔피언 타이틀을 박탈하라고 요구했다. 밀란, 피오렌티노, 레기나에 대해서는 바로 아래 리그인 세리에B로 강등하고 각각 승점 3점 및 15점을 깎는 페널티를 부여해야 한다고 주장했다.

하지만 거듭된 재판과 항소 끝에 유벤투스만 세리에B로 강등되었고 나머지 팀들은 세리에A에 잔류하는 대신, 3~44점의 승점을 깎는 페널티와 벌금, 구단주 개인에게 벌금, 유럽 챔피언스 리그와 유에파 리그 참가 자격 박탈 등의 징계 처분을 받았다. 유벤투스는 추가로 9점의 승점 감점과 벌금, 2005년과 2006년 리그 챔피언 타이틀 박탈, 3게임 무관중 경기 및 유럽 챔피언스리그 참가 자격 박탈 등의 제재를 받았다.